贺龙与程砚秋

谢武申——著

華文出版社
SINO-CULTURE PRESS

图书在版编目（CIP）数据

贺龙与程砚秋 / 谢武申著. — 2版. — 北京 : 华文出版社，2012.6（2024.5重印）
（统一战线人物传记）
ISBN 978-7-5075-3749-9

Ⅰ. ①贺… Ⅱ. ①谢… Ⅲ. ①贺龙（1896～1969）－传记②程砚秋（1904～1958）－传记 Ⅳ. ①K825.2②K825.78

中国版本图书馆CIP数据核字(2012)第114288号

贺龙与程砚秋

著　　者：谢武申
责任编辑：刘超平
出版发行：华文出版社
社　　址：北京市西城区广外大街 305 号 8 区 2 号楼
邮政编码：100055
网　　址：http://www.hwcbs.cn
电　　话：总 编 室 010－58336239　发行部 010－58336267
责任编辑 010－58336222
经　　销：新华书店
印　　刷：三河市天润建兴印务有限公司
开　　本：710mm × 1000mm　1/16
印　　张：15
字　　数：260 千字
版　　次：2012 年 6 月第 2 版
印　　次：2024 年 5 月第 6 次印刷
标准书号：ISBN 978-7-5075-3749-9
定　　价：49.80 元

目录 Contents

平生最激动的事（前言）

果素瑛

1949 年底，从西安来了一位赵先生，想约四大名旦中的一位赴西安演出，因为其中三位各自忙于早已约定的事情，这次西北之行的担子就落在砚秋的肩上。加之砚秋早就有西北戏曲调查的酝酿，趁此旅行演出的机会，亦可为更大规模的调查做些准备，于是他就同意率“秋声”社去西安了。听砚秋谈大西北旅行的观感，是很有趣的，特别是西北部队的各级领导同志，给他的印象特别深刻。他说刚到西安时，就置身于热烈真挚的友谊之中，不管是演员还是各级干部，见着面不知说什么好，你问东我问西，没有虚礼客套，没有等级职位区别，就像阔别多年的一家人那样，叫人心里暖和得很。在参加完欢迎大会后，砚秋正要回到自己的住处去，有位同志来说：“程先生，还有人来看您……”正说话间，走进房门，见一位忠厚长者正在房内等候着，原来是王维舟副司令员。

王老在握手招呼以后，笑着说：“昨天看了您的演出极感满意，确实是好。贺老总没有在西安，特意嘱咐我代表他本人向程先生表示热烈的欢迎和亲切的慰问。老总很快就返回西安，二位还可以深谈呢。”

王老邀请砚秋游览西安内外的古迹名胜，砚秋怕妨碍王老的工作，一再婉谢。

王老说：“不妨事，您难得到此地，我们别处先不看，唯有王宝钏的寒窑和塑像是一定要去看的。程先生在表现王宝钏形象上是有很深修养的，您的《武家坡》一剧我是闻名已久的了。”

说完，二人相视大笑。

次日，王老和军区剧团陪着程剧团的同志们一同去游览西安郊区的武家坡遗址，并在王宝钏窑洞庙前与砚秋及剧团同人们合影留念。

过了没有两天，在一个晴朗的下午，砚秋正在屋里写日记（他住的是一所很古老的宅院的南屋，直对着街门，所以在屋里一抬头就能看到外面），从门外大步流星地走进一位客人，砚秋一眼没看清楚，这位客人已经迈步进了屋，兴奋地叫了一声："程先生！"来客身披风衣，神态非凡，朝着他疾步走来，热情拉手，并自我介绍说："我是贺龙！"

砚秋赶紧站了起来，他深情地望着贺老总，笑着言道："贺将军，您好！您军务繁忙，为什么还这么客气要亲自来此呢？"

两位手拉手地就座，真是一见如故，说笑不停。临走，贺老总关切地问："在生活上有哪些困难不要客气，一定要告诉我的呀！此地刚刚解放，情况还比较复杂，要多加注意才是啊！我过两天再来看您。"

说着，贺老总又到东西厢房看了看，见没有什么异常情况，才边叮嘱着边离去。

砚秋风趣地对我讲："不管什么事，都要自己亲眼看看才行，不要听信传言。没有见到贺龙将军之前，我想这位久经沙场的大将一定是位大花脸的角色，不料会面时却是一位靠背武生的样儿，真是有趣。他是那么诚恳热情，和蔼可亲，完全是长者风度。我在旧社会会过各式各样的人物，上自达官贵胄，下至平民百姓；在新社会认识这些名闻中外的将军，都是那么诚恳直率，平易近人，一点架子也没有，我们一见面就投脾气，说得到一块去。文艺界却有那么一些人，我管他们叫'耍黑枪'的，面前一套，背转身去又搞一套。我最不喜欢这号人，我最喜欢军人！""我要是不学唱戏，一定也会当武人的。"

砚秋说着，随即从衣箱里拿出一个用绿丝绦系着的杏红缎的长形包裹："让你看一件珍贵的玩意儿。"他边解包裹边说道。褪去红缎套子，赫然呈现在眼前的是一柄泥金红底色鞘、带有华丽镏金饰件的日本战刀。

我被这意外的物件弄呆了，忙好奇地问道："这刀是你打哪儿买来的？买这玩意儿干什么？"

他哈哈大笑起来，说："这可是花多少钱也买不到的东西呀！这是日本将官的指挥刀，是贺龙将军打了大胜仗的战利品。贺老总把它珍藏多年，它是老总赫赫战功的历史证明。在西安时，贺老总临去西南之前专来看我，说告诉你一个好消息，四川解放了，我要转到西南地区去。几时请你到西南做一次旅行，我准备欢迎你，我就先行一步了。今天带来一件礼物作为我们西北相聚的纪念吧。说着，叫随从呈上这把宝刀赠我。我推谢再三，说这是老总心爱之物，我如何收得！贺老总笑着说，‘宝刀赠烈士，红粉送佳人’，砚秋你当然受得喽，收下吧！贺龙将军人家是身经百战、屡建奇功的英雄，这样看得起我程某人……在与贺老总分手之后，我想了四句题词，并以魏体字书之，快！让雷师傅把刀拿去刻上题词以志纪念。”这把刻有“新国肇造，西北壮遨，贺龙将军，慨赠宝刀”题词的战刀，是贺龙同志与砚秋真挚友谊的最可珍贵的纪念品之一。

砚秋在西北考察结束后，即返回北京做短暂休整，同时积极筹备赴大西南地区的旅行演出和戏曲调查，准备时间只用了一个半月，可见他工作之紧张和热情之高了。他们连在家过春节都没有来得及——按戏班旧例，春节时期是不外出的，封箱以后到旧历正月初一、初二、初三才演出几场以示庆贺。这次则一反惯例——首先转道上海，然后溯长江上汉口，那已经是1950年2月的事情了。

他在重庆高兴地拜访了贺龙将军和王维舟副司令员，两位老总热情支持砚秋去贵州和云南考察戏曲。当时西南地区刚刚解放，一些地方还不太平，贺老总对砚秋的安全很不放心，就派了一个排的战士形影不离地保护他。砚秋一说到这里就得意非常，他说一路上同战士们搞得很亲热，相处几个月很有感情，不少战士在分手时差不多都成了戏曲爱好者了。他幽默地说：“我给贺老总办了一个戏迷速成班！”

他的另一件得意之作是借了贺老总的军衣化装留影。他化装仿照贺龙将军的模样，身披军大氅，头戴嵌有红五星帽徽的军帽，抹了黑色短胡须，照了一张有趣的照片。他把这张照片上题上“贺龙将军，看，我像你的小兵吗?”等他从西南边陲回到重庆又一次见到贺龙将军的时候，老总对这张照片很是夸奖了一番，说他化装得很像。砚秋对我说，这次在重庆与贺龙将军谈了很多往事，真是越谈越对脾气，相互越了解，以致在分手时彼此都恋恋不舍了。

1953年，砚秋率剧团在东北各地演出。他在哈尔滨知道贺龙将军将带领慰问团访问在朝鲜的志愿军指战员，当即给贺老总和文化部发电，要求随团前去。从东北赶回北京报到后没过几天，就又上路去了。从朝鲜前线回来，听他匆匆谈到此行的观感，说有的名角要戏份太高，实在不像话，有的仍然像在内地那样抢头牌摆排场。砚秋说：“这些矛盾还得我出面去排解，反正我只带了几个人，也没有衣箱，更没有那么多累赘，别人不愿意去的地方我就去。我一直走到最前沿的坑道去表演。看到那些赤胆忠心的战士，怎么不叫你感动！什么劳累啦，苦啦，全忘得一干二净了。还是那句老话:我就喜欢军人,跟他们在一块心里总是高兴的。”

没过多久,砚秋又率剧团到江、浙、福建前线做慰问演出……

1956年冬,砚秋随人大代表团访问苏联。他回国后,一到家里就兴奋地对我说:“这次出国,我个人有两件喜事,一是在列宁格勒见到了三儿子,还专门和他的同学们联欢了一次。与青年人在一起自己也变得年轻了,我对他们说我不服老,还准备同他们竞赛竞赛。第二件喜事恐怕你就猜不到了。”他压抑着内心的激动慢条斯理地说:“总理找我谈话了!总理问我怎么不入党啊?我说我缺点太多不够资格。旧社会养成的个人奋斗、疾恶如仇,容易得罪人,加上生活散漫……总理鼓励我说,缺点是可以克服的嘛。总理还说了好多,他对我程某人是太了解了,连我自己没有想到的细小进步,他都注意到了。我说没有介绍人呐,总理当即表示愿意做我的介绍人。贺老总说,砚秋,入党要两个人介绍,我愿意做你的第二个介绍人。这真是我平生最激动的事啊!”

1957年秋的一天下午,国务院办公室给家里来电话说:“邓大姐请你和爱人一起来吃螃蟹。”

砚秋答话说,请办公室和门卫打好招呼,他马上就去中南海。正在砚秋换衣服的这会儿功夫,敬爱的总理却亲自来家接我们来了。

到了中南海,邓大姐、贺老总夫妇都已早在那里了。大家见面,特别亲热。入座以后,端上来几盘大螃蟹。贺老总先斟满两杯酒,笑嘻嘻地递给砚秋一杯,相视举杯,暗含的意思是祝他成功。

席间,总理向砚秋打听戏剧界一些名角的近况,还谈了一些别的事情,就忙着催邓大姐说:“今晚天桥剧场有戏,你们几位先走吧,我们还有些事谈谈,晚一些来。”说着,起身即同贺总和砚秋一起走到旁边的屋子里去了。

那天看完戏,回到家里,时间已经很晚了。砚秋和我坐在堂屋,回味这值得纪念的一天,谁也不想回屋去睡。我问他两位老总单独跟他谈了些什么,他说:“谈的是关于入党的问题,我说我现在还不够共产党员的资格。总理问我自己觉得怎样?我说觉得比以前有进步了。两位老总笑了,并说,你自己说自己进步不行,得别人说你进步才行呢。”

此后不久,敬爱的周总理和贺龙同志分别给砚秋写了信,正式同意介绍他加入伟大光荣的中国共产党。

第一章

热心京剧事业的贺龙将军

贺龙是一位叱咤风云的传奇式人物。作为一名卓越的军事统帅,他的指挥艺术和赫赫战功,几乎尽人皆知。作为新中国体育事业的杰出领导者,他为振兴体育事业,让中国人摘掉"东亚病夫"的帽子,付出了大量心血,培养了一大批优秀运动员和教练员,造就了一大批体育界的栋梁之材。在他担任国家体委主任期间,中国体育健儿完成了"零"的突破,夺得世界冠军 14 项,打破世界纪录 145 次。这在中国体育界和体育爱好者中,也是有口皆碑的。

然而,贺龙重视文艺工作,热心京剧事业,尊重、爱护和培养京剧艺人,为发展京剧事业做了大量卓有成效的工作,则是鲜为人知的。那么,他和京剧是怎样结缘的呢?这还要从抗日战争说起。

第一节

喜收张一然

◆ 酷爱京剧的少校书记官 ◆

在任丘县(今任丘市)的蔡村,住着一位在当地颇有名望的人物,这便是后来在贺龙与程砚秋的交往中起了重要作用的张一然[1]。

张一然1908年出生于贫雇农家庭，曾以优异成绩考上了任丘县的官费初等师范。17岁，他慕名去投考冯玉祥将军在张家口开办的军官学校。但事不凑巧，他刚到张家口，军校招生已经结束。然而，他从军之心不死，又到冯玉祥的部队报名参军，当了西北军的一名宪兵。以后，又担任过宋哲元、赵博生的书记官，被授予少校军衔。

张一然身在军营，但却不满军阀混战，更不愿为混战而卖力，加之他酷爱京剧，便于1928年秋弃甲从戏。通过朋友介绍，他到了西安，向"韩庆奎科班"的老生演员楚公林先生[2]学戏。他勤学苦练，很快就学会了《捉放曹》《珠帘寨》《文昭关》等二十多出戏。

为了学戏，张一然去了京津。满怀抱负，一心求学。

在"灞桥柳絮飞白雪"时节，张一然满载而归，重返古城西安。

"杨月青戏班"得知张一然"学"成回来，便捷足先登，请张一然唱三天"打炮戏"，之后再订合同。张一然见盛情难却，就登台演出了《四郎探母》《汾河湾》等几出戏，观众火爆，票房收入大增。谁知三天过后，班主除了收钱之外，只字不提签合同之事。张一然这才恍然大悟，愤然离去。

不久，张一然又来到"王侠克戏班"。班主看过他的"打炮戏"，也知道他是票友出身，便厚着脸皮，昧着良心，常以"入不敷出"为由，克扣他的"包银"。张一然性情倔强，不堪忍受，只得辞出他就。

此后，张一然从咸阳演到宝鸡，又从宝鸡演到天水。由于他不是科班出身，亦未正式拜在某一名师之下，无论加盟哪个戏班，他也只是班主的"摇钱树"，班主并不拿他当"角儿"，一再压低"包银"。加之时常还要被国民党军队和达官显贵凌辱，他只身一人，无助无援，常常陷入苦恼之中。为了表明自己与恶势力不妥协的侠骨义胆，他为自己起了一个艺名——"燕南游丐"。

---

① 张一然，历任八路军一二〇师"战斗"剧社副社长，延安平剧研究院院务委员、研究室副主任，晋绥平剧院副院长，西北军区平（京）剧院第一副院长，西南军区京剧院院长，山西省文化局戏曲研究室主任，山西省晋剧院院长，山西省京剧团名誉团长，山西省文化局顾问等职；曾当选为中国戏剧家协会第三届理事、中国戏剧家协会山西分会副主席。1984年3月14日病逝于太原。

② 楚公林，1938年7月担任西安"夏声"戏剧学校专业教员。

由于甘肃一带京剧观众不多，加上班主的盘剥，张一然维持不了生计，只得从“天水班”转回华北。下海唱戏的痛苦经历，刺伤了他的心，他只得将满腔抱负暗藏在心中。为了养家糊口，经朋友介绍，他到河南焦作煤矿当了一名管理运销的小职员，月薪四五十元，尚能勉强度日。焦作煤矿有一个业余平剧团，慕“燕南游丐”之名，时常邀他演出。因之，张一然在河南也渐渐有些名气。

张一然从事平剧事业的心并没有死，又托人到北平的一个政府机关做事。他本想利用这个机会拜访平剧界名师，多看看本功戏和梅兰芳、程砚秋、尚小云先生的旦角戏，不料，在北平住了仅仅几个月，“七七”事变爆发，北平危在旦夕。于是，他不得不带着全家离开北平，回到家乡任丘避难。父亲张占鳌从此再不让他到外地闯荡。

张一然是个孝子，眼见平津地区已沦为日寇的占领地，又听说梅兰芳、程砚秋等许多平剧界有民族气节的名角相继隐居罢演，自己也绝了登台的念头。可是，在家务农，他又不是里手。他曾经参加过游击队，上前线打日寇。但眼见一些昔日的西北军已四分五裂，有的部队纪律极坏，欺压、鱼肉百姓，以抗日为旗号，自封“司令”，实为趁战乱招兵买马，独霸一方。他不愿跟着这些“草头王”，便又回到家中务农。为此，他陷入苦恼、彷徨之中，拿起闲置多日的烟枪，终日以鸦片麻醉自己。

◆ 戒烟从军 ◆

再说八路军一二〇师一到冀中，便首先在各县开展宣传抗日的运动。各部队和“战斗”剧社都派人深入农村，召开群众大会，宣传中共和八路军的抗日纲领，动员青年参军。一时间，任丘民众都沸腾起来。“战斗”剧社则多方打听新参军的青年中有没有文艺人才。一二〇师一位名叫朱江的连长，带着征兵工作队来到了蔡村。他听乡亲们介绍说，本村的张一然很有见识，师范毕业生，在西北军当过少校，又会唱平剧，还参加过游击队……

朱连长喜出望外，亲自登门拜访，动员他参加八路军，帮助部队搞宣传工作。

张一然深受感动，异常振奋，当着朱连长和全家人的面，把大烟枪往膝盖上狠狠地磕了一下，就给撅了，又把烟盘子掷于地上，说：“为了抗日救国，从今天起，就把大烟戒掉！”

老父亲怕他戒烟不成，反搭上性命，劝他说："少抽点儿，慢慢戒吧。你身体那么弱，一吃戒烟药就拉肚子，戒出个好歹可怎么办呢？"

但张一然决心已定，坚定地说："贺龙将军的部队派人来找我，士为知己者死，为了参加八路军，为了抗战，我豁出去了！"

为了不让父亲和家人看着他折腾，他到本村寇先生家里吃了大剂量的戒烟药——洋金花，弄得上吐下泻，又是发高烧昏睡，又是说胡话，死去活来地折腾了足足一个星期，居然绝了吸毒的根儿。不过，人却是消瘦得像一根细麻秆儿，走路都有些摇晃，好像一刮风就倒的样子。他穿上棉大褂和草鞋，来到了一二〇师。

他到部队不几天，就被四出网罗文艺人才的"战斗"剧社调了过去。他想不通，要求留在连队扛枪打仗，亲手打死几个日本鬼子。

贺龙将军听说此事，亲自同他谈话，说："八路军是人民的军队，没有文化的军队，是愚蠢的军队。八路军的文化工作，也是革命事业的组成部分，和到前线打鬼子同样重要。'战斗'剧社之所以叫'战斗'，就是剧社也要上前线，深入到连队搞创作、演出，剧社的成员同样是军人，都要带枪，情况需要，都要上战场。"

张一然这才知道，八路军的剧社，和国民党军队的随军剧团完全是两码事，就点了点头。贺龙临走前握着他的手说："张一然同志，你的才能，在八路军大有发挥的余地哟！"

张一然一问剧社的同志，才知道跟他谈话的竟是景仰已久的贺龙师长，师长让自己搞文艺，还能不干吗？

他答应在"战斗"剧社里干下去。但剧社的同志看到他那副"麻秆"的样子，不由产生了怀疑：这种风都能吹倒的人，能过严格的军事生活吗？

但事实出乎大家的意料。张一然是行伍出身，曾在冯玉祥的部队受过严格的训练，对于军事生活早已习惯，而且动作敏捷，并非弱不禁风；他走路时撇着脚，像是走台步，但一天行军七八十里，从没掉过队，就是脚上打了血泡，也从不叫苦；剧社进行军事训练，他射击、投弹的成绩都不落人后；平日的勤务工作，他抢着干，从不喊累。

◆ 抗日军民喜爱的"仙岛牌" ◆

张一然学的是平剧，可这时"战斗"剧社还没有平剧队，只有话剧和歌舞。社里把他编在戏剧组，分配他演话剧。他二话不说，就和同志一起认真排练。在演话剧《鞋中谜》时，张一然扮演汉奸。这个汉奸又是一个大烟鬼。张一然抽过大烟，一上场就表演了一个犯烟瘾打哈欠的动作，虽然他没有特别化妆，但使观众感到他的鼻涕、眼泪都流了出来，简直"打"绝了，下面立刻爆发一阵热烈的掌声。

剧中的日本军官当着他的面凌辱他的妻子，他向这个军官瞪了眼，站起来好像拼命的样子。但当日本军官扔给他半盒"仙岛牌"香烟[①]时，他贪婪地接过来，拿起日本军官的打火机，点上一支香烟，洋洋得意地吸了起来……

观众见此情景，对汉奸不知廉耻、下贱已极的丑态，恨之入骨，情不自禁地高喊："打死这个狗汉奸！"还有的观众下意识地从地上捡起土块要砸他，幸亏被旁边的观众制止。

贺龙也看了这出话剧。散戏后，观众们不约而同地给张一然起了一个绰号——"仙岛牌"。此后，上自贺龙，下至部队指战员，一提起"仙岛牌"，人人皆知，连老百姓都知道。对于他的姓名，大家反倒记不熟了。

当剧社再度出演《鞋中谜》时，幕布还没拉开，台下就响起了有节奏的喊叫声。一个南方口音喊一声"仙岛牌"！战士们就跟着喊"唱平剧"！

张一然透过幕布的缝隙，定睛一看，那个领头喊"仙岛牌"的，原来是贺龙师长。

"仙岛牌——"

"唱平剧——"

人生最难得的就是知音哪！张一然听着听着，再也无法控制感情，眼前一下子模糊起来。他赶忙揩去泪水，走到台前，唱起了拿手的《文昭关》：

恨平王无道乱楚宫，
父纳子妻理难容。
我的父上殿把本奏，
满门家眷血染红。
过了一天又一天，

---

① 仙岛牌香烟，是当年在日军占领区畅销的一种普通香烟。

心中好似滚油煎。

腰中枉挂三尺剑，

不能报却父母冤。

一轮明月照窗前，

愁人心中似箭穿。

……

1940年秋天，百团大战发起之后，由于日寇不断发动报复性的残酷“扫荡”，敌后抗日根据地陷入极其困难的境地。一二〇师部队、剧社的口粮、服装和医药，都得不到最低限度的保证。在这种条件下，“战斗”剧社仍然坚持为部队和群众演出。在一次晚会上，剧社演出独幕话剧《大王庄》。张一然在剧中扮演汉奸。戏还没演完，张一然突然两眼发直，面色发青，“扑通”一声就倒在台上。台上的演员见他摔倒，急中生智地加了一句台词：“你他妈的装死！快把他拉下去！”

台下的观众没有看出“内情”，还以为戏就是这样演的。可是，心细的贺龙却知道这是由于张一然长期缺乏营养造成的休克。他立即绕到后台看望张一然，了解病情。当晚，贺龙让医生带着急救药品为他诊治。第二天，贺龙又派副官处的同志送来白面和猪肉。一师之长这样关怀演员，令这位三十多岁的硬汉子热泪不止。

张一然被调到剧社后，主动向老同志提出，自己过去没有接触过马列主义，现在既然决心参加共产党领导的八路军，就要学习革命理论，并请他们提供一些理论书籍。当时在剧社里能借到的《列宁主义初步》《共产党宣言》《马列主义基础》《论持久战》《大众哲学》等，他都刻苦研读过。他有时坐在农舍里挑灯夜读，有时则倚靠在墙根下，边晒太阳边捧着书本凝神沉思。他常常参加剧社组织的辩论会，发言也很积极。辩论会采取分正、反两方的形式。张一然开始是参加正方，但往往驳不倒反方的谬论。会后，他苦笑着摇摇头，说：“学得还不行，还差着基本功呢，还得下点功夫钻钻。”

由于他像当年学戏那样，有一股弄不通就不罢休的精神，在老同志的帮助之下，他在政治理论上的进步，也是蛮快的。

“战斗”剧社在八路军的三个师中，是颇有名气的。它集中了一批在文艺上很有造诣的知识分子，如欧阳山尊、成荫、莫耶（《延安颂》的词作者）、严寄洲、申伸、陈凯、朱丹（后改名朱丹西）、金肃臣、赵戈、石丁、谷军、安春振、叶林、佳雨等。张一然同他们一起学习、工作，同台演剧。在这个难得的良好环境中，张一然在艺术理论上也同样有了很快的进步。

不久，经贺龙提名，张一然被任命为“战斗”剧社的副社长①，并于1939年光荣地加入了中国共产党。

第二节

成立“战斗”平剧社②

◆ 调兵遣将 ◆

在八路军一二〇师的成员中，老红军大多来自湘、鄂、川、黔、陕；抗战初期，又吸收了一些晋西北的成员。

到冀中以后，部队成员的籍贯一下子发生了巨大的变化，人数几乎扩充了一倍，而且是清一色的河北籍。这些指战员不但喜爱平剧，而且很多人都会唱平剧，能伴奏的也为数不少，水平还相当不错。由于他们大多来自农村，并不喜欢看话剧，甚至认为这不是“戏”。于是，部队指战员便自发地组织起了业余平剧演出队。当时一二〇师三五八旅的业余平剧演出队，已经能上演难度较大的短打武戏《塔子沟》和皮黄兼备的唱功戏《宝莲灯》。

高士一在冀中是一位很有名望的进步士绅，于1939年加入了中国共产党。

---

① 在张一然担任“战斗”剧社副社长期间，担任过社长的先后是向德忠、陈杰、欧阳山尊。

② 1928年6月，阎锡山将奉系军阀赶出关外，占领京、津和直隶，遂将北京改为北平。1949年10月1日，中华人民共和国成立时，复称北京。笔者为记述方便，除个别地方从习惯外，在此前称京剧，此后称平剧，共和国建立后复称京剧，特此说明。

他也是一名平剧爱好者。他的部队中,喜爱平剧的也不少。

1939年12月,胡宗南部向陕甘宁边区发动进攻;阎锡山则发动了晋西事变,进攻山西新四军和八路军,将国民党顽固派掀起的第一次反共高潮推向了顶点。

贺龙、关向应奉中共中央军委之命,于1940年2月初紧急回师晋西北,反击顽固派军队,迫使阎锡山停止了反共行动。

高士一作为独立一旅的旅长,亦率部随贺龙、关向应返回晋西北。

有一天,高士一陪同贺龙看"战斗"剧社演出文艺节目。席间,高士一问贺龙:"贺老总,怎么不让你的'战斗'剧社唱几出平戏?我们河北籍的战士可多呢!他们喜欢河北梆子,更喜欢平戏。我也喜欢看平戏。"

贺龙说:"剧社里没有平剧队呀。"

"没有,可以组建一个嘛。我们独一旅,会平剧的不少,都让我调到'战力'剧社了。我们任丘的'燕南游丐'不是让你贺老总调到剧社了吗?他唱平戏,在冀中、河南、西北挺叫座的。"

"'燕南游丐'?我怎么不知道啊?"

"就是'仙岛牌'呀。"

"嗯,原来是张一然!是唱得不错,唱谭派的。可就这么一个下过海的呀……"贺龙说罢,又"吧嗒吧嗒"抽起烟斗,陷入了沉思。

高士一又说:"'战力'剧社里也有下过海的。师部要是不搞平剧社,就把'仙岛牌'调给'战力'剧社吧。"

贺龙忙说:"师里的平剧社,一定要搞。到时候,我不但要找你'高四爷'要人,还要请你当'班主'哟!"

高士一欣然答道:"只要贺老总点将,看得起我高士一,我愿意当这个'班主'。"

"一言为定?"

"好,一言为定!"

贺龙听了高旅长的一番话,很受启发,果然萌生了组建平剧社的念头。

当时,在八路军所属的三个主力师中,一一五师的一部分留在晋察冀军区,聂荣臻司令组建了"抗敌"剧社;一二九师在太行山,师长刘伯承和政委邓小平组建了"先锋"剧社。但包括"战斗"剧社在内,都没有师一级的专业平剧社。不光各主力师里没有，就是在延安，也没有专业平剧社。只是在抗大总校文工团和旅一级的剧社里有一些平剧演员，可以组织小型的平剧节目。如一二九师三八六旅旅长陈赓将军组建的"野火"剧社，从1939年起，在太岳地区陆续上演过《让徐州》《将相和》《小放牛》《苏武牧羊》《黄鹤楼》和现代平剧《张团长》《可以信赖的朋友》《茂林恨》等，但毕竟还是旅一级的小型演出。

所以，贺龙组建师一级专业平剧社，在八路军中是一个创举。

万事开头难。但贺龙却是一个不知道难的人。他喜欢从河北吸收的将士们，因为他们普遍文化素质较高，肯吃苦、热情、憨厚。要把河北籍的战士们团结起来，除了做政治工作，活跃他们的文化生活也很重要。河北人偏爱河北梆子和平剧，成立平剧社是势在必行的。可是，根据地地处晋西北这块穷乡僻壤，戏装、戏箱，就是有钱也买不到，还必须托人到敌占区或国统区去买。

贺龙和关向应、甘泗淇研究来研究去，终于下了决心，再困难也得办一个平剧社，一步步地走，先成立个平剧队，到各旅网罗人才。关向应和甘泗淇深知贺老总的性格，对球队和剧社都是要亲自抓的，便表示："请你亲自抓，需要我俩做什么工作，只管吩咐。"

贺龙笑着说："得到你们的支持就好。那就请甘主任给各旅打个招呼，剧社调人，点谁的名，就得给。谁要是本位主义，不放人，可要挨'刮'！"

贺龙把"战斗"剧社的张一然和会点儿平剧的戏剧组组长刘西林[①]找到师司令部，对他们说："现在部队河北人多了，都要求'战斗'剧社演平戏。你们看，成立个平剧社，力量够不够？"

刘西林说："老总，师司令部就有几个会唱平戏的。再从几个旅里调一批人，我看力量还可以。"

张一然说："师教导团政治部宣传队里的栗金池[②]，原来是独一旅的，吹唢呐、

---

① 刘西林，曾参与八路军一二〇师"战斗"平剧社初期的创建工作。后来担任过东北电影制片厂副厂长、党总支书记。共和国成立初期，调外交部工作，常年担任驻外使馆参赞、代办。1971年回国后，担任对外友好协会副秘书长。他是《解放区的天是明朗的天》的词作者。

② 栗金池，河北省保定市赵北口人。1939年在冀中参加八路军第一二〇师。从师教导团三期毕业后，调团政治处宣传队工作。参军前曾参加本县鼓乐班，擅长唢呐、笛子等吹奏乐器。1950年，任中国京剧研究院秘书室主任。1951年调文化部戏曲改进局，任人事科长。1953年调中国戏曲研究院所属京剧一团任副团长。1962年任北京京剧团副团长。

吹笛子、打鼓都不错。宣传队还有薛恩厚、萧甲，都唱得不错。我是唱平戏的，成立平剧社，我举双手赞成。”

贺龙点上了烟斗，问道：“‘仙岛牌’，我这个人生在湘西，从小听的是湖南戏。后头赶马帮，常年在湘、鄂、川、黔边上转，听过川戏、楚剧、黔剧、滇剧。后来在川军里边干，看川戏最多。以后在武汉住过一段，又看了些汉剧、平剧。最熟的是川戏，对平戏，我是个外行。我过去听说平戏流派很多，行当也不少。”

张一然说：“对。平戏分生、旦、净、丑等几个大的行当。每个行当又可以细分为几个行当，比如生行，又分老生、武生、小生；旦角又分为青衣、花旦、刀马旦、老旦、丑旦；净行又可以分为铜锤花脸、架子花脸……”

“每一个行当，又有许多流派。如老生，又叫须生，现在的‘四大须生’——马连良、周信芳、谭富英、余叔岩，还不能概括老生的流派，还有‘高派’高庆奎、‘言派’言菊朋……”

“你学的是‘谭派’吧？”贺龙问，“我听说当时有‘无腔不学谭’的说法。”

“是的，谭派创始人谭鑫培对老生唱腔进行了革新，影响很大。梁启超曾经写诗称赞：‘四海一人谭鑫培，声名卅载轰如雷’。”

“我主要学‘谭派’，但‘余派’‘马派’‘麒派’的长处也学一些。但我毕竟不是从小进科班的，学的都是皮毛。”张一然谦虚地说，“旦行，现在有‘四大名旦’——梅兰芳、程砚秋、尚小云、荀慧生。这几位大师级的，青衣、花旦、闺门旦、刀马旦都很擅长。”

刘西林笑了，说：“平戏是国剧，源远流长、博大精深。我们只是业余爱好。”

贺龙说：“我听说平剧界的名流，有的也是票友出身。你们还年轻，边演边学，不断提高。现在是战争环境，条件有限，就是请些戏班的名角来，我们的条件也不具备。你俩回去打听一下，点名挑吧，开一个名单给我。我和关政委、周参谋长、甘主任研究以后，你们拿着司令部的命令去调人。”

刘西林说：“除了调人，还需要一些戏装、道具、伴奏乐器。”

贺龙说：“你俩也开一个单子。部队能找得到的，先用旧的；急需的，部队没有的，派人到西安，或者到敌占区去买嘛。”他说到这儿，吸着烟斗，脸上显出很为难的神情。“可是，我们晋西北是个穷乡僻壤，没有钱哪！”他站了起来，在屋子里来回踱着步子，又说：“我们的物质条件越是艰苦，就越是要活跃文化生活。许多战士对话剧、跳舞，还不那么习惯，对活报剧又不满足，但唱平戏却非常活跃。成立平剧社，就是要起指导作用、示范作用，引导他们向健康的方向发展。坏戏害死人，唱不得！”他指着张一然说，“你是行家嘛！过去的好戏多得很，只要选一下，就有的唱。比如《四进士》《将相和》这样的戏就很不错。”沉思了一阵儿，又说，“老戏要唱，但要研究。研究，就是研究怎么改。延安的鲁艺就成立了一个旧剧研究班。你们还可以自己编些新戏。戏都是人编出来的，难道我们就不能编？”

刘、张二人表示一定要按师首长的指示去做，坚决完成组建平剧社的任务。

贺龙笑了：“你们有信心就好。”

刘西林和张一然回到“战斗”剧社，和同事们冥思苦想，议论了一番，根据大家了解的情况，开了一个三四十人的名单，大部分都是河北任丘、深县（今深州市）、霸县（今霸州市），容城、蠡县的票友，其中有两个是河北梆子科班出身的。

他俩拿着名单，来到师司令部，当面交给贺龙。

张一然说：“名单里有好几个是独一旅‘战力’剧社平剧队的。不知道高旅长舍不舍得放呢？”

贺龙仔细看着名单，挨个儿问是哪里人、什么时候参军、多大年龄、现在哪个部队担任什么职务，有什么特长。

在高士一等各旅领导的大力支持下，平剧社的班底很快就凑了一大半。从演员行当来说，文生、武生、青衣、花旦、净、丑，能翻打的武行，都有了；从乐队来说，吹、拉、弹、打，样样不缺；从戏装、道具来说，什么大衣箱、二衣箱、三衣箱、旗包箱、帽儿箱和化妆人员都找齐了。但是，这些“箱”却基本上是空的。

刘西林、张一然把已经确定调到平剧社的演员名单呈交贺龙，说：“这个名单，是已经调来的，或者是已经谈过话，很快就来报到的。”

贺龙看着名单，抑制不住心中的快慰，胡须都翘了起来。那名单上写的是：

王镇武	青衣	薛恩厚	老生
张一然	老生	牛树新	武生
栗金池	司鼓	萧甲	青衣、花旦
齐秀林	化装	郑万忠	武场
高森林	武场	白秉奎	小生

刘宪增	花　脸	崔炳玉	胡　琴
齐冀民	老　生	刘宪华	武　生
霍秉龄	老　生	马伯峰	胡　琴
岳建邦	武打戏	王炳辉	
胡振芝		韩洪涛	
周海清		袁广和	小花脸
张殿荣	武　场	刘莲池	小花脸
夏虎臣	武　场	张一山	小　生
赵容美	老　生	赵馗英	小花脸
尚福安	小花脸	刘涌汉	花　脸
杨呈祥		刘长林	小　生
王洪宝	武　生	王水漫	衣　箱
王常荣	衣　箱	王树臣	衣　箱

……①

贺龙边看边问:“科班出身的有几个?”

张一然答道:“三个,赵容美、牛树新、王洪宝。都是河北梆子的底子。”

贺龙指着“王镇武”的名字问:“王镇武唱青衣,是学的哪一派?”

张一然答道:“是程派。”

贺龙又问:“有没有学梅派、尚派、荀派的?”

刘西林答道:“萧甲可以说是梅派。尚派、荀派还没有。”

贺龙“嗯”了一声,诙谐地说:“青衣、花旦太少。你们这几个唱戏,还不净是‘和尚戏’!”

张一然说:“女演员,我们还找不到。男扮女装,难度比较大。”他指着名单上的赵容美说,“赵容美小时候被卖给天津‘永胜和科班’,学的就是花旦和刀马旦。但后来嗓子唱坏了,现在只能演老生。”

贺龙说:“你们要注意发现人才。”他指着周海清的名字(周是贺龙等师首

---

① 这个名单尚不完全。未注明行当者,是为不详。

长的炊事员)，笑道："你们挖墙脚，挖到司令部炊事班来啦！"

刘西林说："这是师首长带头支援平剧社嘛！"

贺龙佯作不相信的样子，说："他做菜还可以。唱平戏，行吗？"

张一然说："可能他在师首长面前，不大好意思张口。我听他唱过几次，满不错的。"

贺龙把名单放在桌子上，说："这样吧，你们先排一两出戏，到师部来演一演，请关政委、周参谋长、甘主任和师部的同志都看看，如果演得不错，就宣布都正式调过来，成立平剧社。"

刘西林和张一然站起来要告辞。贺龙一摆手，说："别忙走，该是吃饭的时候了。我请你们吃顿便饭。这些日子，你们够辛苦了，让你们打打'牙祭'。"

一会儿，炊事班端过来早已准备好的白面馒头和炖鸡块。

二人和贺龙、关向应、周士第同坐一桌，也不觉得拘束。他俩长期闻不到肉味和馒头香，一见这等美味，食欲大振，也顾不得礼貌，就狼吞虎咽地吃起来。一会儿，关政委和周参谋长已经吃完离座。贺龙怕他俩不好意思，还陪坐在那里，笑眯眯地看着他俩大吞大嚼，幽默地说："在我这里吃饭，和你们在舞台上唱戏吃饭可不一样，那是假的。我这馒头和鸡肉可是真的哟！放心地吃罢。"说罢，哈哈大笑。

等他俩吃完，贺龙才站起身来，把他俩送出司令部的大门口，对刘西林说："张一然留在平剧社。你也得调到平剧社，都要担任领导工作①。"他们敬了军礼，转身走出好远，还听见贺龙在门口大声叮嘱："一定要好好搞一下噢！"

几天之后，刘西林和张一然带着一班人马来到师部搭台唱戏。一出《四郎探母》，令贺龙、关向应等师首长高兴不已。演出《古城会》时，年方二十的王洪宝扮演马童。只见他一溜"小翻"挂"出场"，又一个亮相勾着一副笑脸，博得大家不住地喝彩……

◆ 亲调薛恩厚 ◆

平剧社成立在即。按照八路军的编制，平剧社还缺一名既会演平戏，又能做

---

① 刘西林参加筹建"战斗"平剧社后，因公调往其他单位。

政治工作的人员，这就是名单上的薛恩厚①。

这位薛恩厚，当时在一二〇师民运股当股长。因为是一股之长，要调，自然得先找个接班的。就这么着，薛恩厚迟迟没有调来。

1940年夏秋之交的一天，薛恩厚接到师部的调令，要他立即出发，到师部驻地报到。

这时，薛恩厚还一点儿也不知道师部调他做什么工作，只知道军人以服从命令为天职，顾不上带行装便出发了，足足走了一天的工夫，才到了师部驻地山西省兴县李家湾。正巧，赶上司令部机关刚刚开过晚饭，机关工作人员都聚集在坪坝上，开展各种体育活动。贺龙穿着衬衣，在球场上和战士们打羽毛球。关向应政委、周士第参谋长和甘泗淇主任在篮球场边散步。

薛恩厚认得真切，便在球场边找了个地方坐下歇脚，看着贺龙打球。

副官处的处长也在打球，看见薛恩厚，就退了场，走到他跟前，热情地握了握手，说："知道你今天来报到。还没吃饭吧？走，跟我到伙房去，先找点吃的再说。"

待薛恩厚填饱肚子回到球场时，贺龙刚刚打完球，擦了擦汗水，取出烟斗点烟。

副官处长把薛恩厚引荐给贺龙。

贺龙笑了，问道："你就是薛恩厚啊？"

薛恩厚赶忙打了个敬礼，答道："薛恩厚奉命向贺师长报到。"待贺龙点头还礼，和他握手时，他性急地问，"贺总，调我到师部做什么工作？"

"调你搞平戏嘛！"

"哎呀，师长，我唱平戏，不过是平日瞎哼哼，还找不到板眼哩！"

---

① 薛恩厚，1915年生于河北省涿县（今涿州市）。1937年参加八路军第一二〇师。1938年1月加入中国共产党。1948年在石家庄华北平剧院任协理员。所创作的现代京剧《四劝》，被誉为"解放戏"，曾为中国共产党七届二中全会演出。1949年调文化部中国京剧院，任秘书长，后任中国戏曲研究院京剧二团团长。1953年任中国评剧团团长。1955年后任中国评剧院副院长、院长。1962年任北京京剧团团长。中国戏剧家协会理事，北京市文联委员，北京市第五届人大代表。

他创作、改编的京剧、评剧、丝弦剧剧本二十多部，其中有评剧《爱甩辫子的姑娘》、《三里湾》（与江风合作）、《苦菜花》（与高琛合作。该剧当年曾由以小白玉霜、新凤霞、李忆兰为首的三个剧团同时演出约千场）、《金沙江畔》（与安西合作）。1964年，与汪曾祺、萧甲合作，把沪剧《芦荡火种》改编成同名京剧（后又被改为《沙家浜》），参加全国京剧现代戏观摩演出大会。在戏曲影片《刘巧儿》中，他扮演马专员。

"调你来,是'战斗'剧社点的将。我们要成立一二〇师的平剧社,已经调了许多同志来了。调你来,是当指导员。"

"师长,我怕搞不好哩。"

"没的问题。'仙岛牌'点你的将,他是下过海、搭过班的,他看你行,没的问题。'仙岛牌',准备让他当副社长,王镇武可以当社长嘛。眼下环境很艰苦,为了坚持团结抗战,你们要在抗日军民中间,把文娱活动搞起来。现在部队河北人多,没有平剧社不行。"

"师长,我无条件服从您的调令。可是,我的行李还没带来,我还要回去取一下,再到剧社去报到。"

贺龙好像怕他溜了似的,忙说:"那好办,行李我派人去取。你赶快到剧社去报到,'仙岛牌'他们在等你哩!"他转身对副官处处长说:"你派副官处的同志送他到剧社去。"

薛恩厚由副官处的同志带领,走了半里多地,来到一个叫冯家圪垯的村庄。这个村子,坐落在向阳的山坡上,到处光秃秃的,连一株树也没有。有的,只是农民住的窑洞。

刘西林、张一然见到薛恩厚,高兴极了,拉着他的手说:"你来了,太好了!唱老生的不缺人了。"说完,把在座的同志一一做了介绍。

大家都是河北人,又都是平剧爱好者,一见如故,亲如兄弟,互相攀谈起来。谈话间,免不得互相询问:"你是谁调来的?"问来问去,回答都是一致的:"我是贺老总调来的。"

薛恩厚自从改行从事戏曲工作之后,无论是对于"战斗"平剧社,还是对于中国的戏曲事业,都做出了很大贡献。于非曾赋诗赞道:

贺总麾下一老兵,
抗大熔炉心炼红。
政文财会多面手,
戏曲改革做先锋。
热心助人情似火,
严于律己镜样明。

华夏回族好兄弟，
文艺战线留美名。

◆ 战地演出 ◆

平剧社在筹备、练功、排戏的过程中，又陆续调来王洪宝等演员和工作人员。王洪宝，1919 年出生于河北省蠡县王家庄。艺名小洪宝，又名王荆朴。七岁起跟王进喜（河北梆子、京剧老生、武二花脸）学艺九年。1936 年出科搭班唱戏。他文武昆乱皆能，生旦净丑兼擅，会戏一百五十余出，尤以短打武生戏见长，能一口气翻五十个串小翻，一口气洒脱地拧六十个旋子。单腿大翻身，他连走二十个，脚底竟能不挪地方。他从三张桌子上云里加官翻下，轻似猫跳，落地无声。他随戏班几乎演遍冀中，被观众和戏迷誉为"勇猛武生"。在冀中的戏迷中流传着这样一句话："宁肯三年不洗澡，也要去看小洪宝。"（意即省下洗澡的钱去买戏票。）

为了调王洪宝，王镇武、薛恩厚、张一然曾经去贺龙那里请求"特批"。原因是王洪宝在师警卫营三连当过战士、班长、通信员，当时给师首长当警卫员。

贺龙听了他们对王洪宝的介绍，问："就是那次演《古城会》里马童的吗？"

张一然答道："就是他。他在师警卫营给首长当警卫员，必须您说话呀！"

贺龙说："警卫营有这样的人才，一定要调给平剧社。"他幽默地补充了一句，"不过，我可是'洗了澡，再去看小洪宝'哟！"

原来，王洪宝在日本发动"七七"事变，戏班解散以后，返回故里，以做豆腐、做小买卖糊口，和张一然的境况差不多，也是 1939 年入的伍。

王洪宝调到"战斗"平剧社时，刚刚二十出头，是社里唯一科班出身的武生演员。后来，"战斗"平剧社与鲁艺平剧研究团合并为延安平剧研究院，他亦是主要武生演员。在《三打祝家庄》中扮演过祝彪，在《逼上梁山》中扮演过林冲、曹正。在延安，上自毛泽东等中央领导人，下至各行各业的群众，没有不知道王洪宝的。这是后话。

平剧社成立的基本条件已经具备。1941 年夏，经贺龙、关向应批准，平剧社宣布正式成立。剧社的同志请贺龙为平剧社取名。

贺龙说："你们平剧社，在隶属关系上，是'战斗'剧社的一个队，叫分社也行。但平剧有它的特殊性和独立性，对外就叫'战斗'平剧社吧。"

就这样，在中国共产党领导的抗日根据地诞生了第一个师级专业平剧社。王镇武任社长，张一然任副社长，薛恩厚任指导员，牛树新任艺术指导。剧社下设两个演员组以及炊事班、马兵班。

在剧社成立的这一天，贺龙、关向应、周士第、甘泗淇等一二〇师首长都到会祝贺。贺龙在大家的掌声中致辞。他说："'战斗'平剧社，是在抗日战争的烽火中诞生的。平剧社的方针，就是为抗日战争服务，为抗日根据地的军民服务。我们的演出，是为了活跃部队的文化生活，但更重要的是鼓舞部队的士气，增强斗志。剧社刚刚成立，只能先上演旧戏，以后有了条件，就要编演新戏。但旧戏里面，宣传封建意识的不少，所以你们在排练的时候，要注意除掉封建毒素和低级庸俗的内容，多演一些表现历史上除暴安良的、富有正义感的人物和抵抗外侮的民族英雄，使战士们看了可以增长知识和民族意识，激发他们的爱国主义和英雄主义精神。"

平剧社演出，没有舞台的时候多。因此，他们要带上锹、镐，找一块比较平坦的山坡，平出一块地，就当作舞台；四周竖几根木杆，上面再绑上横木，用幕布围上三面，上挂三道横栏幕条；然后，再用布围成一个后台。剧社把这种舞台戏称为"简易游击式舞台"。

演员们一个顶几个用，不但演员，就连饲养员也上台跑龙套。演完戏，大家一齐动手，拆台、叠幕、打包、上驮。为了携带方便，戏装打成软包，用骡子驮；刀枪把子，每人手里拿上一两件；盔头怕挤，大家就分着戴在头上；骡子驮不了的，大家就分着背、轮流背。

在严寒的冬季，虽然前台后台都放了炭火盆，演员也照样冻得手脚发木。唱花脸的勾脸时，笔还没勾到脸上，油彩就凝冻了，只能到火盆边烤化。用布做的包头被汗水浸透了，想打开晾干，可刚一抖开，就冻成一块冰板。最难的是唱武戏的演员，他们是单薄的打衣打裤，在冻得硬邦邦的土舞台上，照样窜毛儿。后台的演员们拿着棉衣，等他们一跑进后台，就赶紧给他们披上。

就是在如此艰苦的环境中，平剧社的演员们不畏艰险，和游击队一样，活跃在抗日军民中间。在硝烟弥漫的吕梁山脉，在广阔无垠的黄河两岸，经常可以听到平剧社的锣鼓声。

平剧社演出的主要剧目有《失空斩》《古城会》《伐子都》《查头关》《黄金台》

《宝莲灯》《打渔杀家》《珠帘寨》《汾河湾》《四进士》《乌龙院》《四郎探母》《辕门斩子》《女起解》《大登殿》《武家坡》《鸿鸾禧》《专诸刺王僚》《白水滩》《路遥知马力》《碰碑》《柴桑关》《嘉兴府》《马前泼水》《花蝴蝶》等几十出戏。

“战斗”平剧社誉传晋西北,无论到哪里演出,群众都奔走相告:“贺老总的平剧社来啦!”

“战斗”平剧社演出的盛况,笔者在这里仅举一例。那是剧社从冯家圪垯移驻有人村之后的一天,剧社去外地演出完回村,太阳已经落山。这时,师部的通信员快骑飞驰,向剧社传达了贺龙师长的命令:临县抗日政府要举行骡马大会,明天开幕,平剧社立即出发,为大会演出。

骡马大会,是抗日根据地经常组织的物资交流大会,相当于规模较大的集市。这是向群众进行宣传的好机会。

平剧社接到贺龙的命令后,匆匆用过晚饭,以急行军的速度,连夜向九十余里之外的临县进发。到达临县时,天已大亮。令平剧社吃惊的是,在一座旧戏台前,早已坐满了前来为骡马大会助兴的部队和附近的群众。其中有的群众还是从几十里外的村子,越过敌人的封锁线,冒着生命危险赶来看戏的。演员们大为感动,纷纷对前来接待的县政府负责人说:“我们不休息了。部队和群众在台下等着,我们能睡得着吗?”县政府负责人还是劝他们打个盹儿。

王镇武说:“骡马大会按时举行。首长们上台讲话时,我们化妆,吃早饭。首长们讲完话就开始演戏。演完戏,我们再睡觉。”

说话间,群众自动地给平剧社抬来了两大桶热乎乎的小米粥,说:“同志们连夜行军,给俺们演戏,真是过意不去。这是我们的一点儿心意。”

就这样,演员们一边喝粥,一边化妆,连个盹儿也没打,首长刚讲完话,就敲响了开场锣鼓……

这锣鼓声传到了临县境内的四圪垯。盘踞在据点里的日伪军,知道临县的八路军和抗日政府又在举办骡马大会了。他们害怕八路军,不敢出据点,就在炮楼上朝会场方向乱放机枪,进行干扰。可是,看戏的群众知道八路军会保护他们,秩序井然,都端坐在台下,聚精会神地看戏。

平剧社为骡马大会连演了四天,敌人从炮楼里连打了四天机枪。直到剧社整队返回驻地,一路上还听见敌人炮楼上的机枪在“哒哒”地、发疯似的“狂叫”。演员们嘲弄地朝四圪垯方向高喊:“谢谢你们,不用欢送了!”

◆ 戏剧运动座谈会 ◆

1941 年 8 月 15 日,八路军一二〇师政治部召开了戏剧运动座谈会。

在山西兴县蔚汾河边的小善村,云集了“战斗”剧社、“战斗”平剧社,各旅的“战火”“战线”“战力”剧社,山西新军的“长城”剧社,根据地的“七月”剧社,以及晋西文联剧团的代表们,盛况空前。

与会的代表们边汇报、边演戏、边讨论,欢声笑语,高歌曼舞,蔚汾河边充满了欢快的气氛。

会议讨论戏剧在抗日战争中的作用时,由于听延安的一些同志说平剧是宫廷贵族的艺术,是士大夫之流的艺术,不同意鲁艺成立平剧研究团和发展平剧,与会的一些代表对平剧的作用,乃至是否成立专业平剧社也发生了疑问……

有的代表说,旧戏曲的改革,在现在的战争时期是不具备条件的,非得在革命胜利以后,在“大生产”条件下,有管弦乐队、剧场舞台、大规模的灯光、布景,才能使戏曲艺术为革命服务。

还有的说话剧是“大生产”,平剧是“小生产”,内容都是封建的,不能为革命服务。

总之,就是认为平剧是封建时代的产物,落后,保守,无论其表现形式还是含义内容,都不能适应时代要求。因此,他们提出了文艺团体不要搞平剧的主张。

这些议论,无疑给刚刚组成的“战斗”平剧社和平剧爱好者们泼了一盆冷水。满怀一腔热情来到平剧社的青年们,思想上产生了不小的压力。

贺龙听到这些议论后,说:“这种看法是错误的。延安毛大帅(贺龙对毛泽东的尊称)那里,鲁艺 1939 年就成立了旧剧研究班,现在叫平剧研究团。为什么叫‘研究团’?就是边研究,边改革,边演出。我们大家都来研究它嘛!我们部队的成分是从农村来的青年多,从河北来的人多。话剧、歌剧,不如平戏那样受欢迎,这也是事实。再说,平剧这种形式,演出时不用灯光布景,舞台上只要一两张桌子、两三把椅子就行了,演员可多可少,戏装也可以打软包,这最适合战争环境中的流动演出。既然群众喜闻乐见,我们就可以利用这种形式。平剧历史悠久,在全国影响很大。在目前的形势下,对唤起大众的民族感,打败日本侵略者,有着特殊的作用。”

贺龙的谈话，给平剧社的同志们吃了一剂“定心丸”。

座谈会中间，即8月21日，贺龙做过一次正式讲话，但讲话的全文没有保存下来。所幸的是，在保留到今天的一张用麻纸印刷的《战斗报》上，记载着贺龙当天讲话的提纲。原文是这样的：

> 一、对于“战斗”剧社，我们要求它一方面领导和团结各旅团的剧社，一方面还得有三大本事。什么本事呢？第一，要能为纪念大会、干部会议演出政治意义和艺术价值都好的多幕大剧；第二，要能在千万人的大会上，演出有意义的、大众化的、战士一看就能懂的独幕剧；第三，要能演出给老百姓看的，为老百姓们所欢迎所了解，而且能教育和组织他们的戏剧。
>
> 二、对各旅团的剧社，我们要求大众化的，配合政治工作，巩固部队，组织群众的戏剧，同时还要提高自己的艺术水平。
>
> 三、根据野政指示，我们要组织戏剧游击小组，配合敌占区工作人员和少数武装，以闪击的姿态到敌占区去，演些短小精悍的好戏，兴奋敌占区的群众。
>
> 四、要多多创作，无论剧本、歌曲，特别是舞蹈，不要老一套；唱歌，几部合唱唱得不好，还是齐唱受群众欢迎。要组织采访团到各分区去搜集材料，多创作新的东西。
>
> 五、为了开展部队和地方的戏剧运动，我们要培养艺术干部。以“战斗”剧社为骨干，从地方学校和部队中，有计划地调艺术干部受训。
>
> 六、对于平剧，我认为应该接受它的优点，删去有封建毒素和庸俗落后的成分，用严肃的态度来研究它。演出的剧本应该是表扬历史上的民族英雄，使观众增长民族意识和历史知识。
>
> 总的来说，我们的戏剧要深入部队，面向战士，教育群众。

贺龙侃侃而谈，讲了大约有一个多小时，非常生动、风趣。尽管讲话的全文没有留下来，但仅从这个提纲来看，贺龙对文艺工作是卓有见地的，他对文艺工作者的领导，是令人心服口服的；一二〇师和晋西北的文艺工作，包括平剧在内，成绩是显著的。当时出席座谈会的诗人萧三听了贺龙的讲话之后,感慨地说:“谁说贺龙同志只是一介武夫,称他为中国的恰巴耶夫①?我看,除了某些特点外,并不相似啊!”

张一然和平剧社的领导同志在参加这次座谈会后,对贺龙有了更深的了解。用一句简单的话来说,就是贺龙本身并不是文艺工作者,但他比一般的文艺工作者更懂文艺,是身负众望的掌舵者。特别是他对那种否定平剧的观点的批评,和对平剧正确的评价,更让与会的文艺工作者,特别是平剧社的文艺工作者折服。

◆ 创作《嵩山星火》 ◆

戏剧运动座谈会之后不久,贺龙给“战斗”平剧社写来一封信,大意是:

> 你们的演出很好,干部和战士很欢迎,老百姓看了也很高兴。希望你们继续努力,多排些好戏,刻苦地练,好好地排,再为他们演出!
>
> 师部要举行文艺会演,各旅、团的剧社都来参加。你们要搞出好戏,也参加会演。

剧社接到这封信,非常振奋,因为这是向师首长和兄弟剧社汇报的好机会。大家反复传阅着这封信,激动地说,应该按照贺总的指示,编一出新戏,在文艺会演时一鸣惊人。

社长王镇武和指导员薛恩厚不由得把目光转向了一直默默不语的张一然。其他同志也七嘴八舌地说:要编戏,还是请“仙岛牌”来吧。

张一然说:“开戏剧座谈会的时候,听了贺老总的讲话,我一直琢磨着编一出新戏。我在河南焦作煤矿干过一段时间,听老人们讲了许多嵩山地区猎户抗捐的故事。如果把这些故事加加工,能编出好戏来,戏名就叫《嵩山星火》。毛主席不是有一篇著作,叫《星星之火,可以燎原》嘛。”

大家听了,一致赞成。王镇武、薛恩厚等还出了一些主意,根据剧社的演员阵容,提出了剧本结构的建议,设计了剧中的几个主要角色,并公推张一然执笔。

---

① 恰巴耶夫,苏联英雄、红军名将,有人将其名译为“夏伯阳”。

张一然说:“这是我们平剧社第一次编新戏。平剧社是贺老总一手组建的,我们必须向老总汇报,听听他的指示。”

于是,王、薛、张三人一同到师部,向贺龙汇报编新戏的计划。

贺龙一听,就绽开了笑容,说:“我们‘战斗’剧社,编新话剧、新歌剧不少,编新平剧的还没有。平剧社成立的时候,我就说过,有条件时,要编演新戏。现在,条件具备了,机会也有了。你们编演新戏,正好让各剧社的行家们提提意见嘛。‘仙岛牌’,先说说你的想法。”

张一然把写作提纲详细地汇报了一下:嵩山地区登封县令对猎户们加捐加税,横征暴敛,还纵子横行,抢掠民女,诬良为盗,草菅人命,弄得民不聊生,怨声载道,激起嵩山猎户们的强烈反抗,围攻县城,要求免捐免税,惩办凶手。赃官孙知县吓得丧魂失魄。他和师爷商议好一个缓兵之计,诡称答应免捐免税,劝猎户们各回乡里。猎户的头领没有察觉孙知县的诡计,率众散去。孙知县赶忙调来援兵,翻脸毁约,对嵩山猎户进行血腥镇压。猎户们从失败中吸取了教训,动员更多的农民,重新燃起嵩山星火,同官兵展开生死决斗,终于取得了抗暴斗争的胜利。

贺龙认真地听着,不住地点头、插话。他说:“这个戏是反映农民进行抗暴斗争的,很好,是新《打渔杀家》么,我支持。等你们排出来,我有时间,一定当第一名观众。”

得到贺龙的首肯,张一然日夜兼程,边构思,边起草剧本。积聚多年的创作新平戏的愿望,终于在贺龙领导的部队里得以实现,他激动不已,有感而发,把多年来的艺术实践都融进了剧本。他一发而不可收,创作出一部大型新编历史剧,剧中人物四十余个,可以连演四小时。

贺龙听说剧本创作顺利,十分高兴,让副官处派人到平剧社通知:在排练新戏中间,演员的伙食要改善一下,改吃小米(以前吃黑豆),但要到接近敌占区的粮站去背。

这个粮站在百里之外,地名叫曲诺,往返要四天。平剧社留下张一然等少数编导搞创作,其余的演职员,每人带上一条军裤就出发了。到粮站之后,用马兰草把裤腿口捆紧,把小米装进裤筒里,再用马兰草把裤腰扎紧,套在脖子上,背回剧社。他们放下小米,顾不上休息,又立即排练。

就这样,平剧社的同志边背粮,边创作,边排练,克服了重重困难,终于把《嵩山星火》这部大型新编历史剧编排出来了。彩排的时候,平剧社请来贺龙、关向应、周士第、甘泗淇等师首长和“战斗”剧社的领导及部分同志审查。

张一然为主演,饰许广义,王镇武饰许女,赵容美饰邓飞雄,牛树新饰孟强,薛恩厚饰朱威,白秉奎饰朱子,王洪宝饰张成,刘涌汉饰孙知县,赵馗英饰师爷,袁广和饰孙公子,萧甲饰刘三,王常荣饰高大鹏。

这出戏得到了大家的基本肯定。张一然按照大家提出的修改意见,进行了加工。然后,又到部队试演,很受欢迎。

第三节

“战斗”平剧社与延安平剧研究院

◆ 延安平剧 ◆

延安,是中共中央、中央军委的所在地。从 1938 年开始,群众性的平剧演出活动就逐渐活跃起来。在纪念日和民间的节庆日活动中,在杨家岭大礼堂、中央大礼堂、陕甘宁边区政府大礼堂、各机关、学校的礼堂、空地上,都可以看到形式多样的演出。有演大本戏的,也有演折子戏的,还有清唱的;既有专业团体的演员,也有票友;既有传统剧目,也有新编剧目和平剧活报剧。

大约在 1938 年,延安鲁迅艺术学院实验剧团成立了一个平剧小组。以后,鲁艺戏剧系组织过一个平剧研究班,成员大半是戏剧系和美术系的学生。随着平剧爱好者的增加,又加盟了一些延安机关、学校的票友,组成了一个鲁艺平剧研究团。这是一个自发的群众性业余团体。

此外,还有延安业余平剧团、胶东鲁艺平剧团等。

鲁艺平剧研究团为了迎接“七七”抗战一周年,由戏剧系教师王震之执笔编写了《松花江上》,是按照《打渔杀家》的模式创作的。美术系第二期的学生符律衡(后改名阿甲),扮演剧中的抗日渔民领袖赵瑞,戏剧系教师崔嵬扮演大地主、汉奸丁团总,鲁艺女生指导员江青扮演女儿桂英,李伦和张东川扮演抗日联军指挥员张恩、孔武,成荫扮演丁郎,金钟鸣扮演教师爷,李非、谷野、巩卫、严喜、洪涛、张达观、翟其春分别扮演抗联战士、渔民和日本兵;担任文武场打板鼓的是徐玉峰(后改名卜三)、王久晨、刘炽等;王震之、李纶轮流拉京胡,金紫光和刘沛轮流拉二胡。延安马列学院的杨绍萱为剧中渔民齐唱的《折桂令》写了唱词并教唱曲调,在演出时担任笛子伴奏。

人员凑齐了,但排练时找不到平剧锣鼓,经多方打听,才到清凉山东侧的解放社印刷厂"列宁室"(后改称的俱乐部)借来了一套。服装都是向老百姓们借来的。脸部化妆和话剧相似;音乐、唱腔、表演基本上都源于《打渔杀家》。

从1938年到1942年春,延安自发的平剧小团体、小组,断断续续地演出了一些传统剧目和自编的现代戏、平剧活报剧,很受机关干部和群众的欢迎。机关干部、学校师生,工厂的"列宁室",纷纷请他们去教戏。一时间,延安的平戏搞得红红火火。

尽管延安的一些同志不赞成发展平剧,更不赞成成立专业的平剧团体,然而,延安平剧票友们的热情,却一直波及中共中央,也波及到毛泽东那里。那还是在1938年4月间,毛泽东出席陕甘宁边区工人代表大会组织的晚会,观看了秦腔《五典坡》和平剧《升官图》等戏。他当场对边区工会的负责人说:"你们看,群众非常喜欢这种形式。群众喜欢的形式,我们应该搞,但就是内容太旧了,应该有新的革命内容。"他在另一次谈话时还说:"宣传上要做到群众喜闻乐见,要大众化。现在很多人谈旧瓶新酒,我看新瓶新酒、旧瓶新酒都可以,只要对抗战有利。"

中共中央领导同志不但支持开展平剧活动,还大力帮助延安的平剧团体购买戏装,办法是由当时参加国民政府参政会的参政员捐款。捐款人有毛泽东、陈绍禹、董必武、周恩来、邓颖超等,捐款近两千元。中共中央组织部部长陈云给八路军驻西安办事处的伍云甫写了一封信,派阿甲和任桂林赴西安购买戏装。到西安后,任桂林通过曾一起办"夏声"戏校的封至模先生的帮助,用了一个多月的时间,买齐了全套的平剧戏箱。阿甲和任桂林雇了辆骡马大车,满载戏装返回延安。

毛泽东很快就成为平剧的热心观众,并通过各种途径,收集了梅兰芳、程砚秋、言菊朋等著名平剧演员的唱片。1940年和1941年,他曾两次远道去桥儿沟的鲁艺礼堂看平剧。

1941 年秋，他又和朱德、陈云、邓发、康生等中央领导人在中央党校礼堂观看鲁艺平剧研究团演出的《宇宙锋》（于陆林主演）、《独木关》（陶得康主演）、《十三妹》（任钧主演）。散戏后，毛泽东在中央党校经营的中山食堂宴请演职员。席间，毛泽东谈笑风生。他说："你们的《独木关》演得很好。薛仁贵的赫赫战功都记在何忠宪的头上，这很不公平嘛！现在的抗战也有这种情形，八路军就是累建战功的'薛仁贵'，是'真白袍小将'；有些国民党军队就是通敌窃功、陷害忠良的'张士贵''何忠宪'，是假'白袍小将'。真假两个白袍小将，就是真假两种抗战。"

八路军总司令朱德将军也讲了话。他说："平剧有很多戏是可以为抗日战争服务的，岳飞、史可法、文天祥、郑成功等这些抵抗外侮的民族英雄，你们编演出来，就可以提高人民群众的爱国觉悟，增强军民团结抗战的力量。"

常驻重庆的周恩来副主席，每次回延安，都要观看鲁艺平剧研究团的演出。他看了任钧等演出的传统戏《棒打薄情郎》之后，曾给任钧写了一封信，鼓励她们。

中共中央领导人对平剧的重视，为延安平剧研究院的诞生奠定了坚实的根基。

◆ "战斗"赴延安 ◆

1941 年 11 月，一二〇帅接到延安的指示，调"战斗"平剧社赴延安演出。这个通知由中共中央发出，还是中央军委发出，现在已经不得而知。据笔者分析，可能是"战斗"平剧社在晋西北名声大振，而延安的平剧活动正如日中天，热衷于成立专业平剧团体，打算调一二〇的演员充实延安的平剧阵容，所以才调"战斗"赴延安演出，让他们亮相，然后从中挑选演员。

然而，当年无论在晋西北，还是在延安，都流传着这样一句话：贺龙有三宝——"战斗"、球队、平剧社。"战斗"，是指"战斗"剧社，球队是指"战斗"篮球队。这句话形象、生动地说明了贺龙对部队文艺、体育工作的重视。因为当年有些领导同志不重视文艺、体育工作，随便到剧社、球队把原单位的人调回去；也有些人受到某些影响，不愿意在剧社、体工队工作，要求调回原部队。在这种情况下，贺龙为了稳定文艺队伍，曾规定，剧社、体工队调进、调出任何一个人，都要通过他本人批准。这一条不成文的规矩，延安平剧界的同志早有耳闻。贺龙的“战斗”篮球队打遍延安无敌手，“战斗”平剧社演戏，当然也错不了。但是，要从贺龙的平剧社调人，他能同意吗？在延安，能调动贺龙部下的，只有毛泽东主席、朱德总司令等中央军委的领导同志。由此推断，很可能是在毛泽东、朱德等中央领导同志看平剧时，鲁艺的有关负责人向他们提出了调“战斗”平剧社到延安演出的建议的。

不管当时是出于什么原因，贺龙接到延安的通知后，是非常高兴的。他对“战斗”平剧社的同志们说：“告诉你们一个好消息。上级要你们去延安，向党中央和毛大帅汇报演出。你们有机会见到毛主席和中央领导同志了。你们去延安时，要沿路为当地驻军和群众演出。你们要抓紧时间好好练，好好排，好好演，把你们的拿手好戏献出来，绝不能给咱们晋西北军民丢脸！”

之后，贺龙指示师后勤部说：“‘战斗’平剧社要到延安向党中央、毛大帅汇报演出，不能穿得像现在这么破破烂烂的，晋西北再穷，到延安演出，也不能像个‘叫花子’。作为特殊情况，后勤部抓紧时间，给平剧社的同志每人做一套新棉军装。冬天到了，他们经常夜里演戏，很冷，再给他们每人配发一件皮大衣吧。”

在物质极端匮乏的晋西北抗日根据地，配发皮大衣，是极高的待遇了。当年，七一五团团长黄新廷、政委廖汉生指挥部队打了不少胜仗，缴获了一些日军的军大衣和毛毯。贺龙指示他们集中起来，送到延安。廖汉生和黄新廷各留下了一件军大衣。贺龙见了，当即说服他们脱下来。他说：“我们这里是很困难，可延安、党中央更困难。等以后条件好了，我们再穿吧。”那时，一二〇师只有团级以上的指挥员，才有资格穿皮大衣。难怪大家都说平剧社是贺龙的三宝之一呢！

平剧社的同志获此特殊待遇，更不敢怠慢，抓紧时间精心排练了一批剧目，请贺龙在百忙中抽时间审查。（当时，关向应政委患严重的肺结核病，于10月初到延安治病。）贺龙看过戏单后说：“这些剧目都不错。但是还需要提高。到了延安，那里的戏剧专家不少，懂平戏的也不少。你们一定要虚心求教，请人家提意见，帮助你们提高。同志们，学无止境，能人背后有能人哪！”他又对张一然说：“到了延安，进行首场演出时，你要代表剧社，代表一二〇师，代表全晋西北军民，向毛大帅致辞。记住，到延安之前，一定要把‘致辞’准备好。”

这件事，很快就在剧社驻地周围传开了。部队的指战员和老乡们一见到张一然，就把他团团围住，争先恐后地说："你真幸福！你将是剧社最先见到毛主席的人！"

"见了毛主席就说晋绥人们想念他呀！"

"毛主席是指挥全党全军抗战的，你就说晋绥老百姓让他一定要注意身体啊！"

"战斗"平剧社经过一段时间的准备，于12月启程，边行军，边演出。在所到之处，驻军和根据地抗日政府都一再挽留剧社多演几场，所以，剧社一直到1942年2月2日才抵达绥德。

"战斗"平剧社沿途演出的剧目和盛况，现已很难细考。所幸延安《解放日报》于1942年2月10日刊登了一则通讯，可见一斑。原文如下：

> 〔绥德讯〕一二〇师平剧团一行五六十人，于本月2日由晋西北抵绥。警区政治部奋斗剧社及各机关特开会欢迎。该团决定在绥德公演四天，节目有《珠帘寨》《汾河湾》《古城会》等。此外，还有《嵩山星火》一剧，系新编平剧，全剧四十余人登台，历四小时始毕。

"战斗"平剧社何时抵达延安，今尚不详。以此则通讯推之，似应是2月7日由绥德启程，途经延川等地，于农历除夕(2月14日)之前到达延安的。因为农历除夕是个重大节日。

"战斗"平剧社到达延安后，先住在鲁艺的院内。在首场演出时，张一然看到大礼堂里座无虚席，毛泽东等许多中央首长都来看戏，激动万分。他正了正军帽，紧了紧武装带，英姿勃勃地站在舞台前，向首长和观众敬了一个军礼。他定睛一看，一张张熟悉的面孔正在望着他微笑，慈祥的毛主席、朱总司令、刘少奇、任弼时等中央首长，这些过去经常在画像上看到的面容，今天一下都变成了活生生的、真实的。他如同进入了梦境，把一路上背得烂熟的"致辞"忘得一干二净，竟不由自主地高喊："毛主席！晋绥军民想念您！大家说，见了毛主席，死了也心甘！"

毛主席听了，笑了起来，把身子直了直，高高地抬起头，仔细打量着这个激动得不知所措的张一然。顿时，台上、台下同时爆发出雷鸣般的掌声。"战斗"平剧社的首场演出，就这样开幕了。

"战斗"平剧社先后到中央党校、杨家岭、枣园、王家坪、边区政府等单位,演出了《嵩山星火》《古城会》《汾河湾》《四进士》《白水滩》《宝莲灯》等剧目,引起了不小的轰动。

为欢迎"战斗"平剧社,在大砭沟口的机关合作社(当时延安最大的餐厅,又称西北菜社),鲁艺平剧研究团和"战斗"平剧社举行了盛大的联欢会。毛泽东、朱德、彭真、陈云、邓洁等也参加了,并同大家一一握手,向远道而来的"战斗"平剧社的同志表示亲切的慰问。

就在这次联欢会上,宣布中央决定以这两个团为主,筹建延安平剧研究院。

大家在联欢会上边会餐,边演节目,尽欢而散。

◆ 延安平剧研究院的诞生 ◆

中共中央何时决定成立延安平剧研究院,又何时征得贺龙的同意,现在也不得而知。但 1942 年 2 月 2 日的延安《解放日报》,在"战斗"平剧团抵达绥德的当天,就刊登了一篇简讯:

> 为团结全边区旧剧工作者,从事旧剧研究工作,延安鲁艺平剧团、延安业余平剧团、一二〇师平剧团、胶东鲁艺平剧团等,近正进行筹备成立平剧研究院,计划设立研究室、剧场、教学三部。
>
> 鲁艺平剧团,准备在搬进平剧院以前,于春假期间(旧历元旦)在边府大礼堂公演七天。现正日夜加紧进行排剧工作。这次演出新旧剧目为全部《四进士》《群英会》《宋江》《鸿鸾禧》《玉堂春》《奇双会》《六月雪》等。

据此分析,成立延安平剧院,调"战斗"平剧社加盟,当是 1941 年底就已经开始酝酿了。

1942 年春,贺龙指挥部队粉碎了日寇的大"扫荡",歼敌一千七百五十人。作战刚刚结束,贺龙就接到中共中央的指示,要他和林枫速去延安。

3 月 25 日,中共中央西北局、陕甘宁边区参议会、边区政府、八路军后方留守处联合举行盛大的欢迎会,欢迎一二〇师师长贺龙、刚从苏联养病回国的一一五师师长林彪和去绥德、米脂视察归来的边区政府副主席李鼎铭。毛泽东、朱德出席了欢迎会。主持会议的边区参议会副议长谢觉哉先请林彪讲话。林彪说:“该受欢迎的不是我,而是从前方归来的贺师长和我们的李副主席。”

谢觉哉侧过身,对坐在另一边的贺龙说:“请贺师长讲话。”他又面向大家,带头鼓掌,并说:“我们的贺师长是一条龙,转战华北,日本鬼子没奈何他。能降服这条龙的只有纯阳老祖,可是,纯阳老祖又在我们这边。”

贺龙在热烈的掌声中说:“我是一个普通党员,现在回家来了,是不该受这样盛大欢迎的。”接着,他汇报了晋西北春季反“扫荡”的经过和晋西北抗日根据地的建设。

欢迎大会之后,毛泽东才告诉贺龙,这次请他到延安来,是中央决定成立陕、甘、宁、晋、绥五省联防军,请他出任联防军司令员;同时,也告诉他延安准备由“战斗”平剧社、鲁艺平剧研究团等单位成立延安平剧研究院的决定。贺龙对于中共中央和毛泽东的决定,历来是坚决执行、不讲二话的。

1942 年 5 月 13 日,中央军委正式发布了成立陕甘宁晋绥联防军司令部的决定,任命贺龙为司令员,徐向前为副司令员,关向应为政委(关向应休养期间,由高岗代政委),林枫为副政委。

这五省联防军司令部就设在延安。自此,贺龙与毛泽东等中央领导同志和延安平剧界的交往就多了起来。毛泽东收集了程砚秋等名角的唱片,贺龙那里缴获了日本造的留声机,他从毛大帅那里借程砚秋等人的唱片来听,是十分自然的事。他在延安,自然也多次观看鲁艺平剧研究团的戏,但是,和“战斗”平剧社一样,鲁艺平剧研究团也是以生行为主角的戏多。贺龙多次打听,延安有没有人能领衔主演程砚秋的《荒山泪》《锁麟囊》《红拂传》和梅兰芳的《贵妃醉酒》《抗金兵》《宇宙锋》。得到的回答是,延安到目前为止,还没有一名从“富连成”科班等著名科班出科的,也没有四大名旦的嫡传弟子。但是,有一位女演员叫任钧,是科班出身的,唱作颇有梅派风范,被称为延安的“小梅兰芳”。

1942 年夏天,“战斗”剧社也奉命赴延安,向中共中央和毛主席汇报演出。7 月 1 日那天,儿童演剧队演出了童话剧《中山狼》,颇受好评。之后,正在筹备中的延安平剧研究院为了培养平剧演员,点名向贺龙要王怀胜、贺志民、张模、张树金、郭成福、李崇、高源、徐斌、薛光、江福昌和王双来等十几个小鬼去学戏。贺龙欣然应允。

延安平剧研究院经过大半年的筹备，应运而生，于1942年10月10日正式成立。值得一提的是，平剧研究院成立的这天，不叫“首演”，而称“开学”，是取在实践中学习、研究、探讨发掘中华民族的精粹，为抗日战争、为革命事业服务之意。

延安的《解放日报》在1942年10月10日这一期，同时刊载了几则通讯，一则为：

〔本报讯〕延安平剧研究院于今日假杨家岭新落成之中央大礼堂举行开学典礼，敦请各机关学校负责人及延安文化界、戏剧界同仁指示该院今后工作云。

一则为：

〔本市讯〕延安平剧研究院已准备在该院开学时，举行五天公演，招待延安各界。10号为该院正式开学的一天，招待来宾和杨家岭各机关，公演节目为《翠屏山》和《甘露寺》；11号招待文化界、戏剧界同志；12号招待中央各机关学校；13号招待西北局、边区政府和留守各团；14号招待军事系统及其所属机关学校。节目已志本月8日本报。

又一则为：

〔本市讯〕平剧研究院已出版《延安平剧研究院成立特刊》，约七万余言。该院并将筹办展览会，展览项目有：平剧脸谱（石膏塑成的）、该院同志的剧照和场面、练功、化装等照片，服装和化装程序的说明，平剧书籍刊物，以及各种统计图表，中国舞台演进之模型等。地点在杨家岭大礼堂，时间由10日到14日，欢迎各机关学校同志前往参观云。

延安平剧研究院的第一任院长是康生兼任的，中共中央办公厅行政处处长邓洁和边区文协副主席柯仲平兼任副院长。

罗合如为秘书长（后任副院长）。

下设院务委员会和各种委员会。

院务委员会下辖研究室、教务处、剧场、院务处四个处，各处下辖二至三业务科。

在延安平剧研究院的百余名演职员中,“战斗”平剧社的占了一半左右。

毛泽东为《延安平剧研究院成立特刊》题写了“推陈出新”四字;朱德的题词是“宣扬中华民族四千余年的历史光荣传统”;陕甘宁边区政府主席林伯渠的题词是“通过平剧使民族形式与革命精神配合起来”;李鼎铭的题词是“教亦多术”。

《成立特刊》为十六开本,四十八页,老五号字体,九万字。封面是“战斗”平剧社的刘涌汉设计的。特刊中刊登了延安平剧研究院的《组织规程》《组织系统表》《致全国文艺界书》《致全国平剧界书》,以及张庚、阿甲、王镇武、任桂林、李纶、魏晨旭、罗合如、王铁夫等撰写的介绍平剧的文章。

由于物质条件的限制,特刊只印了二千份,不仅延安各界纷纷索取,各抗日根据地和解放区也派人来要,大后方戏曲界也有不少人通过各种途径要得到这份特刊。其中,《致全国文艺界书》的原文是:

全国文艺界同志们:

抗战五周年的双十节、戏剧节,正当延安平剧研究院成立的一天,我们站在自己的岗位上,向我们为民族解放,为创造新中国、新艺术而战斗的先进文艺界同志们致革命的敬礼!

在民族抗战过程中,平剧艺术在前线,在各抗日根据地,在大后方,曾经尽过它的责任、出过它的力量、起过它的作用。如何使平剧艺术为新民主主义而服务,如何利用平剧艺术开展宣传鼓动工作,为抗战而服务;如何接受中国旧的艺术遗产,推陈出新,更进而发扬光大之,以创造新中国戏剧艺术;几年来我们在平剧工作实践中,得到了不少实际经验,并提出了许多现实的亟待解决的问题。

过去有些人在理论观念上,曾经把平剧根本否定过的,考其中心论据,以为平剧是封建时代的产物,落后,保守;其表现形式与含义内容,均不能适应时代要求。然而,在人民大众的心目中,在老百姓的实际生活里,在抗战部队革命干部的观感上,都没有把平剧否定掉。相反的,直到今天,广大群众对平剧的要求,非常强烈,革命干部对平剧的兴趣,尤为浓厚。这证明平剧是有着深厚的群众基础、为广大群众所喜见乐闻的、有中国气派的民族的艺术表现形式。

今天,在延安成立平剧研究院,不以接受历史遗产而认为主张保守,拥护落后，提倡复古；不以改造平剧，创造新的民族艺术形式而目为空中楼阁，虚构幻想。这不仅是一个单纯的对待平剧本身的问题，而且是新民主主义整个文艺政策、思想运动的问题。

广大群众对平剧的要求，深深地感动了我们平剧工作者的心灵，更坚定了我们献身于革命的平剧事业的决心。

新民主主义文艺政策对平剧艺术的重视和奖励，更加鼓舞了我们平剧工作者向前进步、向上发展的勇气。

本院全体同人对平剧理论的认识与技术的掌握，都还在摸索探求阶段，尚未达到戏剧艺术创作和表现的最高境界。深望全国文艺界先进同志，高瞻远瞩，发为倡导；时赐教益，俾有遵循；不胜感盼之至！

延安平剧研究院

民国三十一年双十节

特刊送到贺龙手中后，他以浓厚的兴趣，反复阅读，并在《致全国文艺界书》《致全国平剧界书》上，用红铅笔画了许多粗粗的横线。特别是任桂林撰写的《从平剧演变史谈到平剧在延安》一文，评述了平剧的起源，四大徽班、程长庚、谭鑫培等在平剧发展过程中的贡献，梅兰芳、程砚秋对平剧改革的探索，以及抗战以来全国各地平剧的发展情况，十分详尽。贺龙也读得非常仔细。

贺龙把王镇武、张一然和薛恩厚等原“战斗”平剧社的负责人请到司令部，指着特刊上的《致全国文艺界书》和《致全国平剧界书》，对他们说：“这两封公开信写得好。你们都看了吧？”

人家答道，都看过了。

贺龙说：“这是代表延安的水平的。其中关于平剧的观点，和我们去年师里开的戏剧运动座谈会上的观点基本一致。你们今后的工作方针，就是要照这个精神搞。要虚心向延安、鲁艺的同志学习。他们的演技，不一定都比‘战斗’高一筹，但是他们在理论上肯定比你们强。你们要虚心、虚心、再虚心，不要给咱们一二〇师丢脸。”

他问张一然：“你过去认识任桂林吗？”

张一然说：“以前不认识，到延安后，互相介绍，才知道他是河北束鹿人，在西安和其他人办过‘夏声’剧校。‘夏声’剧校聘任的老生教师楚公林，就是我最早到西安学戏时拜的老师。任桂林八岁就拜北昆名角王益友为师，后来又考进山东省立剧院。”

贺龙点点头，说：“嗯，也是科班出身的。特刊上他的文章你看了吗？”

张一然说：“看过，还是在延安平剧院成立之前就看了。延安的同志理论水平确实很高，知识面很广。”

贺龙说：“任桂林的文章我看了，写得很细。”他指着文章，“你看这一段，‘梅兰芳，程砚秋等，在腔调动作上，都有新的改革，而且还转变了平剧演员的地位’。清末是以老生为主，民国以来，是以旦角为主。”

张一然说：“这也和梅兰芳、程砚秋他们对旦角表演艺术的革新有关系，他们还编演了许多新戏。比如程砚秋原来拜过梅兰芳，后来嗓音有了变化，他根据自己嗓音的特点，创造了程派唱腔，在平津和上海、西北、西南，甚至东北，都很受欢迎。”

贺龙说：“看起来，改革和创作新戏，是戏剧的发展方向。技术上、艺术上改革是重要的，但是更重要的，还是要从政治上改革。希望你们到了延安，利用这里的好环境、好条件，多编演些新戏、好戏。我们在技术上、艺术上不可能演得过人家，但是，我们在政治上要站得住。”他又指着文章说，“你们看这一段，写程砚秋在北平办戏校，而且还是董事长哩！这一段，写北平戏校解散了，就留下了三十多年的老科班‘富连成’。尚小云办了‘荣春’社，李万春办了‘鸣春’社。延安同北平联系不少。你们在延安多留心，如果能通过熟人调几个‘富连成’、‘荣春’社、‘鸣春’社科班的，来了当种子，再招些小鬼当学员嘛。”

张一然有些奇怪地问：“老总，您工作那么忙，还有时间琢磨平戏的事儿？”

贺龙一笑，说：“平剧院可能要归联防司令部管。要管，就要认真管。对平剧什么都搞不懂，怎么管得好？”

王镇武、薛恩厚和张一然告辞之后，贺龙还在那儿叼着烟斗，聚精会神地看着特刊……

◆《逼上梁山》和《三打祝家庄》◆

“战斗”平剧社加盟延安平剧研究院之后，艺术才华得到更充分的发挥，很多演员担当了主角。

延安平剧研究院成立不久，就划归陕甘宁晋绥五省联防司令部领导，院长改由司令部参谋长张经武兼任。这样，延安平剧研究院就归属贺龙麾下。

1943 年，延安平剧研究院创作了新编历史剧《逼上梁山》。这是一出三幕二十七场的大型戏曲，演员阵容很大，现有的道具远不够用。平剧院领导和张一然一起找到贺龙，请他支援。贺龙欣然相助，派人到敌占区的几个县城秘密购置了一批，运回延安，使《逼上梁山》得以如期顺利公演。

毛泽东 1944 年 1 月 9 日晚在中共中央党校礼堂第二次观看了《逼上梁山》之后，给主要编剧杨绍萱和导演齐燕铭写了一封庆贺信：

> 看了你们的戏，你们做了很好的工作，我向你们致谢，并请代向演员同志们致谢！历史是人民创造的，但在旧戏舞台上(在一切离开人民的旧文学旧艺术上)，人民却成了渣滓，由老爷、太太、少爷、小姐们统治着舞台，这种历史的颠倒，现在由你们再颠倒过来，恢复了历史的面目，从此旧剧开了新生面，所以值得庆贺。郭沫若在历史话剧方面做了很好的工作，你们则在旧剧方面做了此种工作。你们这个开端将是旧剧革命的划时期的开端，我想到这一点就十分高兴，希望你们多编多演，蔚成风气，推向全国去！

1945 年春节刚过，延安平剧研究院创作的《三打祝家庄》，于 2 月 22 日在中央党校礼堂公演。这也是一出大型新编历史剧，全本要演八个小时。

从 1945 年 2 月到 1947 年 3 月，《三打祝家庄》在延安共演了七十余场，观众达十万人次。毛泽东前后看过五次以上。这出戏演出的成功，把延安的平剧热又推到了一个新的高潮，出现了满城争说《三打祝家庄》的盛况。

张一然的精湛表演，使他在延安又获得了一个“活宋江”的雅号。

1945 年 3 月，毛泽东派人给延安平剧研究院送来一封亲笔信，说：

> 我看了你们的戏，觉得很好，很有教育意义。继《逼上梁山》之后，此剧创造成功，巩固了平剧革命的道路。特向作者、导演、演员、音乐工作者、舞台工作者同志致谢！

贺龙和他亲手创建的“战斗”平剧社，为发展抗日根据地的文化艺术事业，为推动平剧的改革与发展，为抗日战争，做出了不可磨灭的贡献。

抗日战争胜利后，贺龙又创建了晋绥平剧院，吸引了一批“富连成”科班出身的平剧艺人。这一经过，留待第三章再做详细介绍。

第二章
爱国、正义的京剧大师程砚秋

1927 年，北京《顺天时报》举办“首届京剧旦角名伶评选”活动，让广大京剧观众和《顺天时报》的读者公开投票。选举结果，梅兰芳以《太真外传》、尚小云以《摩登伽女》、程砚秋以《红拂传》、荀慧生以《丹青引》获得前四名，被誉为京剧“四大名旦”。

四大名旦的排名次序，最早是“梅尚程荀”，逐渐变为“梅程尚荀”，最后则是“梅程”并称，瑜亮一时。程砚秋既是王瑶卿的弟子，也曾是梅兰芳的学生。他的天赋条件比其他三人差得多，但却在菊坛上突飞猛进，自成一家，实非易事。那么，他是在什么样的环境中，以什么样的精神，进行了怎样的努力，而成长为京剧大师的呢？

第一节
出身贫寒的艺徒

◆ 程砚秋本不姓程 ◆

程砚秋本不姓程。他是满族正黄旗人。依据满族的风俗，在族的指名为姓。程砚秋少时的官名叫“承麟”，学艺出师前，由恩师罗惇曧（字瘿公）做主，把旗姓的“承”改为汉族姓氏中的“程”。

然而，程砚秋的先祖也并非姓承，而是姓李，祖籍在今吉林省通化、临江一带。他的先祖随老太罕（摄政王）多尔衮入关，战死后，被皇上赐以金头，葬在北京德胜门外小西天。据有人考证，乾隆时期的英和是程砚秋的五世祖[①]。程家一直珍藏着一方“四代翰林之家英和之印”。

程砚秋的曾祖父名阿昌阿，父亲名荣寿，世袭爵禄，住在德胜门里正黄旗界内的小翔凤胡同。这是一所祖宅，程砚秋就出生于此。

荣寿与荣福、荣禄同辈。但荣寿喜欢提笼架鸟、养狗抓獾，不愿到内廷当差，便把爵禄让给了叔伯屋的二弟荣福。

程砚秋生于1904年，出生不久，荣寿突然得暴病而死。母亲托氏很喜欢看戏，也常带程砚秋和三哥承海（程丽秋）去。看戏回来，他俩就爬上屋顶，披着衣服，学着舞台上演员的样子，又唱又跳。

但好景不长。托氏没有收入，找荣福要钱粮，也往往空手而回。不久，托氏便带着孩子们搬出了祖宅，迁到西郊海淀的小营。以后，又搬了七八次，越搬越穷。最后，搬到穷汉市——南城天桥大市，住在一个大杂院中的一间又黑又小的破瓦房里，变成了赤贫。以前的家当都典当出去换衣食，家里只剩下炕上的苇席和几床破被子。母亲只得靠着做些针线活儿，抚养两个小儿子。程砚秋的大哥承厚（程子明）、二哥承和（程佐臣）从禁卫军退役后，游手好闲，根本不管母亲和两个弟弟的死活。由于家中无人接济，承麟只念了 年私塾就辍学了。

◆ 严酷的师傅 ◆

和程家住同院的，有一位唱花脸的京剧演员，他看孤儿寡母可怜，承麟这孩子模样俊，不如去学戏，便对托氏老太太说：“承麟这孩子模样多俊哪，要是学戏，放他一条生路，将来兴许混得出来呢。老太太您总还有个指望。”

老太太沉思良久不语。因为过去旗人有个规矩，子弟是不能下海唱戏的。何况，当戏子，不仅在清朝，就是在新成立的民国，也是一个没有什么社会地位的职业。

---

① 张次溪在所撰《程砚秋传》中，曾有“满洲煦斋相国五世孙也。父袭旗营将军职”语。

“老太太,您的心思我知道。承家过去是有爵禄的。可眼下已经是民国了。再说您也没什么进项。承麟这孩子也不小了,念不了书,可就给耽误了。学戏,您膝下可以少一个吃饭的。学徒七年,出了科,要有个好机会……”

“就听您的吧。有您这样的好心人帮着,我也放心。只要拜的师傅人品好,功夫好,有点名气,承麟这孩子少挨点儿打,也就是他的福分了。”

托氏老太太原本就是个戏迷,承麟也喜欢学戏,决心也就下了。这个主意一拿,就决定了承麟的一生。

经这位不知名的花脸演员介绍,六岁的承麟拜荣蝶仙为师,立了字据,学徒时间为七年,但第一年不计在内。出科后,还要帮师一年,这样,前后共须学徒九年。从此,承麟取了个艺名——程菊侬。

荣蝶仙也是旗人,字春善,在著名青衣陆华云办的“长春班”坐科,工刀马旦,功夫很好,在民国初年即有名于时。

承麟进了门,荣蝶仙也不教戏,只把他当小听差使唤。

托氏老太太惦着小儿子,到荣家探望时,方知真情。老太太又托介绍人出面说情,荣蝶仙才开始让承麟学武生。荣蝶仙请丁永利教了承麟一出《挑滑车》。但承麟身体单薄,学武生气力不足。荣蝶仙便让他跟陈桐云先生学花旦。后又从陈啸云学青衣。陈啸云教他学《彩楼配》时,认为他的嗓子很有发展前途,便让他专攻青衣。经过一段时间,荣蝶仙见他面目清秀,资质聪慧,认为是块好材料,就倾囊以授,从此就认真地“打”起戏来。

从六岁多到十一岁,经过师傅的严格训练,承麟练就了非常扎实的基本功。然而,荣蝶仙脾气暴躁,常常责打学生,给承麟的体肤和心灵都留下了伤痕。但承麟却从不记恨师傅,总是感谢他对自己的严格要求。他成名后,对师傅和家属极为照顾。他的戏班,也聘请师傅担任重要角色。这是程砚秋在梨园界被称颂的美德之一。

◆ 幸遇罗瘿公 ◆

程菊侬十一岁正式登台唱戏,时间大约是 1916 年。

初登舞台的程菊侬扮相秀丽,嗓音也好,很像青衣名宿陈德霖。因为陈的绰号叫“陈石头”,所以,观众们就把程菊侬称作“小石头”。

菊侬由于过度劳累，于十三岁上便提前“倒仓”[①]。然而，这正是菊侬刚刚唱红的时候。师傅为了让他挣钱，不肯让他休息，反而让他用那半哑的嗓子四出唱戏。

菊侬这个年仅十三岁的穷孩子，在这种封建的师徒制度面前，是无能为力的。

在这个关键时刻，一位名叫罗瘿公[②]、颇有侠骨的著名诗人主动出面帮助了菊侬。

这位罗瘿公经常看堂会戏，很早就注意到了菊侬。他听说此事后，非常着急，便托人找荣蝶仙，表示愿意出钱为菊侬赎身。从此，菊侬才从那张相当于卖身契的字据中解脱出来。

罗瘿公是对程砚秋早期影响最大的人物之一，也是程砚秋成为艺术家的引路人。但他与菊侬非亲非故，完全是出于对菊侬的观察，认为这孩子必有发展前途，才出手帮助他的。

罗瘿公曾经担任过袁世凯的总统府秘书，在袁世凯称帝之后，因不愿趋炎附势，辞职避居广州会馆，纵情诗酒，流连戏园。他不同于一般上层人物的倨傲，把社会上最下层的“戏子”当成知心朋友，不但非常尊重他们，而且以自己的文化知识和艺术素养去影响他们。他与王瑶卿、梅兰芳等都是至交，还为梅兰芳编写过《西施》一剧。罗瘿公宁可卖文鬻字，也不肯求人再入官场。稍有余钱，就买票进戏园。他陶醉这种生活，并作诗云：

有客叩门屡不值，
每向吾友三叹息。
谓我昏然废百事，
苦伴歌郎忘日夕。

---

① 倒仓，戏曲界流行的行话。戏曲演员从童年学习唱戏，到变声期往往出现声音嘶哑、失声现象，戏曲界称之为倒仓。如果调理得当，注意休息和保护，就可以恢复正常。否则难于恢复。

② 罗瘿公，名惇曧，字椓东，号瘿公，广东顺德人。1880年(一说1872年)出生于京师。曾入康有为万木草堂学习，民国初年，历任袁世凯总统府秘书、参议、顾问、国务秘书等职。工书法，能诗，造诣颇深。著有《太平天国战记》《藏事记略》《戊戌德宗之密诏》等。因与主张帝制者意见不合，遂纵情诗酒，注重梨园。1924年病逝于北京，葬于西山四平台。

罗瘿公可谓慧眼识人的"伯乐"。他初见菊侬时,菊侬年仅十二岁,而罗瘿公已近不惑之年,二人堪称忘年之交。罗瘿公曾写有《赠程郎》诗五首。他后来在小序中写道:

余屡闻人誉砚秋未之奇也……一见,惊其慧丽;聆其音,婉转妥帖,有先正之风。异日见于伶官钱家,温婉绰约,容光四照;与之谈,温雅有度。迩来鞠部颓靡,有乏才之叹,方恐他日无继梅郎者;今砚秋晚出,风华相映,他时继轨,舍砚秋为谁?

《赠程郎》中的两首诗云:

其一

除却梅郎无此才,
城东车马为君来。
笑余计日忙何事,
看罢秋花又看梅。

其二

风雅何人作总持,
老夫何日不开眉。
纷纷子弟皆相识,
只觉程郎是可儿。

罗瘿公自此,凡程有戏,不但自己必到,而且常常掏钱请朋友来看。徐悲鸿就是让罗瘿公用戏票请到戏园,从而也迷上程派的,以后徐、程也成为挚友。

既然罗瘿公乃一无职无薪的清贫知识分子,哪里来的几百银元去为菊侬赎身呢?原来这是他凭借自己在社会上的名声,从金融界的朋友那里借来的。罗瘿公把菊侬从荣蝶仙家接出来,送还到母亲身旁,高兴之余,吟诗以抒怀:

柳絮作团春烂漫，
随风直送玉郎归。

程家母子对罗瘿公的义举，万分感激，从而非常敬重罗先生。

罗瘿公先请来中医为菊侬调治嗓子，以后在北芦草园九号租了一所房子，请程家迁往新居，此地离罗瘿公的住所广州会馆较近。

自脱离荣蝶仙后，罗瘿公为菊侬取了一个新名字——艳秋，字玉霜；同时还取了一个书斋号——玉霜簃。

罗瘿公为程砚秋制定了一个严格学习时间表：上午练声、学刀马戏、打武把子，下午学习昆曲，晚上向王瑶卿学戏；平时穿插文化、书法、诗词等课程，另外，还有电影观摩课。

这一时期，学刀马戏，是拜著名武旦阎岚秋（艺名九阵风）；学昆曲，是师从昆曲名家乔蕙兰、谢昆泉、张云卿；文化、书法、诗词、电影等课，罗瘿公亲自任教。他以程砚秋演过的剧本为“教材”，教他从识字开始，学习剧本的时代背景，历史典故，解析剧本的内涵。罗瘿公还介绍他与书画界名士相识，学习绘画。程砚秋学习书法，是攻“魏碑”。在这一点上，正与贺龙巧合。贺龙学习书法，也是从魏碑入手，及至担任西南军区司令员后，仍在重庆买魏碑字帖临摹。

砚秋童年的贫困，注定了他一生理解、同情、热爱人民群众的倾向。罗瘿公为坚持正义而不阿谀权贵，甘愿清贫的高贵气节，对程砚秋品格的形成，也产生了深刻的影响。

◆ 拜师王瑶卿、梅兰芳 ◆

程砚秋从荣家出来之后，就经罗瘿公介绍，几乎每晚都到王瑶卿[①]家学戏。至于何时正式行拜师礼，说法不一。因这段经历不是本书的重点，笔者就不去探

① 王瑶卿，京剧演员、戏曲教育家。原名瑞臻，字稚庭，号菊痴，艺名瑶卿，晚年更名瑶青。著名昆曲演员王绚云长子。祖籍江苏清江，1881 年生于北京。九岁开蒙，学青衣，后进三庆班练武功。十四岁正式登台。十六岁进福寿班。1906 年入同庆班与谭鑫培长期合作。1909 年自己挑班演出于丹桂园，形成独树一帜、风格清新的王派，与谭鑫培并称梨园汤武。三十多岁时，嗓音渐差，遂偏于刀马旦。从 1926 年起，嗓音完全喑哑，遂专事授徒传艺。1939 年任中华戏曲专科学校教员。中华人民共和国成立后，历任中国戏曲学校顾问、校长、中国文联委员。主要传人有梅兰芳、荀慧生、程砚秋、尚小云等。1954 年病逝于北京。

究了。

王瑶卿被京剧界尊称为“通天教主”，是中国京剧界承上启下的一位杰出的革新家和教育家。梅兰芳、尚小云、荀慧生等许多杰出的旦角演员，都受到过他的教益。王瑶卿住在大马神庙，程砚秋往返，途中必定经过“八大胡同”，这是当年妓院集中的地方，涉足这里的青年人不在少数。而程砚秋听从罗瘿公的教诲，宁肯多走几里路，绕而行之；有时为了赶时间，路过胡同时，也是低头快步，目不斜视。王瑶卿知道后，认为这孩子与众不同，自制力很强，又能吃苦，便有栽培他的心思。

程砚秋的嗓子，原来极好，但“倒仓”后却出现了一种“诡音”（亦称为“鬼音”，即嗓音狭窄，有如童子）。不少唱青衣的老前辈听了程砚秋这种异乎寻常的嗓音，都直摇头，认为“诡音没饭”，学青衣是没有前途的。而王瑶卿在分析了程砚秋的多项条件之后，对他说：“你这嗓子比较特别。这种音要是模仿别人，随俗当令，就‘没饭’；要闯，就‘有饭’！”

程砚秋理解老师这番话的分量，欣然表示：“我听您的，闯吧。怎么闯，就请您指点吧。”

王瑶卿精通音律，他根据程砚秋嗓音的特点，设计了一种明显区别于一般青衣唱腔的新腔。这种新腔若断若续、藕断丝连，是走偏锋的“险腔”，纤巧、婉转，首先运用在《贺后骂殿》中。京剧观众听腻了老调，对这种新颖的腔调，由好奇到欣赏，由欣赏到喜爱。程砚秋一炮而红，观众趋之若鹜。王瑶卿自然也为自己设计的新腔得到戏迷们的认可而得意，就继续为程砚秋编谱新腔，而且给他的嗓音取了个新名词，叫作“刚半音”。于是，程派唱腔由此奠定了基础，风行南北，甚至连嗓音很好的演员，都纷纷学起程腔来了。由此可见程腔的魅力。

梅兰芳一生共收弟子一〇九人，程砚秋则是他所收的第一名弟子，时间是1919年。梅兰芳时年二十五岁，程砚秋为十五岁。拜师的介绍人，就是罗瘿公。此时，梅兰芳也住在北芦草园，与程家为近邻。

梅兰芳这时在京剧舞台上已经很有影响。他除了繁忙的演出之外，还有许多社会活动，但仍然抽出时间指导程砚秋。梅兰芳为了给他创造学习和观摩的机会，在演出《上元夫人》《天河配》《大观园》《打金枝》等戏时，便让他扮演宫女和丫鬟。这些难得的机会，使程砚秋获益匪浅。

程砚秋尤其喜爱梅兰芳梳古装头的新戏。而这一类的新戏，正是梅兰芳在艺术改革中所进行的大胆探索。梅兰芳创造的时装戏（亦称现代时事剧）《牢狱鸳鸯》、古装戏《千金一笑》等一批很有影响的剧目，程砚秋更是喜欢，这些戏在他的思想上打下了很深的印记，对于程砚秋摸索自己的创作道路，勇于突破传统，有着很大的启迪。

南通张季直先生委托欧阳予倩主持成立伶工学校，并兴办了“更俗剧场”，还建立了“梅欧阁”。1920 年冬，伶工学校举行正式成立典礼，特邀梅兰芳出席。梅兰芳因事不能前往，又感盛情难却，便让程砚秋代表他出席，并教他《贵妃醉酒》，在出席典礼时演出。

以上，就是程砚秋学艺及程派唱腔产生的大致经过。

第二节

梨园行中的义士

◆ 决心戒赌 ◆

程砚秋在京剧艺术上自成一家，独树一帜，受到戏曲界和广大观众的高度赞誉。然而，他那高尚的爱国主义气节，强烈的正义感和鲜明的社会责任感，他那疾恶如仇、热心公益、乐于助人的高贵品德，以及他那严格操守、洁身自律的品行，也是有口皆碑的。这些，一是源于他自幼的贫苦生活，和劳动人民的接近，一是由于罗瘿公、陈叔通等良师益友的教诲，也是由于他对自己的严格要求。由于具备了这个基础，他极少沾染旧社会梨园行中的某些坏习惯，日后在思想和政治上也是不断追求进步的。

程砚秋结婚成家之后，经罗瘿公操持，把家从北芦草园搬到前门外西河沿排子胡同。因为一时找不到演出的剧场，程砚秋便闲在家中，打起了麻将牌，越打越上瘾。加上几个牌友的怂恿,又在牌桌上赌起钱来。

在那个年代,只要梨园行出了好角,刚刚有点名气,就有人打他的主意,有的是存心赚他的血汗钱,有的则是存心想毁了他。他们的共同手段是投其所好,设下圈套,吸引他往里跳。程砚秋的三哥程丽秋随剧团到奉天(今沈阳)唱堂会,张作霖赏了每人五十两关东大烟土。丽秋以为这是难得的稀罕玩意儿,把它当作宝贝捧回了家,自此染上了吸鸦片的嗜好,最后落了个身败名裂、家破人亡的下场。这种事,在梨园界是屡见不鲜的。

那时,程砚秋拿的戏份,有时五元,有时十元,上座好时,也能拿上十五元。但他的这点戏份,要养活自己和母亲、妻子,两名保姆、一名黄包车夫和两名管戏装头面的跟包,省下钱来,还要置办戏箱。母亲和妻子精打细算,十分节俭,好不容易积蓄了六百银圆,可让程砚秋一次打牌赌钱就全部输光了。母亲和妻子见劝不了他,只好求告罗瘿公。

罗瘿公一听,十分生气,专门来家里找程砚秋谈话。恰巧砚秋外出。罗瘿公气得在屋里来回踱着步子,无计可施。等了半天,还不见砚秋回家,他便坐了下来,请程母取了笔墨纸张,挥笔疾书,写了一封措辞严厉的信①。信中要求砚秋为了中国的戏曲事业,也为了自己的前途,立即痛改前非,洗手不干。

程砚秋回家后,捧读这封措辞严厉、语重心长、晓以大义的规劝信,终于大受感动,痛悔莫及,当即向母亲和妻子表示:决不辜负恩师的期望,下定决心,从此再不打麻将牌。

程砚秋非常敬重的陈叔通②老伯,也多次给他写信,反对他吸烟饮酒,叮嘱他不要忘记罗瘿公的苦心培养,要倾注全部身心,在戏曲事业上不断追求进步。为此,陈叔通还赠给程砚秋一只戒烟绝酒的戒指。

程砚秋从不涉足烟花柳巷,又下决心戒赌戒烟(指鸦片),一个刚刚二十岁的青年,能如此洁身自律,在梨园行中是少有的。王瑶卿曾经说:“不是现在我替程老四夸口,唱旦的讲究做戏的身份,目前真得属他。”

---

① 还有一种说法:当时罗瘿公病重住院,在病榻上给程砚秋写了这封信。至于是为此事两次写信,还是一次写信的两种说法,已难考证。笔者在这里暂从果素瑛的回忆。

② 陈叔通,中华人民共和国成立后,曾任中央人民政府委员,全国人大常委会副委员长,政协全国委员会副主席,中华全国工商联合会第一、二、三届主任委员。

◆ 痛悼罗瘿公 ◆

再说罗瘿公，他不仅在学习、品行上培养程砚秋，在戏曲艺术上，也是砚秋的恩师。他曾为砚秋策划、编写了许多剧本，其中《青霜剑》和《金锁记》是他的绝笔。《金锁记》写的是窦娥被冤斩后六月飞雪的故事。这两出戏，被誉为振聋发聩、警世喻人的“贞烈义敬可歌可泣之剧”。剧中的申雪贞和窦娥都具有坚强的斗争意志和可贵的牺牲精神，宁死而不屈从恶人，犹如两把利剑，直刺向土豪劣绅、贪官污吏。年仅二十岁的程砚秋能把这类具有鲜明的进步思想倾向的戏演得十分成功，是与罗瘿公的影响分不开的。《青霜剑》中《祭坟》一节的成套唱腔，《金锁记》中《法场》一节的大段反二黄，都成为程派名唱。

正当这两出戏使北京的观众为之振奋之时，罗瘿公以肝疾不治，于 1924 年 9 月 23 日病逝，年仅四十四岁。他全力扶持程砚秋长达七年，留下十二部剧本和令世人称道的美德。罗瘿公临终前自草遗嘱，云：

> 讣告试云显考罗公瘿公悼于中华民国某年月日疾终某处。不喜科名官职，前清已取消，述之无谓也……为公府秘书、国务院参议上行走及顾问咨议之类，但为拿钱机关，提之汗颜……碑文式：诗人罗瘿公之墓，最好请陈伯颜先生书之……平生文词不足以示人，唯诗略有一日之长……程君砚秋义心至性照掩古人，慨然任吾身后事，极周备，将来震、艮两子善为报答……

遗嘱中的自述，说明他不愧为一位戏曲界的伯乐。他一生廉洁，两袖清风，与程砚秋非亲非故，却将自己的心血用来培养程砚秋，这完全是为中华戏曲事业所做的无私奉献，其德、其识，在戏曲界旷古未闻。他的英名，将永远同程砚秋联系在一起，流芳千古。

罗瘿公患病住院期间，程砚秋承担了全部医药费和住院费。罗公逝世后，程砚秋抚尸痛哭，停演数月，素服一年致哀。他还为罗公举行了隆重的葬礼，亲笔书写了感人肺腑的挽联。

挽联云：

瘿公吾师　　　　千古

当年孤子飘零，畴实生成，岂惟末艺微名，胥公所赐；

从此长城失恃，自伤孺弱，每念篝灯制曲，无泪可挥！

受业　　程砚秋拜挽

程砚秋遵遗嘱，在京西万花山四平台购建墓地，礼葬罗瘿公。以后，每逢祭日，或出行前后，必来祭扫，在墓前重温教诲，从不间断。

程砚秋安葬罗公之后，为表达失去恩师之痛，又以诗抒怀。诗云：

明月似诗魂，见月不见人；
回想伤心语，时时泪满襟。
西山虽在望，独坐叹良辰；
供影亲奠酒，聊以尽我心。
恩义实难忘，对月倍伤神。

程砚秋的义举，在戏曲界和社会上广获赞扬，被誉为义伶。康有为曾有诗赞道：

落井至交甘下石，
反颜同室倒操戈；
近人翻覆闻犹畏，
如汝怀恩见岂多。
惊梦前程恩玉茗，
抚琴感泪听云和；
万金报德持丧服，
将相如惭菊部何！

◆“一为刚，二为洁”◆

程砚秋成名之后，生活逐渐宽裕，遂置买了一所小四合院。北京人有一个传统习俗,就是买新房后要宴请亲友;亲友也要赶来致礼贺喜,名为“温居”。

程砚秋亦循此例,在新居摆好几张大“八仙桌”,上陈佳肴美酒。待嘉宾们纷纷赶至,程砚秋请他们一一就座之后,由程母托氏老太太居主位陪客,他自己却坐在一旁的小茶几一侧,并不入席。诸位贵客见状,连忙起身相让:“四爷(因程砚秋行四,故梨园界以排行尊称),您这边请啊!”

砚秋却谦让着说:“诸位请坐,我坐这儿伺候大家吧。”

托氏老太太则对客人们说:“就让玉霜坐在茶几那儿吃吧。这边席位上,是诸位先生坐的。”

客人们定睛一看,这才发现茶几上摆的是一盘酱菜、几个玉米面窝头和一碗小米粥。

老太太当着众人的面,对砚秋说:“你今儿个就吃这个酱菜、窝头、小米粥。为什么不让你上桌,让你吃这个呢?现在你成了角儿了,发达了,钱也挣得容易了。我让你在诸位先生面前吃这个,就是要你别忘了过去的苦日子。同时呢,也让诸位先生今后不断地提醒着你,帮助你好好做人。”

程砚秋站起身来,毕恭毕敬,连声答道:“是,是。”然后,他举起那碗小米粥,以粥代酒,敬谢诸位先生光临。敬完“酒”,他坦然落座,津津有味地吃起窝头、酱菜来。

青年时代的程砚秋,身材修长,眉清目秀。戏迷中的一些闲极无聊的娇小姐、阔太太,常以“捧戏子”为乐事,勾引男演员。程砚秋每次到上海演出,都收到一些女士的信,约他何时何地相会云云。他对这些信,从不予理睬。而对那些穷困告帮的信,他却仔细地把地址一一记下,出门上街时,按地址送钱上门,但从不留姓名。用陈叔通的话说,“程砚秋对有钱人是骄傲的,对贫寒的人是同情的”,“砚秋是一为刚,二为洁,即孤洁也”。

程砚秋到上海演出,从不去拜那些大名鼎鼎的流氓头子。这使得那些青洪帮的头头们大失体面,于是,便指使受他们控制的几家沪上小报把程砚秋骂得一塌糊涂。但程砚秋毫无惧色,置之不理。上海的一些有钱人捧他,他也是不买账。

军阀张宗昌有一次邀请程砚秋唱堂会戏。演出后的一天,张宗昌约砚秋去谈话,要送他六万元现钞。这可不是一个小数。然而,程砚秋却谢绝了。张宗昌从未碰到过送钞票不收的人,一时觉得面子上下不来,但见砚秋态度坚决,绝非客气，也只得作罢。这张宗昌是盗亦有道，事后还称赞程砚秋是个好男儿。

还有一次，也是由于程砚秋的刚直，又生出一段趣事。那是到奉天给张作霖唱堂会戏，同去的几名演员为了让张作霖手下的人排戏时，把自己排在最合适的时间，以博张作霖垂青，便悄悄地递些红包。而程砚秋则不搞这一套。于是，张的手下人就把程砚秋的戏安排在张作霖吃午饭之后，而把其他名角安排在饭前。因为张作霖的习惯是在餐厅用过饭，还要到休息室过一会烟瘾，过完烟瘾，就要睡午觉了。这样，排在午饭后的戏，张作霖就不一定看了。不料，张作霖却非常欣赏程砚秋的戏，听说戏单上有程砚秋，便迫不及待地要砚秋在午饭前唱。程砚秋唱了几段，张作霖的家人便请他到餐厅用饭。张作霖一摆手，说："你们把饭摆到前厅来吧。"就这样，他破例在前厅边吃边听程砚秋唱戏。张作霖用过饭，家人又请他到休息室吸烟。他坐在前厅不动，又是一挥手，说："把烟拿到前厅来嘛。"于是，他又破例在前厅边抽大烟边听戏。等程砚秋唱罢，他的烟也吸完了，连连称赞程砚秋戏好人佳。说完，便去睡觉了。这样一来，搞圈套的人却落个适得其反的结果。

20 世纪 30 年代，程砚秋率"秋声"社在上海黄金大戏院演出。当时，有一个阔佬要请程砚秋为他的老人庆寿。程砚秋婉言谢绝了。但这个阔佬仍不死心，又托了程砚秋的朋友一再邀请。砚秋碍于朋友的情面不便推辞，便提出一个条件：他本人不要报酬，唱一出《武家坡》，但不带"进窑"；代价是送给上海的贫苦同业每人一套里儿、面儿全新的棉袄棉裤，共三百套（按当时的物价，需耗资近三千元）。

为什么程砚秋提出不带"进窑"呢？因为这"进窑"是他经过多年设计和苦练的一招"绝活儿"。每当演出《武家坡》中的进窑时，他由圆场停下，身子一蹲，一转，进门后回身掩门，同时唱着"进得窑来把门掩"，身上圆转自如，姿势美妙，而唱腔也适时唱完。这一绝妙的表演，每次必得满堂彩。因此，唱《武家坡》不带进窑，自然就减了一半的彩。但这位阔佬为了挣面子，不得不咬着牙答应下来。这场堂会戏，为三百名上海贫苦同业解决了冬服之忧。当程砚秋离沪返京时，这些同业闻知，纷纷赶至车站，含泪送别，依依不舍。

每逢年节，程砚秋都送给"秋声"社中的贫苦同行（即每场戏挣不到一元钱的）每人一袋面粉。程砚秋一向尊师敬友。他的开蒙师傅荣蝶仙有一段时间离京出走，不知去向，荣家数口生活极端困难。他知道后，主动承担了赡养师母的责任，还为师弟找了职业。

著名丑角曹二庚是程砚秋的盟兄，为人正直，但性情有些暴躁。有时，“秋声”社里出现一些不合理的事，他就指责程砚秋。砚秋总是虚心静听，不论是否是自己的责任，都绝不解释或反驳。曹先生随“秋声”社到上海演出时，因病住院，程砚秋每天必到医院探望。曹先生不幸客死于上海，他承担了全部丧葬费，并克服不少困难，把灵柩运回北京。

程砚秋的生活作风非常严肃，无论到何地演出，特别是在上海这个花花世界，他都是洁身自爱，一生无二色，始终与结发妻子果素瑛相伴。为了避嫌，他终生不收女弟子（指正式行拜师礼的入室弟子）①。但对于求学的女生，他都十分热心地教她们学戏，而且请她们的亲友在一旁相陪。尽管他的这一观点有失偏颇，但他的美德，却深得戏曲界同行的敬重。

◆ 更名立志 ◆

1931 年，随着《荒山泪》和《春闺梦》的问世，程派艺术发展到了一个新阶段。正如他自己所说：“犹之乎从平阳路上突然转入于壁立千丈的山峰”。这两出戏，鞭挞了反动统治者的倒行逆施、横征暴敛以及连年军阀混战、生灵涂炭的社会现实，具有更深层次的社会意义和鲜明的政治倾向。

1931 年 12 月 11 日，他在《北平新报》发表了 11 月 11 日所写的《检阅我自己》一文，直言不讳地解剖自己，说：

> 自己检阅自己，很有兴趣，又很有必要。因为在检阅的当儿，发现了自己以前的幼稚蒙昧，不觉哑然失笑，其兴趣有类乎研究人猿脑骨。发现了以前的幼稚蒙昧，才能决定今后的改弦更张，这是自己督促自己进步，所以很有必要。

---

① 程砚秋曾说过，程腔难度较大，女伶的气力较男伶稍差，很难掌握好程腔。他又担心女伶易受欺凌。这些，也是他不正式收女弟子的原因。

他在文中深刻地检讨自己，为了生活，“为迎合士人的心理”，让罗瘿公编写了《赚文娟》和《玉狮坠》，“更极力鼓吹太太不喝醋（指对丈夫纳妾。——笔者注）的美德……这两个剧本，在罗先生是最感痛苦的违心之作，在我则当时满意得几乎要发狂，我是何等幼稚啊！何等蒙昧啊！现在我渐渐觉悟了，然而为顾虑我的生活而不惜以他的思想去迁就环境的罗先生却早已弃我而逝了”。

接着，他分析了《青霜剑》和《金锁记》，是在于“一个弱者以‘鱼死网破’的精神来反抗土豪劣绅”；“以‘人定胜天’的人生哲学来打破宿命论”，是罗瘿公“又不与环境冲突又能发抒他的高尚思想，这是他最胜利的作品”。他认为，继罗瘿公之后，金仲荪为他编写的《碧玉簪》《文姬归汉》等五部剧本“不与环境冲突，又能发抒高尚思想”，“都是现时中国社会的不苦口又利于病的良药”。

他在本文最后明确地表示：

> 我的个人剧本，历来只讨论的社会问题，到此具体地提出政治主张来了，所以到此就形成一个思想急转势。我相信将来的舞台，必有非战戏曲的领域，而且现在它已经走到台上去了。我的生命必须整个地献给和平之神，以副观众的期望，以副罗、金、李三位先生先后给予我的训示。只是我的技术不成熟，前途还期待着社会力量的督促，使我能够“任重致远”！这是我自己检阅之后的新生期望！

同一年，他在《我的戏剧观》一文中指出：“一切戏剧都有要求提高人类生活目标的意义”，“绝不是玩意儿”；主张选择上演剧目必须考虑它的思想意义和社会作用，“要从影响观众的思想行动”去“分辨”观众对该剧的感情“良好与否”，“不能从叫好或叫倒好”上去区分。这种见识，在当时的京剧界是为数极鲜的。

这两篇文章的发表，标志着程砚秋已经从学艺糊口、为生计而取悦于一般小市民心理的名角，而成长为以社会进步为己任的、在思想上逐渐成熟、不断追求进步的艺术家。

1932年，程砚秋二十八周岁。但按照中国的传统习惯，他已经是虚岁三十，进入“而立”之年了。就在元旦这一天，他在北平梨园界的一次聚会上，宣布自己改名“程砚秋”，字改为“御霜”，他的书斋堂号也从此改为“御霜簃”。

也是在同一天，程砚秋正式收四大名旦之一的荀慧生的长子令香为徒。是日，贺客如云，送了许多贺词、贺联。其中一副对联是：

玉润霜青，辉映程门三尺雪；
砚池秋水，平添荀令几分香。

联中暗含“程砚秋”姓名和字“玉霜”以及“荀令香”姓名，遣词、立意均十分精到，给拜师仪式增色不少。

程砚秋在接受了荀令香的跪拜大礼之后，发表了既幽默又辛辣的即席演说：

荀令香上过学，受过正规教育，从小除学戏外，又是英文又是算学，又有其他各种科学……将来定有很大希望；荀令香家学渊源，如果我教他有错误的地方，经他令尊一纠正也就好了；今天我第一课就教《骂殿》。为什么要先教他学骂人呢？因为我们唱戏的无权无勇，遇见什么不平的事，或是受了什么委屈，都不敢说话，只好借着唱戏发发牢骚，大概这“骂”字是不能免的，所以不妨先教他《骂殿》。

讲了这一席话，又勇于发表，说明程砚秋已经敢于公开向黑暗的旧社会挑战了。

他的更名，寓意是非常深刻的：以“砚”代“艳”，意即不再以“艳”悦人，而是要像砚石一样，经得住磨炼；以“御”换“玉”，意在抗寒挺立，经得起风吹霜打。“御霜”又为“芙蓉”的别名。芙蓉秋季开花，艳丽娇美，不畏寒霜，象征着人品的高洁。

此前，即1931年春暮，程砚秋曾将亲笔所绘的一枝菊花赠给陈叔通，并题诗云：

淡极方知艳，
清疏亦自奇。
风霜都历尽，

留得后开枝。

其人品、诗品、画品融于一纸，足见他的思想修养和艺术修养已不同凡响。

但是，由于他当时还没有接触科学社会主义思想，所以，对于旧社会本身及其所存在的问题，还缺乏理论上的认识。然而，他在思想上追求进步的精神，为他以后接受社会主义思想，逐步认识、热爱，直至要求加入中国共产党，奠定了坚实的基础。

第三节 不为日伪演戏

◆ 上演《亡蜀鉴》前后 ◆

1932年1月14日之后，程砚秋以南京戏曲音乐院北平分院院长的身份，用了一年又三个月的时间，自费赴法国、德国、瑞士和意大利等欧洲国家游学和考察，开阔了眼界，增长了大量的知识，对他在艺术和戏曲教育事业上的革新起到了很大的促进作用。他还将九岁的长子永光送到法国学习。这在中国戏曲界还是绝无仅有的。他归国后，经过分析和研究，撰写了长达数万言的《赴欧考察戏曲音乐报告书》，提出了关于戏曲音乐改革的建议，这些卓有见地的设想和主张，以后大部分都得以实现。此外，他还萌生了进柏林音乐大学深造的想法，并准备把家属接到德国，以便专心学习。但是，他这个愿望由于遭到国内亲友的强烈反对而未能实现。

在这次出国考察中，有一件事对程砚秋的刺激很大，就是由于日本帝国主义侵略中国东北，而中国政府不抵抗，这些欧洲国家的人看不起中国人。这使他的民族自尊心受到了极大的伤害，打下了很深的烙印。

再说1931年9月18日当晚，程砚秋的老师梅兰芳在北平中和园演出《宇宙锋》。正在看戏的东北边防司令长官张学良急匆匆地离开了剧场。梅先生第二天看报，才得知日本关东军在东北发动“九一八”事变的消息。

日军入侵东北，蒋介石又采取不抵抗政策，华北岌岌可危。于是，梅兰芳毅然离开从艺多年的北平城，举家南迁上海。

老师举家南迁，程砚秋焉能无动于衷。加之日军出兵华北后，又扶植了一个殷汝耕的冀东伪政权；南京政府中的不抵抗主义论调泛起，一些亲日的投降派跃跃欲试，咄咄逼人，使程砚秋忧愤于心。强烈的民族自尊心，促使他不能沉默下去了。于是，他翻阅了许多剧本，选中了川剧的《江油关》。这出戏，是叙述三国时代魏将邓艾偷渡阴平，直攻江油。江油守将马邈见兵败国危，意欲投降，其妻李氏晓以大义，苦口相劝，马佯为允诺，却暗地开门降魏。李氏愤而自刎。降将马邈反遭邓艾鄙视而被斩。

程砚秋以川剧《江油关》为蓝本，请人改编为平剧，名为《亡蜀鉴》（又名《李氏殉节》）。

此剧于1933年①首演于中和戏院“鸣和社”。

程砚秋饰李氏，侯喜瑞饰邓艾，曹二庚饰马邈。

首演这一天，许多观众闻讯赶至剧场，一睹为快。因为这是程砚秋自《春闺梦》上演三年来的第一出新戏。

程砚秋在戏的最后，李氏忍痛摔死亲生儿子、自刎之前，有一大段二黄导板、接回龙、接慢板，又转散板的唱腔：

李氏哺姣儿顷刻分手！
儿年幼怎知娘万苦千愁。
那魏国强欺弱兴兵入寇，
我蜀邦文贪武斗政事不修；
贼兵到不投降便要逃走，

① 一说为1935年（中华民国二十四年），见丁秉鐩：《菊坛旧闻录》，中国戏剧出版社，1995年10月版，第208页。笔者此处暂从《中国京剧史》（中卷），中国戏剧出版社，1990年11月版，第653页。

眼见得好山河付与东流。
但愿儿长大洁身自守，
洒热血报国耻一洗父羞。
也不负娘今日江油刎首。
可怜儿好命苦摔闭咽喉！
你莫怨为娘我一时失手，
儿死去倒免做亡国之囚，
至此时一身轻无可留守，
愿国人齐努力共保神州。

程砚秋演唱时，声情并重，动情处，声声泪，字字血，成功地塑造了宁死不降敌、正气凛然的李氏的形象，有力地鞭挞了向敌人屈膝投降的马邈。

这出戏的立意，旨在号召国人以“蜀亡”为鉴，唤起人民大众的爱国主义热情，奋起抵抗日本侵略者，“共保神州”。这当然受到人民大众的热烈欢迎，产生了强烈的共鸣。但却为南京政府所不容，因为这出戏和蒋介石的不抵抗主义是针锋相对的。因此，《亡蜀鉴》刚刚上演了三场，就被当局明令禁演。

戏虽被禁演，但戏中所表达的爱国主义思想，却广为流传。李氏夫人自刎前的唱段，很快在北平的街头巷尾传唱开来。

“愿国人齐努力共保神州”这句唱词，它的政治意义，远远超过了它的艺术魅力。

《亡蜀鉴》的唱片，其中有一张后来传到延安，由毛泽东收藏。毛泽东又曾将唱片借给贺龙和延安平剧研究院欣赏、研究。

在《亡蜀鉴》上演前后，梅兰芳在上海演出了《抗金兵》和《生死恨》。《抗金兵》描写的是，金兀术侵犯宋朝边境，润州守将韩世忠和夫人梁红玉共议抗金，爱国大臣周邦彦、义士朱贵会同梁山泊英雄后代阮良等投军助战。金兵屠城苏州后初探金山，韩、梁训子、巡营，韩率军迎敌，梁擂鼓助威，直到牛皋押军粮赶到，杀叛臣刘豫、杜充。《生死恨》则以古映今，表现沦陷区人民的痛苦生活和反抗精神，提倡和激励宁为玉碎、不为瓦全的民族气节。

梅兰芳和程砚秋师生，一南一北，不约而同，相继上演宣传爱国主义、抵抗外国侵略者、不当亡国奴的新戏,不仅表达了戏曲界人士的抗敌决心,也表达了全国人民的心声,所产生的社会影响是广泛和深远的。

30年代,程派艺术逐渐成熟并日臻完美,在戏曲爱好者中,产生了极大的魅力。其受欢迎的程度,笔者仅举几例。

1933年冬,程砚秋应邀到济南北洋戏院演出。市长和公安局局长分别设宴欢迎。当时的著名飞行家孙桐岗(抗日战争胜利后曾任国民党空军第一军区司令)为向市民宣传程砚秋来济演出的新闻,特驾驶飞机,在空中散发传单。当年,中国的航空事业刚刚萌芽,有机会乘飞机者,并无几人。程砚秋在济南演出的时间,一续再续。待要离济时,孙桐岗热情邀请程砚秋与他同乘飞机,在空中鸟瞰济南全景。程砚秋说:“我六十岁以后,愿一试飞行。”想婉言谢绝。可是孙桐岗一再邀请他登机。程砚秋见盛情难却,遂穿上飞行服,平生第一次登上了飞机。于是,他也就成了第一位乘飞机的中国京剧演员。

1939年初夏,程砚秋应济南商界名人伍小庵之邀,再次到北洋戏院演出。预告刚一贴出,三天的戏票就全部售完。演出之日,戏院门口挤满了愿意买站票的戏迷们。由于买站票的太多,有的戏迷为了能看清程砚秋,就一只脚踩在别人的座椅靠背上,一只脚悬空,背倚着戏院的墙观看。待散场时,观众们聚集在后台门外,等候看一眼卸了装的程砚秋。程砚秋乘车离开戏院时,观众们鼓掌欢送,场面十分感人。

在烟台演出时,观众争购戏票,竟然把票房给挤塌了。程砚秋在烟台公演《荒山泪》时,由于天气炎热,戏院观众爆满,有一位女观众当场昏倒,一时场内大乱。旁边的观众赶快进行抢救。待她苏醒后,几位观众问她的住址,以便送她回家。她却回答说:“我不回家,我还要接着看戏呢!”惹得大家笑声不止。

有一年,程砚秋在青岛光明大戏院演出《春闺梦》。正在演出当中,台上摆出一副告示,上写“×××先生请速回家,老人病危”。告示摆出许久,却不见这位先生退场。第二天,《青岛日报》就报道了这条新闻,标题竟是《都是程郎魔力大,能叫孤子不成哀》。

1941年,程砚秋在上海黄金戏院公演《锁麟囊》时,台下的程派戏迷们居然随着他一起唱,大有合唱《锁麟囊》之势,一时轰动了上海滩。

◆“宁死枪下也决不从命”◆

1937年7月7日，日本侵略军发动了卢沟桥事变，开始了全面的侵华战争；全国军民的抗日战争，也由此爆发了。

这时，程砚秋的母亲和妻儿正在西山八大处朋友家小住。她们听说日本军队打过来了，便连夜下山返城。沿途见平郊路上哨卡林立，背着大刀的宋哲元的部队在西直门严格盘查返城的人群，寻找混进人群中的日本特务。

程家婆媳由城中的朋友接应，安全地回到城里。然而，程砚秋却不在家中。

原来，他正率剧团在山西太原演出。北平周围炮火连天，大家不知局势如何发展，都急欲早日返回北平。但是，这时的平汉铁路运输已经中断，程砚秋一行被困在太原。

中国共产党中央革命军事委员会副主席周恩来，于1937年7月中旬到达西安，28日返抵延安，得知了程砚秋被困太原的消息。周恩来多年活动在上海，对程砚秋在艺术上的成就和人品是较有了解的，对他十分敬佩，于是派人去太原，准备暂时把程砚秋接到延安。

待周恩来派出的同志到达太原时，程砚秋却已经朋友帮忙，弄了一辆汽车开往大同方向。来人只得悻悻而归。这是周恩来第一次找寻程砚秋而不遇。

再说程砚秋到大同后，换乘平绥路火车，走走停停，颇费了些时日和周折，才赶回北平，这才知道北平已经沦陷敌手。眼看美丽的古都惨遭日寇铁蹄的践踏，这位热血男儿不禁悲从中来。

家人和朋友、同业都盼望他返回北平。可是他回来后，满城人心惶惶，“亡国奴”这三个字，笼罩在市民头上，哪个还有看戏的情绪！所以，程砚秋一行回到北平后，立即陷入了生活上的危机。

日军侵占北平后，将“北平”改称“北京”。（笔者在以下的叙述中，仍称北平。）为了“安抚”市民，“繁荣”文化，粉饰太平，制造北平各界人士欢迎、支持日军的假象，日军便找到北平梨园公益会，胁迫他们出面组织平剧界演员联合唱义务戏，名之曰“支援皇军，捐献飞机”。

而这时平剧界负有盛名的“三大贤”中，梅兰芳早已南迁；杨小楼在日军进城后，便以年老多病为词，谢绝舞台（于1938年初病故）；余叔岩亦已辍演，仅以授徒为业。在旦角行中，程砚秋是声名最盛者之一。所以，如果没有他登台，这次所谓的“义务戏”会大为逊色，也会使日本人丢面子。

在日本人的高压之下，许多名演员都不敢拒绝唱“义务戏”。待轮到找程砚秋时，则遭到了拒绝。梨园公益会的人无奈，就找“秋声”社的经理人陪着，到程先生家中“劝说”。来人知道他的脾气，吞吞吐吐地说：“四爷，您看有这么回事，还得请您帮忙……”

程砚秋答道：“我不是已经说了不唱么。”

来人又说：“四爷，这次义务戏是日本人出面的，请哪位先生出来唱，都是点了名的。大伙儿都很怕日本当局，这日本人也的确不好惹。以您在戏曲界的地位，如果不出来圆个场，恐怕对北平的平剧界不利了。希望您体谅同业的难处啊！”

程砚秋听到这儿，扶案而起，气愤地说：“我一人做事一人当，决不能让大家受连累。献机义务戏的事，我程某人是宁死枪下也决不从命！请转告日本人，甭找梨园同业的麻烦；我自己有什么‘罪过’，让他们直接找我说话就是了！”

来人听了这番宁死不屈的话，再也没什么说的，只好悻悻而去。

对于这个有抗日“反骨”，而且又演过《亡蜀鉴》的程砚秋，日本的特高课岂肯善罢甘休！只是由于刚刚进城，为了“安定”民心，不好立即下手。然而，此后程砚秋的“麻烦”也就一个接着一个地来了。

◆ 前门站只身痛打众汉奸 ◆

从此，程砚秋心情极为郁闷。然而，作为演员，为了家人和“秋声”社同业的生计，他又不能不演戏。然而，他上演暗喻日军陈兵关内外、国将不保的《费宫人》时，偌大的新新大戏院，只坐了二三百人。这显然是特务、汉奸从中捣乱，恐吓前来看戏的人。这出戏演了几场，也是以“禁演”为结局。

日伪当局的堂会，程砚秋一概不去唱。日伪当局“组织”去伪满洲国“亲善访问”，他也是严词拒绝。至于在演出时给日伪当局的“要人”、电台、报社留固定包箱、留票的事，他概“不买账”，一个座位不留，分文不花。

程砚秋这样“不识抬举”，不给日本人和伪政府“要人”一点儿面子，自然激怒了他们。

对于伪警察的头目，程砚秋也是“不买账”。

有一次,北平伪警察局二区署长把"秋声"社的经理人吴富琴找了去,点着名要程砚秋唱硬戏码《红拂传》。

吴富琴来到程家,转告了此事。

程砚秋问:"你答应了吗?"

吴富琴答道:"我只是对他说把话传达给您本人。"

程砚秋干脆地说:"这戏我不唱啊!义务戏唱《红拂传》,我们就甭演营业戏了。"

吴富琴把原话照转给了那位警察署长,说:"您知道,《红拂传》是程先生的营业戏,唱戏的也得养家糊口啊!"

这位署长不死心,过了几天,又找程砚秋,恰逢他到天津演出。这位署长居然追到了天津,把程砚秋"接回"北平。在火车上,他对程砚秋说:"程先生,请您唱义务戏的事,北京已经登了报,是唱《红拂传》。我看,您最好还是演,不演,对观众不合适。"

程砚秋严词拒绝:"我不是告诉你我不唱嘛!这是我们'秋声'社的看家戏,一年不准唱几回。"

署长见他毫不让步,便拉下脸来,皮笑肉不笑地说:"我们登报,是晓得程先生这点面子还是肯给的。大家都是要在北平混下去的嘛!"

程砚秋听出这是在威胁他,火气更大了:"你这是什么意思!我们就是想混口饭吃,才不能把营业戏拿到义务戏上去演。我说不唱就绝对不唱。要不然,就是到了北平,我马上买票回天津。"

署长见他发火,不再来硬的,变了口气,说:"您要实在有难处,看改成什么戏码呀?"

程砚秋说:"《三娘教子》《牧羊圈》都可以。"

到了北平之后,署长让手下人贴出了《三娘教子》和《牧羊圈》的戏码。可是,到临场前,这位署长又大施淫威,非逼着程砚秋改演《红拂传》不可,但他就是坚决不唱。

这下,着实惹恼了警察署。他们找了日本主子——特高课的头目,准备新账、老账一块算。

不久,程砚秋应邀到天津演出营业戏,返回北平,在前门车站下车。走到出站口时，几个特务迎上来，问道：“你就是程砚秋吗？”

程砚秋坦然回答：“我就是程砚秋。有什么事吗？”

走到前边的特务小头目说：“请你跟我们走一趟。”

程砚秋看他们不像是车站检票的，就有了精神准备，说：“有事就在这儿谈好了。”

小头目瞪了他一眼，说：“我们奉上司命令，要检查行李。”

程砚秋说：“我们带的都是唱戏的行头，没有什么违禁物品。”

小头目一挥手，又过来三四个特务，把程砚秋双臂拉住，说：“跟我们走一趟，有没有违禁物品，检查完了再说。”

特务们不由分说，连拉带拽，把程砚秋带到车站偏僻处的一间小拘留室内。原来，这间小屋子里早有几个特务候着，待程砚秋一进门，不由分说，就围上来一阵拳打脚踢。有两三个拿出早已准备好的绳索，要捆拿程砚秋。

这些特务以为他不过是唱旦角的文弱戏子，费不了多大力气，就能捆个结结实实。他们哪里知道程砚秋自幼是学武生的，早已练就一身好武功，又跟名家高紫云学过太极拳，平日练功不辍。但他还是没有还手，厉声质问道：“你们有事好好说，为什么动手打人！”

“老子今天就是要教训教训你程砚秋！”特务们拥上来，打的打，捆的捆……

程砚秋此时完全明白这是汉奸特务们预谋已久的报复，哪有什么理好讲，如果让他们捆到警察局或者宪兵队，不死也要脱层皮，不如在车站跟他们拼了算个了结。想到此，他运足气力，冷不防朝身边的特务打去，只用了三拳两脚，就把要捆他的特务打翻在地。

特务们没料到程砚秋敢还手，而且功夫不浅，就高声喊人。这一喊，又有几个特务向小拘留室这边跑过来。

程砚秋定睛一看，特务们约莫有二十几个人。他再回头一瞧，屋内有一根立柱，便退后一步，背靠立柱，又打倒了几个扑上来的特务。其他特务见状，吓得不敢靠前。程砚秋趁势夺门而出，又碰上刚跑过来的特务。他使了个扫堂腿，又绊倒了两个，迅速闪入正在出站的人群之中……

程砚秋只身回到家中，坐在一旁，好半天不说话。

母亲和妻子见他衣冠不整，衣襟也被扯破，满脸气恼，急忙问他出了什么事。

程砚秋定了定神，把在前门车站这出全武行大打出手的经过，告诉了家人。母亲和妻子担心地问："快看看伤在哪儿没有！"

他却满不在乎地说："没有。这些宵小之徒仗势欺人，以为人多就可以为所欲为。殊不知却碰到了我的手上。他们欺负中国人惯了。这回，让我略施小技，着实教训了他们一顿，也出出胸中的闷气。"他沉默了一阵儿，又说，"特务们不会就此罢休，还会来找我的麻烦的。我程某就是不给日伪唱戏，看他们到底把我怎么样吧！"

过了一会儿，跟包的把戏箱从车站拉回程家，惊奇地说："程先生，您在家呀！我们还以为您让特务给架走了呢！"

程砚秋苦笑着说："想动武，这些特务还欠点功夫。戏箱不短吧？"

"短倒是不短，就是让特务们拿刺刀给捅了。"

大家逐个看了看戏箱，大部分都被刺刀捅得乱七八糟，堂鼓也给挑破了……①

程砚秋习惯性地想看看时间，才发现手腕上的金表不见了。

次日，他又感到左耳疼痛。他去南长街找到耳鼻喉科专家徐荫祥，经检查，耳膜已被震破。

侯喜瑞听说此事，挑起拇指，称赞说："还是我们四弟有种，好样儿的，替咱出了口鸟气！"

第四节

青龙桥荷锄务农

◆ "三闭"主义 ◆

程砚秋在前门车站痛打汉奸特务的事，一时传遍九城，市民们无不拍手称快。

---

① 关于程砚秋在北平前门车站痛打众汉奸特务的细节，有几种传说，互有出入。笔者所依据的是程砚秋在中共中国戏曲研究院支部讨论他入党的支部大会上所做的自我介绍和果素瑛的回忆。

然而，这群特高课的人，岂是省油的灯！于是，他们放出话来：“咱们戏园子见。”

这句话的意思是，只要你唱戏，不但砸园子，而且要给你毁容。这些家伙，是什么缺德事都干得出来的。

事隔不久，伪北平内四区给程家打来电话，“通知”说：日本“友邦”要程砚秋的剧本《春闺梦》，你们要赶快准备，一会儿派人来取。

程砚秋一听此言，火冒千丈，坐在内室生气。

果然，过了不大工夫，来了一个戴着墨镜、穿得洋里洋气、派头十足的人，进门便说：“我是日本宪兵队的。刚才你们接到内四区的电话了吗？我是来取剧本的。准备好了吗？”

果素瑛见这位不速之客出口不逊，便应付他说：“先生不在家，剧本都锁着哪，钥匙被先生带走了。”

来人蛮横地说：“锁剧本的钥匙怎么会随身带着？这明明是骗我嘛！你快去把剧本给我找出来，就是那本《春闺梦》。”

果素瑛火了，说：“甭说钥匙不在家，就是在家，剧本也不能给你。我认识你是谁呀！不给，你又把我怎么样！”

来人毫无办法，气得扭头就走，边走边回头说：“你们可要小心着点儿，我可不是好惹的。”

这一切，坐在内室生闷气的程砚秋听得一清二楚。待这位不速之客走后，他跟果素瑛商量说：“这儿年，为了剧团同业的生活，到处奔走演出。现在，身在沦陷区，眼见国破民穷，一切都是末路。平剧更是走上穷途，毫无希望，不如从此不演，在乡间觅一住处，靠自己种田，年年能有口窝窝头吃，已是满足了。”

果素瑛说：“献机义务戏你不唱，在东车站大打出手，特务头子来要剧本你不给，警察署长点戏，你也是硬顶……加在一起，这罪名还小得了吗！真不知后面还有什么好戏。我支持你隐居务农。到了山里边，那些汉奸特务也就甭找麻烦了。”

程砚秋点点头，又说：“这自称‘仁者之师’的日本军队和特务横行霸道，老百姓逆来顺受的处境，实在叫人无法忍受。我们是唱戏的，手无寸铁，不给他们唱，他们也就不让你活下去。我们惹不起，难道还躲不起吗？从此无声无息，让世人把我忘掉，最好，最好。”

从此，程砚秋宣布实行“三闭主义”（闭心、闭目、闭口），退出舞台，筹划下乡务农事宜。

◆“身居乡野乐融融”◆

程砚秋归隐西山，是蓄志已久的。他曾请老画师汤定之作《御霜簃图》，暗喻将来退隐山中，又请著名诗人周今觉为《御霜簃图》题诗云：

一曲清歌动九城，
红氍毹衬舞身轻。
铅华洗尽君知否？
枯木寒岩了此生。

高名曇首震时贤，
弟子芬芳已再传。
画里有人呼不出，
与谁流涕话开天。

淡云薄似研罗衣，
远岫浓于染黛眉。
茆星数椽西崦外，
无人知是御霜簃①。

尽管程砚秋早有归隐之心，但正在思想上、艺术上有抱负、有追求的时期，突然中止舞台生涯，确是痛苦的抉择。这说明了他对日伪统治下平剧发展的绝望心情，更表明了他誓不为日伪政权效劳的崇高的民族气节。

程砚秋筹划下乡务农的第一步，是托朋友找德国医院内科主治医生杨学涛帮忙，请他开具了一张诊断证明书，上写：

---

① 转引自刘迎秋：《我的老师程砚秋》，《京剧谈往录》，北京出版社，1985年2月版，第220—221页。

程砚秋经本院内科检查，体胖行动不便，不宜去舞台献艺，应休息。

杨学涛写完，请德国主任医生义克德签了字。有了德国医生的签字，日本人是不能不承认诊断书的“权威”性的。

为了答谢杨学涛的帮助，程砚秋赠给他一把折扇，扇面上有他的亲笔题诗：

紫薇花对紫薇翁，
名目虽同貌不同。
独占芳菲当夏景，
不将颜色托春风。
浔阳官舍双高树，
兴善僧庭一大丛。
何以苏州安置处，
花堂阑下月明中。

接着，程砚秋在北平西郊颐和园西北的青龙桥村刘家大院三号，买下一所院落；又在青龙桥村附近购置了几十亩地，置办了些农具，还挑选了几匹骡马，便于1943年住到青龙桥，荷锄种田。他还请朋友拍摄了一张身着黑色棉衣、系着布腰带、荷锄而立的照片，公开发表，俨然“务农为本”“金盆洗手”，彻底退出平剧界了。

程砚秋在农忙时节，与当地农民同甘共苦，日出而作，日入而息。每日仍练功不辍。农闲时则读史学画。平日所餐，无非是窝头、玉米面贴饼子、小米粥和一些青菜、酱菜之类，似有“卧薪尝胆”之意。

陈叔通曾说，程砚秋隐居青龙桥是“身居乡野乐融融，趣在农民不觉苦”。

果素瑛在北平料理家务，很难抽身到青龙桥。秋天，果素瑛得闲陪着父亲果湘林，携子女来到青龙桥看望程砚秋。

金秋季节的青龙桥，景色十分怡人。东南的万寿山，楼台亭阁，五光十色；西南的玉泉山，佛塔高耸，郁郁葱葱；山下泉水淙淙，灌溉着一望无际的稻田，美不胜收。

然而,这时的果素瑛却没有赏景的兴致。一见面,程砚秋幽默地对果素瑛说:“您这城里人可真难请啊。这次来,你们算赶上好时候了。大秋过后,新粮刚下来,叫你们尝尝我亲手做的玉米面贴饼子,这可是我跟老乡学的手艺。你们城里人不晓得吃自己种出的粮食的乐趣。我自己做饭,从早到晚,忙得不亦乐乎。吃完饭,洗碗,打扫完毕就休息,真感到舒适啊!”他滔滔不绝,也容不得妻子问什么,又说,“这人啊,真是应当每天勤劳,才觉得痛快。不然,你就体会不到‘休息’的愉快。这其中的趣味,在城里住惯了的人,可是没福气享受的呀……”

他说到这儿,把岳父、妻儿领到后院,指着堆在地上的新收的金黄色玉米棒子,说:“来、来、来,我教你们怎样脱玉米粒。”说着,他席地而坐,抓过两个玉米棒子做起示范来。“你们亲手干干吧,让你们城里人体会体会田园风光,知道每天吃的是如何来之不易!明天就要开镰割黍了。等收了黍子,给你们蒸枣豆年糕吃……”

果素瑛见他这样兴致勃勃,好像忘记了一切,便打断了他的话,说:“看你有多高兴!你知道不知道,最近日伪特务总来家里查户口,打探你的行踪。听说,特务们正在调查你的什么事呢!前不久,日本宪兵队又在城里抓了不少人。你可得小心些才是。”

程砚秋淡然一笑,不以为然地说:“哼,他们也来我这里了。他们查了半天,查不出什么来,只是说‘你程某人下乡种地,这叫人不相信哪’,临走时,还掀开笼屉看看,见蒸的是‘黄金塔’,便咧着嘴说:‘你程某人真的吃窝窝头吗?’”说到这儿,他仰天哈哈大笑。

搓了一会儿玉米,程砚秋说:“好啦,好啦!还以为我真让你们干活来呢,你们城里人的手嫩,再搓,就要打泡了。你们院里院外转转,看看青龙桥的景致。我给你们贴玉米面饼子,尝尝我的手艺。”

饭后,程砚秋问了孩子们学习的情况以及“秋声”社同人的境况,指着床边放着的《汉书》和《宣和遗事》等几部书,对岳父和妻子说:“前天,我刚刚读完《汉书》和《宣和遗事》。北宋灭亡后,徽、钦二帝的下场,惨不忍睹,王妃、公主和宫人都被掳走,青衣行酒,真不如平民快活。那些私通金邦的大官吏,真不知人间有羞耻事!”他把《宣和遗事》拿起来,漫不经心地翻了翻,语气沉重地说,“现在,该轮到我们来做亡国奴了!所谓‘闭门家中坐,祸从天降来’。煎好的螃蟹拣样儿挑,肥瘦任便！我没做什么亏心事，不怕！一切听其自便，我就在青龙桥等着了，哪儿也不去。他们爱把我怎样就怎样。”他说到这儿，愤愤地把书往桌上一放，在屋里踱起了步子，痛心已极地说：“国破家亡，个人安危又算得了什么！让他们来吧！”

大家听了这一席话，都不知如何是好，陷入了沉默之中……

◆ 深夜秘密搜捕 ◆

1944 年，程砚秋的二儿子永源学校放寒假，便到青龙桥看望父亲。2 月 25 日这天，程砚秋需要用钱，就对永源说：“你在这儿看院子吧。我进城取点钱用。”

永源说：“交通不方便。我骑自行车进城，方便快捷，个把钟头就到了。不必劳您亲自出马了。”

就在永源回家之后的当天深夜，程家的一条大洋狗突然又吼又叫，向前院跑去。

果素瑛被惊醒，急忙披上衣服，刚要下床，就听见厨师老韩和一名工友急匆匆地敲窗户，慌里慌张地说：“四奶奶，可了不得啦！院里进来人啦！”

果素瑛跳下床，摸着黑，边穿衣服边问：“谁给开的门？”

“没人开门，是跳墙进来的呀！”二人说罢，就狂奔到后院，顺着煤堆爬上房，跳墙跑了。

果素瑛还没有来得及扣好上衣扣子，就有三四个汉奸特务跑到内室门前，大声吼道：“快开门！快开门！”声音刚落，一个特务抡起手枪柄就砸破了一扇窗户。

果素瑛刚把屋门闩卸下，还没来得及开灯，他们就闯进了堂屋。其中一个特务一手拿枪，一手用手电筒朝果素瑛的脸上照了一下，就又闯进了卧室。

程砚秋的油画像挂在卧室墙上。特务们用手电筒照了照，喊道：“就是他！就是他！”说完，就到处乱翻，把屋里所有的东西都抖搂了个底儿朝天，就连果素瑛和女孩儿的被子，也都翻了一遍。他们什么也没搜到，更没见程砚秋的人影，就派了几个人爬到房顶上找，仍然没有看到人影。于是，他们就盘问果素瑛：“姓程的跑哪儿去啦？”

果素瑛以为这帮人是明火执仗的强盗，就骗他们说：“我先生早就到青岛去了。”

几个人听了此言，面面相觑，大失所望，便都到院子里去了。过了一阵儿，这伙人又跟着两个拿着绳子的日本人来到堂屋,对果素瑛说:“你先生没在家,那么你就跟我们走一趟吧!”

果素瑛镇定自若地说:“等我穿好衣服跟你们走。”

她走进卧室,从杂乱无章的地上找出了袜子,刚刚穿好,女儿吓得抱住妈妈,哭着说:“妈,别跟他们走哇——”

一个日本人见女孩子在哭,便问道:“你家里还有什么人?”

果素瑛答道:“还有两个男孩子。”

“住在哪里?”

“住在西厢房。”

那个日本人朝身边的汉奸望了一眼。这个汉奸走到西厢房,把两个男孩子带了过来。

一个特务问他们:“你爸爸在哪里?”

他们摇摇头,回答说:“不知道!”

又一个特务顺手抄起桌上的水壶,威胁说:“你俩要是不说实话,就给你们灌凉水!”

他俩毫无惧色,说:“我们不知道,就是灌了凉水也不知道啊!”

特务们见吓唬也没用,就把果素瑛娘儿四个关进了西厢房,派了一个背枪的伪警察看守。

这个警察见特务们都走了,就问果素瑛:“程太太,你先生是不是得罪什么大人物了?”

果素瑛见他是中国人,便问:“您是哪个区的?”

“内四区的。”

“他们到底是什么人?”

“是日本宪兵队的。”

这时,那伙人又跟在一个穿着黄呢子军大衣、戴豆包帽子的日本人后面,返回西厢房,把果素瑛带到饭厅。那个穿军大衣的日本人用不大熟练的中国话问:“你的先生哪里去了?你的实话的没有!”说着,就要动手打她。

一个汉奸忙凑过来,假装和气地劝道:“程太太,你先生到底在哪儿,还是说了吧。何苦挨打呢!”

果素瑛质问他:“我不知道你们是什么人,不能随便说。”

穿军大衣的说:“日本宪兵队的。”

“你说是宪兵队的,有什么证据?”

穿军大衣的掏出证件,在她眼前晃了晃:“这有派司,宪兵队的派司。”

“是宪兵队的,为什么不早说?我还以为你们是‘砸明火’的呢。”她厉声斥责道,“深更半夜跳墙强闯民宅,不是砸明火的强盗又是什么!”

一个操着东北口音的特务见她发了火,假意劝道:“你不要这么横嘛!我们这么做,也是上峰差遣,身不由己呀。你先生的户口在,人不在,总要对宪兵队、内四区说清楚吧。”

果素瑛知道,宪兵队早就晓得程砚秋在青龙桥,便说:“你们要早说是宪兵队的,何必费此周折。我可以告诉你们,程砚秋哪儿也没有去,就住在西郊青龙桥。这事都是登过报的,难道你们不清楚?”

日本人听了,奸笑了几声。

这时,几个在院里、屋里搜查的汉奸特务走到他跟前,在耳边嘀咕了几句。日本人点点头,又问果素瑛:“你家的,有没有中华乐社的无线电?”

“有。”

“在什么地方?”

“在顶楼的储藏室放着呢,早就坏了,不能用了。”

“嗯?坏了的,为什么还要留着?”

特务把搜出来的短波收音机、电唱机都拿到果素瑛面前,当场检查,问:“你说的,是不是这些?”

“是。你们检查,看看是不是坏的?”

特务们插上电源,发现收音机根本不通电,机子里边布满了厚厚的尘土,确是多年不用的样子。又问:“你家有没有发报机?”

果素瑛说:“我就听说过‘无线电’,没听说过什么‘发报机’。”

特务们见再不会有什么“收获”,就把这些破收音机、电唱机全部拿走了。

等到这些日伪宪兵、警察、特务们全部撤走,已经是26日中午十一点了。果素瑛立即给青龙桥打电话,向程砚秋诉说了深夜秘密搜捕的事,并叮嘱说:“我已经告诉日本宪兵队,你就住在青龙桥。你不要到别处去,就在青龙桥待着。要不然,宪兵队说你‘无私有弊’‘负罪潜逃’,就麻烦了。”

日本宪兵队深夜秘密搜捕程砚秋的事件,迅速传遍了北平全城。不几日,又传遍全国。戏曲界和各界人士无不感到震惊。

程砚秋对日伪当局毫不畏惧,坦然地在青龙桥坐等了几天,居然不见什么动静。他放心不下,便进了城。

家人见他回来,都非常惊异,向他讲述了那天深夜搜捕的详细经过。程砚秋听罢,怒不可遏,起身就要出门。

果素瑛急忙拦住他,问道:“你自己回城,就够危险的了,还到哪儿去?”

程砚秋气呼呼地说:“我要到日本宪兵队,同他们讲理,问问他们有什么证据,深更半夜来家乱搜!”

果素瑛被他的这股“憨”劲儿吓得不知如何是好,说:“他们抓你还抓不到,躲还躲不及呢!你还要自己送上门去!”

“我程某人没做亏心事,怕他们什么!”

“你也太老实得过了头了!”

在全家的强烈反对下,程砚秋这才作罢。

原来,日伪当局这次搜捕程砚秋,是他们迫害抗日分子、爱国人士的大规模行动的一个组成部分。

不久,住在西城魏儿胡同的冯公度先生的四子,专程到青龙桥去看望程砚秋。他见面便说:“程四爷,我是专程来给您道喜的。”

程砚秋莫明其妙,问道:“我现在不过一个普通的农夫,何喜之有?”

“日本宪兵队抓你的那天晚上,也把家兄抓走了。宪兵队原来划定,是要把您与家兄关在一个牢房里。因为您隐居青龙桥,才幸免于难。这难道不是不幸中的万幸,值得庆贺么!”

程砚秋这才恍然大悟。

程砚秋就此事件,写了一篇日记:

“共存共荣”不应有此举动。所谓士可杀而不可辱。凡事调查清楚,杀了完事,不应予人留有不良印象。幸昨日未入城,不然此戏不知演到何种地步。据说我从前与要人往来,并有在瑞士念书之子,有思想不良嫌疑。此子虽十年前留学外国,瑞士至今尚保持中立国态度;若说与南方人有往来,岂止南方,可以说东南西北方的长官均晤过面,上至最高长官,下至贩夫走卒。据我眼光看法,并没有高低贵贱之分,均是要人,亦可均是贱人。世界等于大舞台,所有一切皆是与戏剧攸关。所谓要人,亦不过是一演员而已,民国三十余年,这般演员并未更换。银行界中"请"去者甚多,把我亦列入够资格者之中。名之害人大矣。将入3月,恐噩运来临,也无法可想。所谓闭门家中坐,祸从天上来也。

这篇日记,愤愤然揭露了日本侵略者标榜的所谓"共存共荣"的虚伪性,把政治比喻为戏剧舞台。说明他在青龙桥务农、读史,颇有收获。

◆ 兴办农村中学 ◆

由于程砚秋在戏曲界的威望极高,且又在青龙桥务农,日本宪兵队把程家翻了个底儿朝天,也没有抓到证据,所以才无法把程砚秋关进监狱。但是,他们一直把程砚秋看成是眼中钉、肉中刺,始终派人监视着他,伺机制造罪名。伪警察局、伪治安军的人,经常"光顾"青龙桥,"拜访"程砚秋。

程砚秋被这些汉奸特务们搅得实在不耐其烦,只得在桌上放一个大瓷果盘,叮嘱管家范兰亭,如有"拜访"者,让他们把名片放在果盘里。而他自己则一大早就躲出去,有时只身一人,有时则带上孩子,沿着红山口、黑山扈的山间小道儿,走到山后散步。有时,就在当地老乡家住上几天再回来。

程砚秋这一躲,也躲出了"罪名"。因为那些来"拜访"的汉奸特务碰了一鼻子灰,大老远白跑几趟,实在不甘心,于是就"放风"说:"程某人在青龙桥种地,一定有目的。不然的话,郊外如此不太平,他怎么敢在外边住宿呢?"后来,则更进一步说程砚秋种地的目的,是把所收的粮食接济了八路军,还把他种的几十亩地夸大成几十顷。

其实,程砚秋种地所获甚微。他苦笑着对妻子说:"现在社会上风传我种地是为了接济八路军。特务们造这个谣,也实在可笑。我年终算账,所种的六十多亩地共收粮食六十袋,刚够雇来种地的工人的工钱。我和范师傅的口粮食,还要到集市上去买,连自己家里也'接济'不了。"

果素瑛说："你这个人还是太实在，人家造谣你'接济八路'，这罪名，是要全家问斩的。谁还管你收了多少粮食！"

"真是'欲加之罪，何患无辞'啊！这名大过实，太可怕了。老子说过'逃名'，而我想种地'逃名'都不可能。唉！在沦陷区当亡国奴的生活是太压抑了。我总想大哭一场，可是又哭不出来，真不知道什么时候才能痛痛快快地哭出声来。"

尽管程砚秋一直在汉奸特务的监视下过着压抑的日子，尽管他不登舞台，种地又种出了亏空，但他置这一切于不顾，萌生了兴办农村中学的念头。

那还是 1943 年，他参与创办，并为之投入了大量心血和资财的中华戏曲职业专科学校，在日伪统治下，难以维持，被迫解散了。这对他是个很大的打击，心情极为难过。他在青龙桥附近只看见一所农村完小。附近几十里的农家孩子都要赶到这里上学。因附近无中学可上，这些孩子读完小学，只能回家务农。这样，就埋没了许多有才能的农家子弟。

1944 年，他为了筹办农村中学，物色了几个地方，最后选中了地处颐和园和玉泉山之间的伽南孤儿院。他把想法对孤儿院的聂院长谈了，得到了他的支持，签订了租用十年的合同，并将孤儿院迁到颐和园西墙外的新址。

这所孤儿院原是一座残破的庙宇，名为功德寺。程砚秋从自己的积蓄中取出一部分款子，修缮校舍，定制桌椅；聘请老朋友张体道、杜颖陶等担任教员，又请老管家范兰亭到学校当厨师和门房。为了方便山后冷泉村的学生住宿，他又在董四墓买下了一座占地十八亩的金家花园，专门做学生宿舍用。

这所学校，挂的牌子是"功德中学"，对农家子弟一律不收学费，还免费发给课本、作业本和笔墨。

但是，这所中学开办不久，由于种种原因，便不得不中止了。程砚秋把收摊后剩下的许多面粉，全部运到青龙桥，东家一袋，西家一袋，送给了贫寒的农民。董四墓金家花园此后便改称程家花园。

◆"三开"主义◆

程砚秋在悲愤、抑郁中，在日伪当局的迫害和监视下，苦苦度过了八个年头，终于盼到了抗日战争的胜利。

多年不曾在北平公开场合露面的程砚秋，代表国剧公会，在广播电台上发表了庆祝抗战胜利的讲演。他愤怒地控诉了日本侵略者在沦陷区所犯下的屠杀、掠夺、奸污、酷刑、纵火等滔天罪行，特别提到了那次梨园公益会找他为捐献飞机“义演”的事。他说：“日本侵略者叫我们中国人演戏，得来的钱他们拿去买飞机、炸弹，再来杀害我们中国同胞，这是多么残忍的手段！我作为一个有良心的中国人，决不能做这种助敌为虐、屠杀自己同胞、没有人性的罪恶勾当。因此，我宁死不从。他们只好不准在电台上播放我的唱片……”

他的讲演，慷慨激昂，快人快语，把八年来所受的迫害和积压在胸中的怒气，痛痛快快地吐了出来。

程砚秋为了庆祝抗日战争的胜利，决定返城出山演戏，并且公开宣布从此要实行“开眼、开口、开心”的所谓“三开主义”。

但是，他的琴师周长华早已移居上海，首先需要在北平物色一位琴师。朋友向他推荐了钟世章。这位钟世章，就是后来跟随程砚秋赴西北、西南慰问解放军，曾为贺龙将军演出的琴师。

程砚秋一见钟世章，就兴奋地说：“看到打败日本侵略者，真高兴呀！我早就相信中国亡不了！艺术亡不了！”

经过一段时间的准备，程砚秋重组“秋声”社，在新新大戏院（今首都电影院）举行了庆祝抗战胜利的首次公演。之后，首应辽吉黑复员协进会北平分会之邀，为资助东北难民还乡义演。接着，又为赈济广西水灾义演。

1945 年 11 月，经王瑶卿介绍，程砚秋收下二十岁的王吟秋为入室弟子。五年后，这位王吟秋，被贺龙将军调到了他所创办的西南军区京剧院。

1945 年 12 月，蒋介石来到北平。北平当局为了表示欢迎，召集程砚秋、孟小冬、谭富英、马连良、李世芳等演出了“欢迎戏”。

随蒋介石一起观看的，还有宋美龄和国民党官员及“盟军”（美军）数百人。

程砚秋演出了《红拂传》。谭富英演出《空城计》，孟小冬和李世芳演出《武家坡》，马连良和李万春演出《八大锤》。

这是北平平剧界为庆祝抗战胜利而举行的又一次大规模会演，为北平多年所未见。程砚秋和其他戏曲界同业，都是为了庆祝抗战胜利而登台献艺的。

然而，蒋介石此番来北平的真实目的，是秘密筹划内战；而公开宣传的却是同中共谈判，继续搞国共合作，建立“和平民主新阶段”。

这些，是程砚秋和戏曲界同人，以及千千万万善良的人民所不知道的。他们盼望的是，在赶走日本强盗之后，中国应该避免内战，走向和平、安定、民主、繁荣的局面。

正是怀着这一美好的愿望，程砚秋应宋庆龄的邀请，为救济苏北难民，赴沪演出义务戏。1946 年 6 月 11 日至 13 日，由宋庆龄和英德惠在上海天蟾舞台主办救济东北义演，由梅兰芳、程砚秋、马连良及名票杨畹农、赵荣琛联合演出《四五花洞》；程砚秋、梅兰芳、马连良及票友赵培鑫合作演出全部《红鬃烈马》。这次义演，被评论界称为“盛况空前，举世无双”。期间，宋庆龄接见了程砚秋，称赞他的义举。

1946 年 11 月，程砚秋率“秋声”社在上海天蟾舞台演出，演员阵容强大，谭富英、王少楼、张春彦、叶盛兰、储金鹏、高盛麟、阎世善、袁世海、曹二庚、孙甫和他配戏。剧目有《王宝钏》《碧玉簪》《荒山泪》《柳迎春》《朱痕记》等。

当时，中国大戏院的梅兰芳、杨宝森，与天蟾舞台的程砚秋、谭富英形成“对垒”之势。双方旗鼓相当，都有大批观众，不但轰动了上海滩，就连南京、汉口、长沙的戏迷，也都赶来上海看戏。而梅、程的戏码，都是连演两天，观众无顾此失彼之虞，故戏院每日满座。评论界亦为之一振，说“此四种头牌相互对垒之局面，实开近二十年来未有之新纪录”。

紧接着，程砚秋应南京大戏院的邀请，于 12 月赴宁连演三天《红拂传》。须生王少楼、里子老生张春彦、旦角吴富琴、净角袁世海、武生高盛麟、小生叶盛兰、储金鹏、丑角曹二庚、武丑叶盛章同台献艺，又轰动了石头城。

当年，程砚秋和谭富英为庆祝国民大会的召开，又在南京献艺。蒋介石等出席国民大会的代表们观看演出，还在前台接见了演员们。

可是，蒋介石和他的追随者们所搞的歌舞升平，却掩盖不住他们所发动的内战。蒋介石撕毁国共达成的停战协定，向中共所领导的军队发动全面的进攻，使正在为抗战胜利而沉浸于欢乐中的和平、进步人士的头脑清醒起来。中国的天空又重新布满了乌云。程砚秋所期待的人民安居乐业的太平盛世并没有实现。他在北平、上海、南京，耳闻目睹了国民党的“接收”大员借机大发抗战胜利横财的真实嘴脸。他们巧取豪夺，“五子登科”，花天酒地，被群众讥讽为“劫收”大员。国民党官兵自恃“抗战有功”，竟明火执仗，拆抢工厂设备。国民党当局还以法币一元比伪币二百元的兑换率(实际比值仅为1:15),强迫兑换,对北平民众残酷洗劫。当时,北平流传着这样的民谣,“盼中央,望中央,中央来了更遭殃”,“想老蒋,盼老蒋,老蒋来了米面涨”。

国民党的官僚们忙于搜刮和打内战,哪里还有闲情逸致去关心戏曲事业!戏曲界,在社会上仍然没有什么政治地位,只不过是当局粉饰太平的工具罢了。

程砚秋对蒋介石和国民党的政府大失所望,情绪又低沉下来。从此,程砚秋把一部分书籍、剧本存放在青龙桥董四墓的程家花园。

且说这程家花园,原为“金家花园”,是晚清肃亲王善耆后人的别墅。其大门坐西朝东,大院南侧为果园,北侧建有并排的三座四合院。据说,建这所别墅,用的是建颐和园的余料。宅内磨砖对缝,方砖铺地,虎皮石墙,花木庭院,甚是幽雅。程砚秋有时住在城里,有时则住在程家花园。由于对国民党腐败政权的失望,他仍然过着“半隐居”的生活。

正是这所“程家花园”,几年后,成为程砚秋和中国共产党领导人发生联系的“媒介”,使他的一生,发生了重大的转折。这是偶然的巧合,也是历史的必然。

第三章
古城初会

第一节
贺龙创建晋绥平剧院

◆ 重建"战斗"平剧队 ◆

还是在1945年8月,贺龙从延安回到晋绥地区,指挥部队向日本侵略军发动了全面反攻。这时,延安平剧研究院留在黄河以西。晋绥军区重新成立的"晋绥平剧社"已经取消。但是,部队指战员迫切要求开展平剧活动,更希望有一个专业平剧团体为部队演出和指导部队的业余爱好者们。

贺龙回晋绥后,看到这种情况,就提出了"局面打开后,平剧要发展"的方针。他对晋绥军区政治部副主任孙志远①说:"我们原来的'战斗'平剧社,全部调给了延安。后头又重新组织了'晋绥平剧社',也取消了。现在情况有了变化,部队回来了大部分,河北人很多。再就是局面打开以后,我们要准备接管城市,也需要对群众进行宣传,我们晋绥军区需要一个独立的平剧团。这个任务就交给你,由你

① 孙志远,新中国成立后,历任西南军政委员会秘书长、国务院副秘书长、国家经委副主任、国防工委副主任和第三机械工业部部长。

去物色人选，组建。需要我出面说话的，你就来找我。”

孙志远首先物色了“战斗”剧社的郭瑞（原名郭宝瑞），对他说：“贺老总的意图，是要单独成立一个平剧团。任务呢，一是在部队做宣传工作，二是要准备在接管城市后，对群众做宣传。组织上研究过了，调你去负责，成立‘战斗’剧社的二队，就是平剧队。”

郭瑞听了这几句话，一下子弄蒙了，问道：“孙主任，怎么找到我了？我是喜欢平剧，但不会演哪！我是演话剧的。”

孙志远说：“我们考虑过这个问题。你喜欢平剧就好。让你去平剧队是当副手，做思想政治工作。还要调孙震来，你们俩一块儿搞。”

郭瑞问：“演员从哪里调呢？”

孙志远说：“贺老总已经下了命令，把独一旅、独二旅会唱平剧的集中起来。其余的由你们去物色。”

郭瑞领命之后，带上贺龙亲笔写的信来到张家口，请彭真帮助调人。

与此同时，经贺龙批准，在集宁接收了原由国民党部队管辖的一个平剧班底。于是，平剧队有一些服装和道具。

就这样，一支约有三十余人的平剧队又建立起来，孙震为队长，郭瑞为副队长。成员有张峰、刘燕贞、刘长林、许明、刘平、朱洪保、孙秋田、王宪周、高世荣、袁静波、赵玉祥、高汝林、徐中年、李隆等。

这就是晋绥平剧院的前身。

◆ 网罗各路“豪杰” ◆

1946 年下半年，聚集在晋西北地区的平剧团体和人员，除了上述的“战斗”剧社平剧队外，还有好几路人马。

一路是跟随晋绥野战军而来的绥蒙军分区的“解放”剧院，院长则是原在“战斗”平剧社，后调到延安平剧研究院的霍秉龄。这个剧团的活动区域是集宁、丰镇一带。其主要演员有张福连、张月楼（霍之妻）父女、霍明如、朱小霞、张德甫、小菊子、小艾子、项鼎新、张胜利（张世荣之母，丑角）、王桂山、王翰卿（王六）、程继先等。

另一路，是晋绥文化服务团和晋绥军区宣传队（原抗大七分校宣传队）中会唱平剧的李杰村、杨磊光、安四海、刘萍、宣海池等。

从集宁、丰镇来的人马中，科班出身，颇有些名气的角儿不少。先说唐富尧，他本是从“富连成”“富”字科出科的，与谭富英和程砚秋的经理人吴富琴为同科师兄弟。唐富尧工青衣，年轻时曾和梅兰芳、尚小云同台演出，在北平、西安等地很红了一阵儿。天有不测风云，当他正红的时候，一病不起，又无人接济，后来，流落到山西集宁、丰镇一带，下过煤窑，甚至沿街要饭。他听说贺龙司令员要成立晋绥平剧院，正在招募人才，便一路乞讨，前来投奔。

再说李玉安，他是著名老生，曾经给余叔岩、梅兰芳当过“管事”（即组织演出的“经理科”），在平剧界也是有些名气的。后来，由于种种原因，流落到集宁、丰镇一带做生意糊口。他听说贺老总要组建平剧团体，也历尽千辛万苦，找到了兴县。

其他如王桂山，是著名刀马旦，是“富连成”出科的名演员王盛如、王盛意之父；张福连、张月楼父女和张福连的弟子朱小霞，都是平包线的著名平剧、梆子演员；王翰卿，艺名王六，也是著名的老艺人。

各路“豪杰”聚集在晋绥军区司令部，令贺龙大喜过望。他说：“晋西北可是个穷地方，穷得出了名。大家既然不嫌弃，愿意留在这里工作，我贺龙和晋绥军区的同志们竭诚欢迎。有部队吃的、穿的，就有平剧院吃的、穿的。部队需要你们，革命队伍需要你们。”

对于年届古稀的王桂山和已逾花甲之年的王翰卿、唐富尧、李玉安，因为他们年龄很大，唐又患病，不能登台演出，平剧队的负责同志进行了反复研究，最后请示贺龙怎么办。

贺龙豪爽地说：“他们沿路乞讨，历尽千辛万苦，来投奔革命部队，其情难得呀！‘富连成’科班的，我们打着灯笼都找不到的。年纪大、有病，我们更不能不收留。他们不能登台演戏，可以让他们当教师，带学生，指导年轻演员嘛！”

就这样，经过贺龙的“特别批准”，几位老艺人被留下担任教师。

于是，晋绥平剧院的班底，就以“战斗”剧社平剧队、“解放”剧院、晋绥文化服务团和晋绥军区宣传队部分人员共约百人为基础基本组建完成。

不久，张一然也被贺龙从延安带回晋绥。贺龙一到平剧队，就高兴地说：“告诉你们一个好消息，我把张一然给你们带回来了。现在要成立平剧院，延安他也回不去了，就留下抓平剧院吧。”

张一然欣然从命，立即着手组院事宜，同演职人员逐个谈话，筹划平剧院的编制、体制，忙得不亦乐乎。

晋绥成立平剧院的消息，又传到了石家庄，名琴师陈芳卿和演员秦竹影决然离开城市，加盟晋绥①。

国民党军队的一名军人擅演《大登殿》，亦被贺龙留在晋绥平剧院。而他的姓名，笔者已无可考。在此前后，到晋绥军区演出的冀步芳也自愿留了下来。

◆“三元”相逢张家口◆

1936年，梅兰芳曾经看中“富连成”社的李世芳，愿收为弟子。李世芳年方十五，工青衣、花旦，时有“小梅兰芳”之称。“富连成”社的社长叶龙章为造就更多的人才，就从“富连成”社中挑选了毛世来、李元芳、刘元彤②、张世孝等，和李世芳一道拜梅兰芳为师。拜师仪式在绒线胡同的国剧学会举行。程砚秋、尚小云、荀慧生、杨小楼、王瑶卿、萧长华、郭春山、余叔岩、谭小培、徐兰沅、姜妙香等数百人出席致贺。

李世芳等得到梅兰芳的言传身教，进步很快。刘元彤也深得梅派风范。李世芳于同年秋当选为北平的“童伶主席”，不久又名列“四小名旦”之首。年仅十二岁的刘元彤所得选票，亦在前几名之列。待李世芳到了“倒仓”的年龄，嗓音变化较大，不得不休养一个时期。而此时的刘元彤因比李世芳年纪稍小，嗓音极好，在北平红极一时，他的唱片和剧照，在市面上也颇受欢迎。

然而，命运使他们发生了戏剧性的变化：李世芳的嗓音又奇迹般地恢复了；而刘元彤“倒仓”后迟迟不能复原，在北平的舞台上显然失去了竞争的条件。于是，他出科后便到集宁、呼和浩特一带教戏，又到张家口当小学教员，并参加了中国共产党领导的“抗青联”，任宣传股长。后又加入晋察冀“抗敌”剧社和张家口实验

---

① 又一说，陈、秦二人是1948年晋绥平剧院迁到延安后加入的。

② 刘元彤，1924年出生于天津的一个铁路职员家庭。因家贫辍学后，到北平学习京剧，首拜李凌风为师，1935年入“富连成”社“元”字科，1942年出科。1946年参加晋绥平剧院，任研究员。1949年加入中国共产党。新中国成立后，曾任山西省晋剧院艺术室主任、山西省晋剧院青年剧团团长、山西省戏剧家协会副主席、山西省文化局副局长等职。

平剧团。当延安鲁艺疏散到张家口时，他又积极地帮助他们搞街头宣传。

当年，张家口是晋察冀解放区的一个重要的经济、军事和文化中心，有“小北平”之称。

1946 年夏，延安平剧研究院的王一达、牛树新、唐伯弢、张殿荣、许万恒等也来到张家口，同张家口实验平剧团一起，在中共张家口市委宣传部部长彭飞的组织下，团结云集在张家口的戏曲界名流，进行旧剧改革实验；同时，也准备物色一些青年演员，带到延安。首演剧目，是在延安平剧研究院的同志指导下排练的《三打祝家庄》。参加演出的，就有刘元彤的师兄弟殷元和①、哈元章等。

殷元和是著名京剧演员殷斌奎（艺名小奎官）之子，1926 年出生于北京。元和幼时非常聪慧，四岁半时就能把父亲和李万春合演的《左伯桃与羊角哀》一字不落地背诵下来。四岁时，父亲请马斌农、耿斌富教他练功学戏。他六岁便登上吉祥戏院舞台演唱《武家坡》。1933 年，他七岁上进了“富连成”社，正赶上小“世”字科的尾巴，被排在“世”字科，取名殷世开。两年后，“世”字科的学生出科，而殷世开尚年幼，便又改排进“元”字科，更名殷元和，在社内被称为“大元字辈”，是同科谭元寿等人的师兄。

殷元和向郝寿臣学过《御果园》，向宋富亭学过《钟馗嫁妹》，向谭世英学过《火判》《山门》，王连平向他亲授了《武当山》《状元印》《落马湖》。社长叶龙章见他很有出息，亲自出面，介绍他拜在侯喜瑞的门下。侯先生一见，特别喜爱，教他学演《连环套》中的窦尔敦、《战宛城》中的曹操。萧长华又教他学习《十八扯》和《选元戎》。叶盛章为他亲授《盗甲》《跑驴》《叫哥》等戏，并提出要他专攻武丑。可是，教花脸的老师又实在舍不得他。就这样，殷元和主攻架子花脸，又兼学了武生、文武丑。《三岔口》中的武打，《武大郎》中的“矮子功”，他都能得心应手，动作、神情都酷似叶盛章。十二岁上，他随“富连成”科班到天津演出《连环套》，扮演窦尔敦，博得了天津戏迷的喝彩。

殷元和出科后，曾在唐山搭班。1944 年，又随薛盛东到张家口唱戏。

---

① 殷元和，七岁入“富连成”社学戏，工架子花脸，兼长武生、文武丑。曾受教于侯喜瑞、郝寿臣、萧长华、孙盛文、谭世英、宋富亭、叶盛茂、叶盛章等名师。出科后，参加张家口实验平剧团。1946 年参加晋绥平剧院。1948 年加入中国共产党。新中国成立后，历任西南军区京剧院导演，宁夏京剧团副团长、宁夏民族艺术研究所书记、宁夏文联副主席、宁夏戏剧家协会主席等职。

1945年,八路军解放了张家口。许多名演员听信了国民党的反宣传,害怕八路军,便匆匆跑回北平。殷元和不信邪,反而参加了中共张家口市委宣传部部长彭飞组织的"旧剧联合会",并担任第三分会的主任委员。由此,殷元和便参加了中共领导的革命工作。

为了揭露日本侵略者在张家口犯下的滔天罪行,殷元和与关玉锋合作,创作了《日寇离张记》,并与当时在南营坊大龙剧院的晋剧团联合演出。殷元和扮演剧中的老头,关玉锋扮演老头的儿子,晋剧团的郭兰英扮演女儿。

彭飞为组建张家口实验平剧团,派殷元和回北平招募人员。殷元和混进北平后,四出游说,动员师兄弟们到解放区的平剧团去。有的向往中共,愿意跟他走;也有的怕殷元和带来麻烦,有意躲着他。他有一天冒冒失失地闯到国民党某军的军部,想把一个师弟给带出来。结果,不但未能如愿,反而暴露了身份。

这天晚上,好心的谭元寿急急忙忙跑来给殷元和报信,说:"你闯了祸啦!北平的特务要拿你呢!"

殷元和在万小甫家躲了一个半月,等风平浪静之后,才把事先约好的师兄弟哈元章、张元奎[①]、范元链等二十多人秘密带到张家口,参加了实验平剧团。

这个实验平剧团阵容非同一般,七十多名成员,大多来自叶龙章的"富连成"社、程砚秋参与创建的中华戏校、尚小云的"荣春"社、李万春的"鸣和"社等四个科班,平均年龄只有十八九岁。

实验平剧团演出《三打祝家庄》时,殷元和与王一达、牛树新、唐伯弢、张殿荣、许万恒等一起排戏,同台演出。元和在"一打"中扮演石秀,在"二打"中扮演李逵,在"三打"中扮演顾大嫂,施展了从"富连成"学来的本事。张梦庚饰张妈,王一达饰乐和。他们配合默契,技艺精湛,使张家口的观众和延安平剧研究院的同志大饱眼福。

◆ 情感"三元" ◆

刘元彤、殷元和、张元奎等从北平来的科班出身的演员们,在排演《三打祝家

---

① 张元奎,九岁入山东省京剧院学习京剧,后入"富连成"社"元"字科,学习花脸,师从孙盛文、王连平、宋富亭、叶盛茂等名师。出科后,加入张家口实验平剧院。1946年冬,加入晋绥平剧院,任研究员。1948年加入中国共产党。新中国成立后,曾任宁夏京剧院二团团长、宁夏京剧团团长兼党支部书记等职。

庄》时，结识、了解了来自延安的同志。他们的学识、演技和思想、工作作风强烈地吸引着这些年轻人。从他们那里，这些年轻人知道共产党、八路军并不是国民党所宣传的“土包子”，而是一支军事、政治、文化素质都很高的军队；共产党重视发展戏剧，关心文艺界人士；在解放区，人人平等，是一个温暖的革命大家庭；最重要的一点，就是他们坚信共产党一定能取得最后的胜利。因此，他们向往革命圣地延安，向往毛泽东、朱德、周恩来、刘少奇等中央领导人和那些叱咤风云的八路军将领们。

1946 年 8 月 13 日，国民党军队的飞机空袭了张家口，并出动大批兵力，向张家口进犯。城内的机关团体开始向其他解放区疏散。延安的同志们也准备返回。临行前，他们征求刘元彤、殷元和、张元奎等演员的意见，问他们是否愿意到延安平剧研究院工作。这些年轻人欣然同意。

从张家口到延安，行程有一千多华里。徒步行军这么远的路程，对于来自北平的年轻人来说，是平生第一次；加之沿途可能遭遇正在向张家口、大同、集宁、延安等解放区进攻的国民党军队，遭遇飞机的轰炸，如果没有一点儿勇气，是不敢在此时投奔延安的。

牛树新是原“战斗”平剧社的，对这条路线非常熟悉，便对他们说：“小伙子们没走过远道，不要紧，我来教你们行军的窍门。一千多里路，我们要走十几天。到山西兴县，是晋绥军区的司令部驻地。我们要在这儿住几天，休整一下，补充补充。”

“听说贺老总正在兴县，我们能见着吗？”刘元彤问道。

“当然能见着。说不定还要留咱们演戏呢！”

长话短说。从延安来的王一达、孙方山、邓泽、张梦庚、牛树新、唐伯弢、张殿荣、许万恒带着刘元彤、殷元和、张元奎、王俊杰、穆菲、赵扬等，再加上元和的母亲和姑姑，元彤和妻子、女儿，分成两批，相继从张家口启程，晓行夜宿，含辛茹苦，朝山西兴县进发。

他们出发之前，还不知道国民党军队已于 8 月 20 日轰炸了延安。他们出发不久，国民党军队便于 10 月 11 日占领了张家口。胡宗南的十几万大军，正在向延安进犯，延安的机关团体也分批向外转移和疏散。

中共中央办公厅给晋绥军区拍来电报，告知延安平剧研究院部分同志，从张家口返回延安途中，要路过晋绥军区司令部；因延安正在疏散，故让他们到达兴县后原地待命；并请军区负责接待、安置他们。

贺龙在抗战胜利之后，为同国民党军队谈判事宜，曾专程到张家口小住了些时日，知道张家口云集了一批来自北平的科班出身的平剧演员。他看到中央办公厅的电报后，十分高兴，把张一然、孙震和郭瑞等请到办公室，对他们说："中央来了电报，通知我们接待从张家口回延安的一批同志。这个任务就交给你们平剧院。先把房子找好，再从后勤部领些被褥、粮食和副食品。我们要尽地主之谊，让他们住好、吃好，休息好了，开一个联欢会。张家口有不少科班出身的，你们要注意向人家学习，这可是个难得的机会。"他写了个便条，交给他们，又接着说，"他们走了这么远的路，脚上打泡的可少不了。你们到司令部牵几匹马，把我的马也拉上，迎接他们。"他望望张一然，说，"你们几个平剧院的领导，要给他们牵马坠镫，热情一些。"

在那个时代，对远道而来的尊贵客人，常常走出驻地数十里迎候，即所谓"郊迎"。再就是为客人"牵马坠镫"，以示敬重。由此，可见艺人在贺龙心目中的地位。

"战斗"平剧队的居住条件很艰苦，因为房子少，他们就十几个人睡在一间房子里，铺上麦秸，即是松软的地铺。但他们给从集宁、封镇来的老艺人和从张家口来的同志，则准备了有热炕的房子。因为他们走了二十多天，到了 10 月份，在晋西北，天气已经有了几分寒意。

张一然等晋绥军区的东道主们进行了一番紧张的准备之后，把贺龙的坐骑、从司令部借来的马、平剧队的马都"梳洗打扮"好，率领平剧队的全体人员，走出十几里路，"郊迎"贵宾。

长途行军，对于延安平剧院的同志，早已习惯。然而，从北平来的女眷却已疲惫不堪。"三元"等年轻人，脚底下打起了血泡，走路也扭起"秧歌"来。正当此时，一支牵着十来匹马的队伍远远地朝他们迎了过来。

王一达、牛树新老远就认出了"仙岛牌"那瘦瘦的身影，高兴地大声说道："'战斗'平剧队的同志来接我们了！"他们三步并作两步地奔了过去，同张一然握手、拥抱。

张一然说："贺司令员给我们的任务，是来给你们牵马坠镫的。你们辛苦了，请上马吧!”

孙方山、邓泽、王一达、张梦庚、牛树新等都极力推辞,说:“跟我们用不着客气,还是让客人们骑马吧!”

王一达对刘元彤等人说:“来,给你们介绍一下。”他指着张一然说,“这是延安平剧院研究室主任张一然同志,原先是一二〇师‘战斗’平剧社的,谭派老生,出席过延安文艺座谈会。”他又指着刘元彤等人说,“这位是刘元彤,梅兰芳的弟子;这位叫殷元和,侯喜瑞的弟子;这位叫张元奎,花脸,都是‘富连成’‘元’字科的……”

张一然、孙震、郭瑞等同他们一一握手,并要扶他们上马。刘元彤等再三推辞。“战斗”平剧队的同志们不由分说,解下他们的背包,把他们推上了马背。其他同志也把女眷们扶上马。张一然等平剧队的领导同志,分别给刘元彤、殷元和、张元奎等牵马,向晋绥军区宣传队的住地——后木栏杆村走去……

第二天,张一然、孙震、郭瑞来到后木栏杆村,看望来自张家口的客人们,问他们休息得怎么样,并说,今天下午贺龙司令员要接见他们,设便宴接风洗尘。

孙方山、邓泽同王一达、牛树新等商量了一下,对刘元彤他们说:“贺司令员和“战斗”平剧队的领导这么热情接待我们,我们是不是唱几出,表示感谢呀?”

小伙子们争先恐后地说:“当然应该!”

张元奎说:“我来出《牧虎关》。”

殷元和说:“我演《清风寨》吧。”

刘元彤说:“那我就唱《宇宙锋》。”

于是,大家七嘴八舌,很快就议定了晚上的戏码。

从北平来的演员们,过去听到过各种各样关于贺龙的宣传,但究竟是个“张飞”,还是个“李逵”,心里没个底数,都急切地想看看这位传奇将军。

晋西北穷得出名,但为了款待这些请都难得请来的贵宾,便东凑西拼,宰猪、杀鸡、做豆腐、蒸馒头,把这些当时最好的饭菜,用洗脸盆盛得满满的,摆了好几张桌子。

“战斗”平剧队的同志们分头到各桌前,给客人们盛饭、倒酒、摆香烟。

张一然代表“战斗”平剧队致了欢迎辞,然后说:“遵照军区首长的指示,给你们接风洗尘。晋西北很穷,恐怕张家口来的同志早有耳闻。但是,我们的心是热的。贺司令员和军区其他首长正在开会，特地叮嘱我代表他们向你们表示热烈的欢迎。过一会儿，首长们开完会，还要来看望大家。”他举起代替酒杯的粗瓷饭碗，高声说：“来，请大家举杯，为延安平剧院的领导和同志们光临晋绥军区干杯！”

刘元彤、殷元和、张元奎头一次见到这种阵势，也是头一次拿粗瓷大饭碗当酒杯。亲如一家的气氛，使他们感到又新奇、又温暖。“战斗”的同志们轮流过来敬酒，为他们添菜、添馒头，热情极了。二十多天的行程，小伙子们的肚皮早已瘪瘪的了，吃着用洗脸盆装的大块猪肉、鸡块，就着香喷喷的馒头，好像是有生以来吃得最香甜的一顿饭。他们一边吃饭，一边猜想着贺龙是个什么模样儿。

他们正猜着，忽然听见有人高声喊道：“贺司令员看大家来了——”

大家都放下筷子，热烈地鼓起掌来。

只见贺龙和晋绥军区政委李井泉、晋绥军区副司令员周士第、联防军参谋长张经武、甘泗淇、孙志远等军区领导人走进饭堂。

张元奎低声问牛树新：“来了这么多大官，哪个是贺龙司令员？”在他的脑海里，都是过去见过的国民党军队大官的形象：穿着笔挺的军装，披着一件斗篷，手中拿着文明棍儿，前后簇拥着尙枪实弹的卫兵，值星官高喊“立正”……

而八路军的大“官”，现在都穿着和大家一模一样的灰色军服，即没有斗篷，也不拿文明棍，更没有全副武装的卫兵，和战士没有什么区别。

牛树新见张元奎瞪大了眼睛，瞅着几位首长发愣，便说：“你看，那个身材魁梧，留着一字胡，皮肤白的就是贺司令员。”

他的话音刚落，贺龙端着酒壶朝他们这桌走了过来。

张一然走在前边，向贺龙介绍说：“这就是从北平到张家口的‘富连成’的‘三元’。这是刘元彤，梅兰芳的弟子；这是殷元和，郝寿臣、侯喜瑞的弟子；这是张元奎，孙盛元、宋富亭的弟子，也是花脸演员。”

刘元彤他们打了个立正，就要敬礼，贺龙摆摆手，说：“不必，不必。”又伸过大手，同他们一一握手，“对不起，我们开会，来晚了。这个会不开又不成。胡宗南要向延安进攻，我们军区要研究保卫延安的作战计划。”他边说，边给他们的碗里斟酒。

几人忙说：“我们自己倒吧。”要伸手接过酒壶，但又不知所措。

贺龙说：“你们是远道而来的客人，主人给客人斟酒是应该的嘛！”说完，他放下酒壶，接过张一然递过来的一碗酒高高举起，说：“来，我敬你们一杯！欢迎你们，请你们对我们的平剧队多多指导。”说罢，便豪爽地饮了一大口，又转身对大家说：“过去，我们组织平剧社，科班出身的不多。现在，‘富连成’科班的终于让我们盼来了，你们要利用这个好机会，好好向人家学习哟！”他把碗又交给张一然，重新提起酒壶，说：“我们晋西北条件差，委屈你们啦。你们要吃好。有什么困难，就提出来，不必客气。”

饭后，在北坡临时撑起的舞台演出。刘元彤他们一看，台下早已坐满了黑压压的人群，机关、部队整整齐齐地坐在背包上，齐声唱着歌；附近的乡亲们扶老携幼，把场地围了个水泄不通。

张元奎抖抖精神，上台清唱了《牧虎关》中杨家部将高旺的一段流水板。殷元和表演了《清风寨》中的李逵；刘元彤清唱了《宇宙锋》中赵艳容的一段西皮转二黄。

当他们演唱时，台下刚才那种热热闹闹的场面，一下子变得鸦雀无声，连根针掉在地上都能听得见。大家屏住呼吸，认真地聆听着来自北平“富连成”科班的正宗平剧。特别是刘元彤的演唱，在晋西北是空前未有的。因为部队唱老生、花脸的较多，科班出身唱旦角的，又是梅兰芳亲授，却是大家见所未见。观众们都被正宗梅派的优美唱腔给迷住了。

然而，坐在台下的贺龙却和大家不一样，因为他是早就多次听过梅兰芳的唱片的。他衔着烟斗，凝神倾听，还不住地点头，也有时皱皱眉头。当殷元和表演时，那活灵活现的“李逵”，又让贺龙开怀大笑。

演出结束时，贺龙亲切地握着他们的手，不住地夸奖：“你们不愧是‘富连成’出科的，唱得好。”他又对“战斗”平剧队的年轻人说，“你们都看见了吧，人家是怎么演的？你们又是怎么演的？”他看了看打鼓的“小贵”，说，“就拿你‘小贵’来说，你打鼓打不好就打不好，慢慢学嘛，脸红什么？”

一句话，把大家都逗笑了。原来，“小贵”生就一副红脸堂，并不是因为跟不上点儿才脸红。

贺龙对张一然、郭瑞说：“让他们早点休息。一定要把他们照顾好。我让副官处给他们准备了些战利品。你们派人领回来，给他们送过去。”

夜已经很深了，刘元彤他们无论如何也睡不着，不停地议论来到兴县后一幕幕的情景。张元奎说:“我们刚到,贺司令员就派人给我们每人送来十几听牛奶罐头,这些战利品,听说连首长们平时都吃不上呢!”

殷元和说:“我们是来这儿借住的,什么也没给人家干,人家又是招待,又送东西,还一人发了两套军装、两万边币。这叫我们怎么过意得去呢!”

刘元彤说:“我们都是年轻人,贺司令员还让平剧队的领导给我们‘牵马坠镫’,给我骑的那匹马,听说还是贺司令员的坐骑呢! 这不折杀咱们了。”

殷元和说:“我们没别的,卖卖力气,多给部队唱几出,不然良心上过不去呀!”

张元奎沉默了好半天,嘴里嘟囔着:“他妈的胡宗南这个大坏蛋,调了十几万大军进攻延安,我们一时又去不成延安。贺司令员这么尊重咱们唱戏的,还亲自给我们斟酒,这么好的大官儿,上哪找去啊!”说着,眼圈湿润起来了。

殷元和点点头:“元奎说得也是,咱们过去见着国民党军队的小班长,就吓得打哆嗦,更甭说见大官儿了。”

张元奎激动地说:“过去,我们给达官显贵唱堂会,都是低三下四的,等于给人家当牛做马。还是革命部队好,真是人人平等,首长一点儿官架子也没有。”

刘元彤也说:“贺司令员这么看重咱们唱戏的! 唐富尧、李玉安这些老前辈听说贺老总要组建晋绥平剧团,都是从集宁、丰镇那边赶来投奔的,唐富尧带病沿路乞讨,好不容易才找到这儿的。这儿聚集了一二百人哪,多红火!”

他们七嘴八舌,一直扯到快天亮,才进入梦乡。

两天后,聚集在兴县的各路演员和延安平剧研究院一起开联欢会。这些演员们,有的早就熟悉,有的是久闻其名,今日在兴县相见,分外亲热。当大家喝酒喝得差不多的当口儿,贺龙又来看望大家。

张元奎一见贺龙,止不住流下了热泪,高声说:“今天大家在一起开联欢会,我要当着贺司令员、延安平剧院的领导说两句心里话,就是‘分家不如同居好,众人捧柴火焰高’!”

“元奎说得好!”小伙子们同声附和,热烈地鼓起掌来。

“晋绥这儿来了这么多同行,大家在一起多好!”张元奎抹了抹泪眼,动情地说,“我就留在这儿了,再也不走了。我感到贺司令员对我们唱戏的好,我就跟着贺老总干! 你们谁愿意去延安谁就去,反正我是不去了!”

“我也跟元奎想的一样,留下不走了!”殷元和一边说,一边鼓起掌来。

刘元彤也跟着鼓掌,说:“我也想留下!”

张元奎这时偷偷地看了一眼坐在一旁的孙方山,因为他是延安平剧研究院的协理员,是奉命将他们调到延安的。孙方山此时一言不发,呆呆地坐在那里。

这时,贺龙走到他们跟前,说:“你们不嫌我们晋西北苦,愿意留在这儿干,我贺龙当然非常欢迎。我们正在筹建晋绥平剧院,你们这些‘富连成’的来了,平剧院的阵容就强了。”他看了看孙方山,又说,“当然,刚才元奎同志说的意思,不是这好那不好,而是认为参加革命阵营好。到延安,条件比我们这儿更好。如果你们要去延安,我贺龙欢送你们,照样给你们‘牵马坠镫’。但是,现在有一个特殊情况,就是延安情况吃紧,胡宗南大举进攻延安,你们一时走不了,先留在晋绥平剧院干一段。等胡宗南撤退了,我再欢送你们。孙方山同志,你看怎么样?”

孙方山说:“中央办公厅来电报,通知我们留在兴县待命。在这儿,我们服从贺司令员领导。”

贺龙豪爽地说:“这就好!就请你们帮助筹建、指导晋绥平剧院吧。”

此后,延安平剧研究院的同志,都自愿留在贺龙麾下,参加了晋绥平剧院。胡宗南部被解放军击退后,只有孙方山只身一人回延安去了。

联欢会后,贺龙指示,让“三元”和老演员们一起,享受机关的中灶待遇。当年,部队是实行供给制,一般干部吃大灶,团以上干部吃中灶(有一个时期是营以上),军区首长吃小灶。其实,所谓小灶、中灶,比大灶不过多加一两道菜而已,就是加菜,也很少有肉。

刘元彤他们吃了十来天中灶,觉得比别人特殊,很不好意思,便提出要和其他演员一起吃大灶。

贺龙知道后,亲自跟他们谈话,说:“你们吃这点米面算得了什么!我们部队穷得很,没有那么多‘包银’给你们,已经委屈你们了。部队的同志都很高兴请你们吃中灶,吃不垮我们嘛。”

殷元和说:“司令员,就是因为我们知道部队困难,大家都天天吃黑豆,我们在中灶吃不下去呀!”

张元奎说:“我们是来参加革命的。要想拿包银,就不来晋西北了。”

刘元彤说:“我们是来参加革命部队的,不是客人。是我们打心眼儿里不愿意吃这个中灶。您要是真心留下我们，就把我们当成晋绥平剧院的普通成员，而不是把我们当成‘艺人’。就让我们和大家一起吃大灶吧。”

贺龙笑了，说：“那好，尊重你们的意见。晚上，给你们包一顿饺子吃。从明天开始吃大灶。”

刘元彤、殷元和、张元奎自愿留在晋绥平剧院的消息，很快传遍了晋西北。部队的指战员凡是看过他们演戏的，都亲切地把他们称为“三元”。他们到部队演出，被指战员们亲切地称为“元彤”“元和”“元奎”，以至于连他们的姓都忘了。

◆ 为老艺人集体祝寿 ◆

来自张家口的延安平剧研究院的部分成员留在兴县的前后，延安平剧研究院的石天①、被誉为“延安小梅兰芳”的任钧、陈冲、王长荣、李更生、马伯峰、崔炳玉、张玉山、梅松、吴俊风、郑万中等也相继疏散到兴县，均被贺龙挽留下来。于是，晋绥平剧院应运而生，在山西兴县正式成立。贺龙为践前约，聘请已经担任了晋绥军区后勤部长的高士一兼任院长，任命张一然为第一副院长，王一达为副院长，解杰为政治协理员（后为孙震）；张梦庚任秘书（后为陈冲）；演剧队队长为郭瑞，副队长是霍秉龄，党支部书记是石天，管理员是王义。演剧队分为八个组：四个男演员组，一个女演员组，音乐组，舞台工作组，教员组；教员组的成员有李玉安、王桂山、王翰卿、唐富尧等；音乐组组长吴秉玺，研究室主任由张一然兼任，邓泽为副主任，研究员有任钧、刘元彤、殷元和、张元奎、张德甫、李更生、张峰等。

全院演职员达百余人，其阵容之强，在当时的全国各大解放区首屈一指。

平剧院的院址，就设在胡家沟的后头，叫作“大坡头”。

1947 年 1 月 2 日，晋绥平剧院在胡家沟召开了隆重的成立大会。贺龙司令员出席大会并做了讲话。晋绥军区首长和边区文联主任亚马亲临大会祝贺。

在召开建院庆祝大会的同时，贺龙提议为剧院六十岁以上的唐富尧、王桂山、

---

① 石天，1916 年出生于山东郓城县七里铺。1934 年考入上海新华艺术专科学校。1937 年加入山西决死队十纵队，1939 年考入延安鲁迅艺术学院普通科。1941 年加入鲁迅艺术团实验平剧团，任俱乐部主任，后加入延安平剧研究院，同年加入中国共产党。1945 年创作平剧《红娘子》。1945 年参加晋绥平剧院。1952 年，任西南军区京剧院副院长。1956 年，任中国京剧院四团团长。1958 年后，历任宁夏文教厅副厅长、文化局局长、宁夏文联主席等职。

李玉安、王翰卿等老艺人集体祝寿,并给平剧院写了一封信。可惜的是,由于平剧院在战火中演出、行军,这封信没有保存下来。信的大意是:

平剧院负责同志:

在晋绥平剧院成立的时候,我建议为老艺人进行一次集体祝寿。这些老艺人饱经旧社会的风霜,现在参加了革命,我们应当让他们把革命队伍当成是自己的家,要千方百计使他们感受到革命大家庭的温暖,对他们在政治上要帮助,工作上要信任,生活上要关心;要创造条件,让他们为培养部队的人才做出更大的贡献。如果你们同意这个建议,何时为他们祝寿,请通知我,我一定参加。

贺龙

×月×日

这些老艺人常年背井离乡,在外奔波,衣食无着,有的甚至沦落到沿街乞讨的境地,儿女们也不在身旁,哪里还想到祝寿!

平剧院的同志们遵照贺龙的指示,找到兼任院长的后勤部长高士一,经他特批,领了些猪肉、鸡蛋、粉条、白面,又在附近的农民集市上买了几只鸡;找了些代替烟草的枣树叶子,洒上一些糖精水,权当香烟;白面做成长寿面;把馒头蒸成桃形,尖部染上红色,当作寿桃。

祝寿的这一天,贺龙、李井泉、甘泗淇、武新宇、亚马、高士一等首长都赶来了。

祝寿仪式,由张一然主持,先请军区政治部领导致祝词,然后集体向"寿翁"们鞠躬致礼,首长们依次向"寿翁"敬酒……

唐富尧捧着盛酒的大碗,激动地说:"我年轻的时候,曾经和梅兰芳、尚小云先生同台演出,也红了一阵子,捧我的人不少。可后来一病不起,唱不了戏了,竟没有人接济我。要不是今天参加革命队伍,说不定我这副老骨头,就要倒在街头。革命队伍千好万好,我就不用说了。可贺司令员为我祝寿,这是我做梦都想不到的事。首长们给我敬酒,我哪里承受得起,我应该给首长们敬酒!"

贺龙抱着刚刚四岁的儿子鹏飞(乳名小龙)①,往炕上一坐,说:"小龙,给爷爷

① 贺鹏飞,曾任中国人民解放军海军副司令员,中将军衔。

们拜寿！”小龙站在炕上，很乖地朝老艺人们每人鞠了一个躬，嘴里不住地说：“给爷爷拜寿！”

贺龙又把他抱下炕，说：“你自己玩吧，我跟爷爷们说话。”

几位老人一听贺龙让小龙叫“爷爷”，感动得说不出话来。七十一岁的王桂山擦了擦眼泪，说：“这样称呼可使不得，可折杀我们了！”

贺龙笑着说：“你们都是老寿星，年纪都比我大得多，你们都是长辈嘛！”

接着，贺龙同老艺人们说了为什么要在军队建立平剧院，开展平剧活动对革命工作的重要性，并就培养接班人的问题，谈了他的看法。他说：“你们都是科班出身的平剧界的老前辈。黄忠是人老刀不老，寿翁们是人老艺不老。请你们当先生，就是要请你们把艺术毫无保留地传给下一代。培养大量的接班人，就是对人民的重要贡献。我们是革命队伍，都是平等的同志关系。年轻一代是你们的晚辈，是你们的徒弟，也是你们的同志。徒弟要尊重老师，老师也要爱护徒弟，不能像旧戏班那样。”

老艺人们怀着强烈的翻身感，焕发了艺术青春，在平剧院大有用武之地。青年演员也认真向他们学艺。在老艺人的指导下，很快就排演了《樊江关》《春香闹学》《奇双会》《卖水》等优秀剧目。

唐富尧多次带病为《卖水》中的青年演员配戏。他因劳累过度，病情恶化，不幸病逝于演出途中。

贺龙指示平剧院对老人要厚葬，并要召开隆重的追悼会。平剧院为唐富尧置办了一口质量很好的棺木，安葬于胡家沟。

◆ 秘密开赴杨家沟 ◆

晋绥平剧院正式成立后，在贺龙的关心和支持下，创作、排演了一批新剧目；在老艺人和科班出身的演员们的指导下，重新排演了许多优秀的、健康的传统剧目，很快就在晋西北打开了局面。

由邓泽执笔，创作了以反对恶霸地主为内容的《古庙钟声》；由张一然执笔，创作了《殊途同归》。这两出戏颇受部队和根据地群众的欢迎。

平剧院到外地演出，大家一齐动手，把服装、道具箱绑在骡子垛上，徒步行军，经常是往返几十里、上百里。当天赶不回来时，就在老乡家睡地铺，吃派饭，土豆、黑豆,大家吃得也很香甜。

为了迎击胡宗南部的进攻,毛泽东同周恩来、任弼时率领中共中央机关,于1947年3月18日晚主动撤离延安,在陕北转辗,与敌军迂回作战,11月22日,到达陕西米脂县杨家沟。在这里,毛主席和周副主席等中央领导同志指挥中国人民解放军,向国民党反动军队发动了反攻。12月25日至28日,毛主席在杨家沟主持召开了中共中央扩大会议。

贺龙到杨家沟参加会议之前,交给晋绥平剧院一个重要任务:为中共中央扩大会议演出。

平剧院接受任务之后,演员们欣喜若狂,争相报名。院领导为此做了艰苦的动员工作。之所以"艰苦",是说服那些年老体弱的同志留下。因为从兴县到米脂县的杨家沟,途中有一段崎岖艰险的山路,为了不暴露中共中央的驻地,必须是夜行晓宿,队伍也不能过大,以免引起敌特的注意。

经过艰苦的说服工作,平剧院精选了五六十人,由副院长王一达和协理员孙震带队,于12月中旬从胡家沟出发,经过三个夜间行军和半个白天的秘密行军,在中央机关工作人员的接应下,于12月19日傍晚顺利地到达了杨家沟。

演员们一到,放下背包,就纷纷请求当晚就为毛主席和中央首长演戏。经当时担任毛主席秘书的廖志高耐心说服,他们才回驻地休息。

他们刚一进窑洞,中央办公厅便派工作人员给他们送来香烟,每人能分到两盒。他们刚刚吃过晚饭,毛主席派人送来了花生和当地的特产——红枣,并附了一个便条。便条上写着:会吃烟的可以吃烟,不会吃烟的可以吃花生和枣。当晚,贺龙来看望大家,挨个儿同演员们握手。之后,他问王一达:"任钧和张月楼怎么没来呀?"

王一达说:"她们要带小孩了,不方便。"

贺龙说:"她们是主要演员,不来怎么行?孩子可以暂时交给别人帮着带一下嘛。你打个电报,让她们马上赶来。"

王一达立即通过中央的工作人员,给晋绥军区司令部发了电报,请司令部派人把任钧和张月楼护送到了杨家沟。

◆ 聆听毛泽东讲话 ◆

12 月 21 日清早，太阳冉冉升起，把杨家沟照得暖烘烘的，正好是一个艳阳天。演员们吃过早饭，迅速整队出发，走到一幢高大的窑洞式建筑前面。这时，贺龙跟在毛主席身后，朝他们走了过来。演员们兴奋地欢呼起来。

贺龙摆摆手，示意大家静下来，然后说："李德胜（毛泽东当时的代号）同志正准备在会议上做报告，很忙。听说你们来了，特地抽出时间来看望大家。"

王一达说："现在，请李德胜同志给我们做指示。"

毛主席身穿整洁的灰色军装，站在桌子前，双手抬起，亲切地说："请大家坐下。听贺老总说你们要来为会议演戏，我代表出席会议的同志，向你们表示热烈的欢迎。"

接着，他像和演员们叙家常一样，用浓重的湖南口音，侃侃而谈。他说：

> 我是个南方人，你们都是北方人，我的话大家可能听着难懂。关于戏，我是个外行，只会看。这里坐的，有从西安、北平四面八方来的，也有从张家口来的。就从张家口说起吧。张家口失守时，你们也许很不高兴。但我们就是这样，你来我就走。当然，用很多的兵力也可以坚守。不过，这样不合算。我们是拿大的（兵力）吃小的。一年多的自卫战争，我们自己消灭敌人一百六十多万，其中俘敌一百零几万。
>
> 八路军的干部大多是南方来的，不久仍要打到南方去。现在我们住在北方，这叫作南方的骨头长了点北方的肉。
>
> 胡宗南要把我们赶出延安，离开陕北。我们却仍在此地。离开延安时，很多人怀疑我们消灭不了胡宗南。当时确是如此情形，票子跌价。然而，现在却大改观了。
>
> 我们消灭了胡宗南，我们现在有一个口号："打到南京去，活捉蒋介石。"最后的胜利需要几年？那就要看我们的努力如何，再来决定。现在美国人在开会，要援助蒋介石。我们不怕。最多也就像去年四十万万元美金，还不是很快就完了。我们还准备着他们出兵呢。去年 7 月大战开始，还有未遣回的日军一百万，以及遗下的物资，加上美国的援助，因此

它可以疯狂地进攻一下。各国都是如此情形，统治者由大而小，解放者由小而大……

俄国的沙皇统治，促成苏联共产党。他们开始时，人数也很少。我党和解放军开始时，人数也是很少的，但现在已发展至二百多万人。国民党的人比我们多，但最后胜利是我们的……我们打蒋胡，并无任何外国的援助，但是我们可以打垮蒋胡，就是这个道理。在不久，张家口，还有很多地方，都可以拿回来。

我们打仗主要是靠与蒋匪军“联合”，枪炮子弹也主要靠国民党运输。我们又没有大的兵工厂，过去吃穿供给是解放区内部解决，现在也靠解放区。如刘邓大军在大别山区，陈谢大军在伏牛山地区打仗，枪炮子弹都是从敌人那里夺。这是我们解放军的强大队伍的特点，这是世界上任何军队所缺少的，而我们一贯就是这个老法子。

你们这个团体，接受旧的艺术，要创造新的艺术。旧的艺术是有缺点的，尤其它的来源，我叫它是颠倒是非、混淆黑白。历史并不是那些英雄宰相创造的，而是那些劳动者、农民创造的。比如孔明一出来，神气十足，压倒一切，似乎世界就是他们的，农民不过是跑龙套。然而，世界上百分之九十是工人、农民。我们住的房子，都是他们的手盖的，但是旧剧却把他们形容成小丑。土豪劣绅连个柱子都搬不动。当然也有些剧本是好的，如《打渔杀家》之类。有些你们可以改造它，用自己的创造力掌握了这门技术，从政治上来个进步，就可能写些新的。

打仗也是个创造，是死了好多人换来的。1927 年我在武汉，还是个白面书生。但是，二十年来我们创造了打仗的方法。我们党的每个工作人员、干部，都有可能发挥创造力，前途是我们的。打败仗，我们不怕。平剧把老爷、小姐、太太写成一个世界，穷人就不算数。目前不忙改，只抽若干需要改的，从内容着手。过去延安改造的有《逼上梁山》《三打祝家庄》，缺点就是太长。有些旧戏写的我看还是很经济。希望你们大大地发挥创造性，多写剧本……将来我们这些同志在政治上提高了，到了大城市，把那旧的接收过来，去领导他们。如果单靠演旧戏，我们自然是演不过他们。如果政治上不提高，我们就领导不了他们。

我的话就这些。

毛主席讲完后，贺龙朝刘元彤喊道："元彤，元彤，你过来！"

刘元彤赶紧走了过去。

贺龙向毛主席介绍说："这就是从张家口来的刘元彤，梅兰芳的弟子，富连成'元'字科的。"

毛主席伸过手来，刘元彤激动得不知如何是好，呆呆地站着。贺龙笑了，说："李德胜同志要和你握手呢！"

刘元彤这才想起伸过手去，但手心已经沁出汗珠，他握着毛主席的大手，一股暖流迅速涌遍了全身。

毛主席说："欢迎你到解放区来。明天，我们要听你的戏呀！"

刘元彤紧张地说："我本来学得不够，嗓子也唱坏了。这次来向中央首长汇报，请首长多指导。"

刘元彤回到窑洞，对大家说："毛主席握了我的手，我这手一直在发热出汗。"

大家羡慕得不得了，争着握他这只发烫的手，纷纷说："明天你要唱开场戏喽！"

演出队第一天的开场戏，是由王一达、孙震和刘元彤唱《春秋配》。这天，刘元彤的嗓子奇迹般地好起来。他让乐队高定了一个调门。平日，演员们与刘元彤同台，都要压低调门，唯独这一天，唱得特别痛快。

就是这次中央扩大会议上，毛泽东做了题为《目前形势和我们的任务》的书面报告，提出了著名的十大军事原则。会议讨论了目前的局势和向国民党反动派发动全面反攻，准备迎接全国解放的重大问题。

演出队的同志们深受鼓舞，为毛主席等中央首长、出席会议的领导同志、大会工作人员和警卫部队演出了《恶虎村》《盗御马》《霸王别姬》《失空斩》《樊江关》《战马超》《长坂坡》《芦花荡》《杀四门》《连环套》等优秀的传统剧目，也上演了新编排的《古庙钟声》。

◆ 陈毅趣说殷切希望 ◆

演出队在杨家沟期间，贺龙还为毛泽东、彭德怀、陈毅和叶剑英等首长组织了一次小型的联欢会。但因毛泽东忙于准备做报告，不能分身。

刘元彤等几名主要演员每人清唱一两段。之后，贺龙把陈毅留下，说："陈老总，对于艺术，你是专家嘛，给演员们讲讲，给我们的剧团提提意见吧。"

陈毅笑着说："让我讲什么呢？剧团你管得很好嘛！"

贺龙诚恳地说："那你就随便讲吧。"

陈毅说："看了你们的戏，演得很好。我那儿有个娃娃剧团，你这儿有个平剧院，将来你们会会面的。会面的时候，好好交流经验吧。"

贺龙说："陈老总，演员们就是要听你讲哟！"

陈毅说："那好。既然贺老总下命令让我讲，恭敬不如从命，我就随便讲几句吧。我的感觉，一个演员要保持艺术青春，就要不断地努力，不断地钻研。作为一个演员，不但要钻研本行，还要学习文学，学习绘画，应该在各个方面不断地增加自己的精神财富。"

他风趣地说："我陈毅是个打仗的，现在我是个主角，是主要演员。但是把蒋介石打跑了以后，"他看着贺龙，"贺老总，到那时候我们就失业了。没得仗打了，我就要给你们跑龙套了。我们武将要给你们当学生。你们教一教我们，我们可以给你们打打旗子、跑跑'龙套'嘛。"他说完，哈哈大笑起来。

演员们听他这一席风趣的话，都忍不住笑出了声。

陈毅佯作认真的样子，说："你们笑什么？是不是不肯收我们这些'战争贩子'当学生啊？"他面对贺龙，又说，"贺老总，他们要是不肯收我们这些'战争贩子'当学生，我们只好失业，挎上小篮子卖菜去喽。"说罢，又是一阵大笑。

演员们被他的幽默逗得前仰后合。

陈毅接着说："我说这个话的意思，就是说将来革命胜利之后，最有前途的工作，一个是经济建设，一个是文化建设。将来你们就是艺术家了，不但要演戏，还要准备做领导工作，要有领导全国的剧团的思想准备。所以，我希望你们要从广度和深度上学习，特别要学好党的文艺政策，学好了，将来可以为党多做些工作嘛！你们的旧剧改革工作做得很好。只要你们在党的领导下，坚持走改革这条路，前途无量，比我们的前途光明得多哟！"

贺龙笑着问演员们："陈老总的话，你们记住了没有？"

演员们响亮地回答:"记住了!"

贺龙和陈毅临别时,又说了一句:"将来我们给你们跑龙套,可不能不收哟!"

◆ 周恩来纵谈戏剧改革 ◆

演出队为会议演出之后,又奉贺龙之命,到附近的部队进行巡回慰问演出,一直演到1948年1月18日。正当他们准备离开杨家沟,返回兴县时,贺龙派人通知说,明天胡必成(周恩来的代号)同志要接见大家。

19日这天上午,还是在毛主席接见的地方,周恩来出现在演出队面前,同他们一一握手,并做了一个多小时的讲话。他说:

你们的戏演得不错。从那天看了《古庙钟声》和《连环套》之后,使我想起一件事来,又从这件事联想到平剧今后的方向问题。西安事变,至今已十二年了。西安事变是我代表共产党放掉的蒋介石。当时这样做是对的,因为蒋介石当时答应了抗日(虽然消极,很快地就动摇了),我们就得争取他,团结他抗日。当时如果杀了他,还会出第二、第三、好多的蒋介石。比如唱《空城计》的同志知道,死了曹操,又上来了一个司马懿……

西安事变,共产党不记前仇来放他。那时张学良讲什么一人做事一人承担,不但把蒋介石放了,而且亲自送他到南京去。但是一去不回头。至今已十二年了,再也没有见面。

《连环套》也是如此。窦尔敦把黄天霸捉住又放了,表示英雄气概。张学良那样做,不知受了《连环套》多大影响?张学良的父亲张作霖是东北的土匪,被称为"红胡子"。而张学良本人也是绿林出身,并且他又经常出入戏院,因此像《连环套》的窦尔敦,绿林味道很浓。张和我商量要送蒋。我说要不得,西北有十几万兵放在那里不管,专送蒋是要不得。如果蒋介石回南京不抗日,这里还有兵,可以自己率领抗日。而他说不怕,有宋子文、宋美龄的保证,送蒋介石回去,不会发生什么问题。张学良上午和我谈了话,说不送。下午,有个如同张飞似的人,突然来告诉我,说张学良起身了。我赶快坐上汽车到飞机场,可是飞机正好起飞了。从此,再未见张学良的面……

所以,张学良是在《连环套》这出戏中受了很大影响。他说什么“好汉做事好汉当”,这就说明,戏剧对人的影响在脑子里是擦不掉的,以至影响到人民大事。

你们演戏也一样,应该知道是教育人的,在不知不觉中会感化人的,不要认为光为娱乐而已!所以旧戏不改是非常坏的。尤其是现在反封建时,我们还演某些宣传封建思想的戏,是很成问题的。平剧的形式非常大众化,但内容要改进,否则会增加人的坏思想……我们如果这样搞下去,不解决内容与形式两者的矛盾是不成的。因为旧的形式是大众喜爱的,在中国还有不少的观众,尤其是大城市里。但是内容有很多的毒素,因此我说要变内容,有些人认为不懂平戏不能改造。我说不然,当然改是有困难的,但你们懂得,改造起来就容易。我虽然是个外行,还可以讲上几句。毛主席也不是文学家,他在延安文艺座谈会上的讲话,解决了文艺界很多问题。自然毛主席也是中国诗人,他懂得中国的古诗。

延安平剧院十年来搞出了个《三打祝家庄》《逼上梁山》。以此下去,再过二十年,也只能搞出三四个,这能演几天?梅兰芳一人就有百十来出戏。因此要写,还要多多地改,从小戏入手搞。这就必须走群众路线,不要贪大戏,好高骛远。像《古庙钟声》这类小戏要多写。不是说非大戏不写,写起来时间又慢,况且只能演一个晚上……有些戏小改一下就行了。对脸谱的换法,把它反过来就行了。从小戏入手,不要当作难事。方向定了,就不难改。要决心改,要经常听取别人的批评。我也不是说要一步登天,慢慢来。也许我的话不对,因为我是个外行。虽然是个外行,但是旁观者清。我看到的可供你们参考。这并不是瓦解你们的剧团,收起来不干了。如果说我们的实际生活是反封建的,但在舞台上又是提倡封建的,恐怕你们演着别扭吧?……话剧讲内心刻画,演司马懿的久了,自己也威风凛凛,犹如其本人一般。为了技术上的成功,是应该内心体会的,但要内心、形式统一。平剧在城市里还有不少观众,在中国还有它的发展地位,但一定要改!

把旧内容的毒素去掉了,而且首先要从小戏改起。这些话,我过去与一些同志谈过。看过《连环套》以后,想来想去,总想这个问题,因此不得不和大家谈谈。

由于当时为了确保中共中央的安全，规定不许做笔记。毛泽东和周恩来的讲话，是郭瑞、刘燕贞和冀步芳根据事后追记的记录稿和大家的回忆整理出来的。这两次讲话，不仅给晋绥平剧院指明了改革的方向，对全国的戏剧工作者都有着巨大的指导作用。这次接见和讲话，不仅在晋绥平剧院的历史上留下了光辉的一页，而且也是中国戏剧发展史上的重要一章。

◆ 非凡的贡献 ◆

根据毛主席和周副主席的讲话精神，晋绥平剧院集体讨论修改了《恶虎村》，突出地揭露了黄天霸的阴险狡猾。张一然编写了《窦尔敦》。之后，王一达、石天和邓泽执笔，以郭沫若的《甲申三百年祭》为题材，编写了《北京四十天》，反映了李自成进北京又撤出北京的深刻教训。这出戏曾在延安、西安、重庆等地演出二百多场。以后，华北、东北等解放区的平剧团都移植了这个剧目，产生了广泛的影响。

在此前后，由张一然编剧，刘元彤导演，排演了《丹梁桥》；由石天编剧，王一达、刘元彤、殷元和导演，排演了《红娘子》；由王一达编剧，殷元和导演，排演了《武大之死》。此外，还有王俊杰编写的《麦场恨》、邓泽编写的《赖虎记》等一批新剧目。这些剧目的创作和演出，反映了晋绥平剧院在贺龙的领导下，遵循毛泽东、周恩来提出的平剧改革的方针，在思想性、艺术性上都有了一个飞跃。

1948 年 4 月，毛泽东等中央领导同志途经兴县时，晋绥平剧院又奉贺龙之命，做了两次汇报演出，受到了中央首长们的称赞。

晋绥平剧院在建立不到两年的时间里，在炮火连天的环境中，为晋绥军区、陕北各地的部队和解放区的广大民众，演出了近百个剧目，达数百场。在陕、甘、宁、晋、绥，乃至华北、东北，提起贺龙创办的晋绥平剧院，几乎无人不晓。

北平和平解放后，周恩来在第一次全国文代会上高度评价了晋绥平剧院。他说：“解放区有两个平剧院，一个是延安平剧院，一个是晋绥平剧院。从演出到纪律，晋绥平剧院都很好。”

1948 年夏，晋绥平剧院改称陕甘宁晋绥联防军区平剧院，简称五省联防平剧院,院址迁往延安。这一年的秋后,平剧院的“三元”先后光荣地加入了中国共产党。

此前,自幼向父亲学艺的年柳英,也从北平辗转来到延安,加盟平剧院。后来,同殷元和喜结伉俪。

这年的11月,平剧院的孙秋田和张元奎按照贺龙司令员的指示,到山西临汾,接收了国民党军队的一个平剧社①,并把这个剧社接到了延安。

该社的著名演员有宝连和(又名白少亭),是“富连成”社“连”字科的;陈富康,是“富连成”社“富”字科的,曾与李万春、李少春同台演出,擅长武打;时月明,汪笑侬派老生;张占元,武花脸;刘奎元,武生。此外,还有刘飞云、郭洪涛等。这是贺龙在临汾看了他们的演出后,决定接收的。这一下,使晋绥平剧院的人马壮大到二三百之众。

1949年2月1日,陕甘宁晋绥联防军区改编为西北军区,贺龙任司令员。

1949年初,北平解放不久,贺龙为了培养平剧接班人,准备在接管城市时接收平剧团体,指示西北军区驻北平办事处在北平办了一个西北戏曲学校。这个戏校是以梁化农办的戏校为基础组建的。贺龙在北平时,曾到戏校看过孩子们练功。1949年5月,西安解放后,贺龙兼任西安军事管制委员会主任,便把这个戏校迁至西安,正式成立了西北戏曲学校,并用高薪聘请了十几位名师任教。王一达、李玉安和王宪周先后担任过校长、副校长。中国京剧院的小花脸谷春才,武生侯连生,都毕业于这个戏校。

同时,贺龙将陕甘宁晋绥联防军区平剧社调到西安,成立了阵容更为强大的西北军区平剧院。他们在西安公演了《北京四十天》《红娘子》等新剧目,让古城的戏迷们为之一振,在西安各界引起了强烈反响。

贺龙将军重视和关心平剧艺人,许多北平科班的演员投奔了晋绥平剧院的消息,也很快传到了程砚秋的御霜簃。

---

① 该剧社为黄桥松将军所创办,离开临汾时,已改名为“人民”剧社。

第二节

周恩来登门拜访程砚秋

◆“料得喜神将莅至”◆

杨家沟会议之后,中国的局势迅速发生了变化。中国人民解放军以摧枯拉朽之势,发起了全面反攻。蒋介石的几百万军队节节败退,越战越少,蒋家王朝的末日即将来临。

1948 年 10 月 15 日,东北咽喉重镇锦州解放,割断了华北与东北国民党军队的呼应之势;11 月 2 日,沈阳、营口解放,辽沈战役胜利结束,东北全境获得解放;12 日,热河全境解放。14 日,毛泽东在为新华社所写的题为《中国军事形势的重大变化》的评论中指出,“中国的军事形势现已进入一个新的转折点,即战争双方力量对比已经发生了根本的变化”,“现在看来,只需从现时起,再有一年左右的时间,就可能将国民党反动政府从根本上打倒了”。

1948 年 11 月 17 日,东北野战军奉中央军委命令,提前向关内进发。从 23 日开始,东北野战军十个纵队陆续入关,向平、津、张、唐的国民党部队实施包围。29 日,中国人民解放军华北第三兵团突然向张家口外围的傅作义守军发起进攻,拉开了平津战役的序幕。到 12 月底,解放军包围了天津;同时,扫清了古北口、密云、怀柔、顺义、通县、怀来、南口、昌平、门头沟、南苑、丰台、宛平、长辛店、良乡、房山、大兴、廊房等北平周围的重要据点,完成了对北平的最后包围。

解放大军兵临城下,使北平城内陷入一片混乱之中。

青龙桥一带,不时听到远处传来的枪炮声。败退下来的国民党军队的散兵游勇,常常“光顾”,为非作歹,散布谣言,闹得人心惶惶。

不少朋友劝程砚秋进城暂避,以免发生意外。然而,程砚秋却处之泰然。腐败的国民党政府,那些巧取豪夺的达官显贵,那些欺压百姓、鱼肉乡里的新军阀们面临末日,自然有朝不保夕之危。而程砚秋一生清白,何惧之有?他多年来,熟读史书，晓得一个腐败的王朝，必定要灭亡，而取代它的，必定是代表进步力量的正义之师。

他耳闻北平的一些年轻的平剧演员，和流落在西北的老演员相继投奔了解放区，有投奔晋察冀的聂荣臻将军的，有远到延安的，也有不少投奔了贺龙将军的平剧社。他没有见过共产党人，也没有见过解放军。国民党官方宣传，解放军的将领有不少是"青面獠牙"的，当然以贺龙为最，他们杀人如麻，"共产共妻"，还是土得不能再土的"土包子"。可是，如果真如国民党所宣传的那样，为什么解放军越打人越多呢？为什么那些青年演员冒着生命危险，溜出北平，去给这些"共匪"唱戏呢，何况那里苦得吃不饱、穿不暖……

但是，有一条道理，他是深信不疑的，那就是，坏人所骂、所怕的，往往是好人。

过了一段时间，他听说北平早已被解放军重兵包围，因为惦念着家人，决定回城去看看究竟。

他返回北平，到了西四报子胡同，才知道前院里住满了傅作义部队的官兵，这几个军官带着老婆孩子，还养着几只山羊，把前院搞得一塌糊涂。北平满街满巷都是傅作义的部队，气氛真是紧张极了。

他在家里住了一两天，就听到了越来越近的炮声，北平各城门都紧紧关闭，想回青龙桥，已是不可能的了。

一天，国民党方面派人来到程宅，对程砚秋夫妇说："二位跟我走吧，到国民党那边去。过两天，我来接二位。你们什么都不用带。"

果素瑛问："让我们上哪儿啊？"

来人朝南边指了指，笑而不答。

待来人走后，果素瑛问程砚秋："你走不走？"

程砚秋坚定地说："我不走。"

果素瑛说："你不走，我也不走。咱们哪儿也不去！"

程砚秋坦然地在御霜簃中读书、作画。他预感解放军这一正义之师很快就能攻下北平城。他又听说城内的一些名流相继南逃，有的则飞往了台湾。而他则静下心来，认认真真地为他所敬慕的陈叔通先生画了一幅梅花，并题写了"料得喜神将莅至，毫端先放几分春"两句诗。他将画挂在墙上，仔细端详，脸上绽开了一丝笑容。

◆ 不平静的程家花园 ◆

1948 年 12 月中下旬,解放军相继解放了新保安、张家口,截断了傅作义部西逃绥远的通道,将困守北平的傅部二十万军队紧紧包围。但是,为了保护北平这一文化古都不为炮火所毁,为了北平二百万民众生命财产的安全,中共中央军委通过平津前线部队,几次向傅作义提出和平解放北平的出路,希望他认清形势,顾全大局,停止抵抗,脱离国民党政府,接受解放军的和平改编。

1949 年 1 月 1 日,中国人民解放军北平区军管会成立,叶剑英将军任主任。同一天,北平市人民政府亦在市郊成立,叶剑英任市长,副市长为徐冰。

1 月 15 日,负隅顽抗的天津守敌十二万人被解放军全歼,天津宣告解放。解决北平问题,迫在眉睫。

经过中共代表多次与傅作义谈判,傅作义终于在 1949 年 1 月 20 日接受中共的条件,并于 26 日起,率领所属部队陆续出城接受改编。

在北平和平解放前夕,中共北平市委书记彭真、北平市长叶剑英等率部进驻北平西郊玉泉山、颐和园地区。程砚秋在青龙桥的程家花园,也成了解放军驻军和办公的一个地点。傅作义将军派出以何思源先生和邓宝珊将军为首的代表团,与中共和解放军谈判和平解放北平的具体事宜,其中有几次会谈,就是在程家花园进行的。

程家花园为北平的和平解放做出如此贡献,程砚秋当时并不知晓。他只知道北平街上傅作义的部队突然减少了,住在他家的军官及家眷,也悄悄地搬走了。不久,他又听说傅作义将军同中共进行和谈,仗打不起来了。西直门也打开了一扇门,允许市民出入了。他放心不下存放在程家花园的剧本,就让弟子王吟秋和二儿子永源趁着西直门可以出入的机会,赶快到青龙桥去看个究竟。

二人蹬上自行车,一路驶去。在路上,既没碰上傅作义的部队,也没看见解放军。走到燕京大学,一打听,原来这是两军谈判期间约定的脱离接触的"真空地带"。于是,他们顺利地到达了青龙桥,来到程家花园门口,看到两名解放军战士在站岗,便先找到看门的范师傅,才知道院里已经驻扎了解放军。

范师傅对站岗的两名战士说："这是程先生的徒弟和二儿子。程先生派他们来看看的。"

一名战士和气地说："啊，是你们来啦！请等一下。"

那位战士进去请示，很快就出来说："首长请你们进去呢。首长们正在开会，你们声音小一点儿。"

二人见解放军战士这么和气，很高兴地进了院子，直奔书房而去。他们急切地进屋一看，原来的家具、文房四宝、剧本、书籍，全都原封不动地放在原处，没有动过的痕迹。院子、屋内都打扫得干干净净。

他们又到西院看了看，院内还架设了高高的天线。但是他们并不知道这里建的是新华社的一个电台。

他们又走到一间房屋前，看见里面有些解放军在开会，便好奇地踮起脚，从窗外向里张望。然后，又走到屋里取剧本。

这时，一位戴着眼镜的五十开外的中年人走了出来，用浓重的广东口音问道："小鬼，你们找什么呀？"

王吟秋说："是师父让我们来拿剧本的。"

永源说："我父亲让我俩来这儿看看，把剧本带回去。"

那位中年人笑着说："噢，原来你就是程砚秋先生的孩子！"

"他是老二，叫程永源。"王吟秋答道。

"那你是行几呀？"中年人又问。

"他是父亲的学生，叫王吟秋。"

中年人点点头，又说："请你们回城代我问程先生好。我们在这里暂时借房子住一下，程先生当时不在，就说我们谢谢程先生。"

二人回到范师傅的屋里，悄声问道："范师傅，您知道同我们说话的是谁吗？"

"看样子是位大官。解放军来了，就一切都保密，我就听他们都叫他'1号'。"范师傅说，"你们回去跟程先生说，请他放心。"

二人推上自行车，出了院门。永源又问站岗的战士："同志，你们的1号首长叫什么名字？"

两名战士笑着说："目前还要保密。"

王吟秋说："他让我们回去代问师父好。我们不知道姓名，回去怎么禀报啊？”

他们答道：“就说是解放军的首长吧，以后就知道了。”

二人兴高采烈地蹬上自行车，一路顺风，飞也似的驶回北平。一进家门，他俩就一五一十地把详细经过禀告了程砚秋和果素瑛，把剧本递了过来。

程砚秋接过来一看，剧本完整无缺，连连点头，不住地说：“好！好！”

1949 年 1 月 31 日，北平宣告和平解放。解放军开始入城。2 月 3 日，解放军举行了隆重的入城式。全城民众欢腾起来了，学生们扭着秧歌，商店张灯结彩，群众夹道欢迎解放军入城……

2 月 4 日，《人民日报》（北平版）创刊（3 月 15 日后改名为《北平解放报》）。很快，报纸上就公布了北平军管会和北平市人民政府的组成名单，并刊登了军管会主任兼市长叶剑英将军的照片。

永源和王吟秋看到报纸上的照片，惊讶地说，这不是住在咱们家花园的那位一号首长吗！

他们喜出望外地告诉了程砚秋和果素瑛。全家人都感到意外。经过多方打听，证实了叶剑英将军就住在程家花园。程砚秋不由对中共将领产生了敬意。

◆“来访未晤”◆

1949 年 2 月 12 日，北平二十余万人集会游行，欢庆北平解放。

3 月 15 日，中共中央和中国人民解放军总部迁至北平香山。毛泽东主席、朱德总司令等抵达西苑机场，举行了盛大阅兵式。

在北平刚刚解放的欢庆日子里，亲友之间奔走相告，诉说着各自的喜悦心情。

程砚秋预言的“喜神”已至，而且恰恰就来到自己的花园之中，他的欣喜之情，溢于言表，并筹划登台演出，庆祝北平和平解放。他派人找来了程世章等人，要跟他商量演出的事。

程世章一进客厅就问：“四爷，您没走啊？”

程砚秋坦然一笑，说道：“我跟国民党素无瓜葛，为什么要走？我哪儿也不去，只等着北平解放。”

话茬一打开，大家纷纷说起北平的名角都有谁走了。有人问起多年为程砚秋伴奏的琴师周长华。程砚秋叹了口气,甚为惋惜地说:“他走了!”

大家议论了一阵儿之后,程砚秋说:“我们留在北平的,商量商量庆祝演出的事,大家早做准备。”

从此,程砚秋精神焕发,恢复了每天吊嗓、说戏……

不久,北平军管会文艺口的负责人便来拜访程砚秋,通知他北平戏曲界为了欢迎解放军,庆祝北平和平解放,要在中南海怀仁堂举行晚会,慰问进城的中共和解放军的首长们。

程砚秋欣然表示:“共产党和解放军这么信得过我程某人,我一定去。”

“您准备唱哪一出?”

“唱《锁麟囊》吧!”

“好。时间定下来以后,我们派人来接您。”

“不敢当,我自己坐车去吧。”

程砚秋接到通知的那天,格外高兴,午饭后足足地睡了一觉。醒来,他对王吟秋说:“今儿晚上,你跟我上中南海怀仁堂参加演出。我先参加北平饭店的宴会,回来咱们一块儿去。我出去洗澡、理发。你在家看门吧,没事儿,就温习一下我昨儿晚上给你说的《文姬归汉》。”

师父走后,王吟秋就在外屋练习《文姬归汉》中“胡笳十八拍”第十四拍的那段二黄慢板:

身归国兮儿莫知随,
心悬悬兮长如饥。
四时万物兮有盛衰,
唯有愁苦兮不暂移。
……

他正在认真地唱着,忽然听见小狗“海利”尖声大叫起来。正在料理家务的师母听到狗叫,从里屋走了出来。王吟秋和师母从玻璃窗望出去,只见屏风门旁的走廊上站着三个身穿灰色制服的人。王吟秋不禁脱口而出:“糟糕!又是来占房的!”

果素瑛对去年那些占房的，不怀好感，就对王吟秋说："你到前面去看看他们是什么人，干什么来的？"

王吟秋开门出去，把三人让到了饭厅。

其中一位身材魁梧、黑发浓眉、双目炯炯，穿着中山装的长者问道："程先生在家吗？"

王吟秋冷冷地答道："我师父出去了。"

那位"长官"对身边的一位年轻人说："程先生不在家，给他留个条吧。"

年轻人把手中的黑色皮公文包打开，取出一张便笺。

"长官"接过便笺，伏身在饭桌上写了几句话，交给王吟秋，说："程先生回来，请把这纸条交给他吧。"

王吟秋接过便笺，还没来得及看，就先把三人送出了大门，看着他们乘上一辆汽车开走了，便转身关上大门。

他回到屋里，一看那便笺上的字，惊呆了。原来，那几行字是：

砚秋先生：

特来拜访，值公出，不得留候，驾归为歉。

周恩来

果素瑛漫不经心地问了一句："谁来了？"

王吟秋把便笺递给师母，说："您看，来的是解放军，是看师父的。他们留了个条儿，给您吧。"

果素瑛看了便笺，责怪说："哎呀，你也没请他们坐会儿，喝点茶，歇会儿再走。"

娘儿俩正说着，程砚秋回来了。果素瑛把条子递给他说："有几个解放军来看你，留了个条儿。"

程砚秋看过便笺，脸上立刻绽出了笑容，笑得嘴都合不拢了。接着，就责怪王吟秋："你怎么连茶都没有招待招待呢？"

王吟秋不好意思地说："我还以为他们是来号房子的呢！"

程砚秋听了，哈哈大笑起来，笑了好一阵儿，才对她们说："你们知道这'周恩来'是谁吗？"

王吟秋说："我看他旁边跟着两个年轻的，穿的是解放军的灰制服，就知道是解放军的长官。”

“周恩来是中共中央的领导人啦！也是中央军委的领导人。毛泽东是主席，朱德总司令和周恩来是副主席，周恩来还是代总参谋长呢。”

王吟秋听得入了神，发了半晌愣才说：“共产党这么大的官儿，能亲自到家里来看您，这我怎么想得到呀！”

程砚秋说：“我也想不到呀！共产党、解放军的大人物是真正的‘礼贤下士’啊！我程砚秋怎么承受得了呢！”

◆ 相见怀仁堂 ◆

周恩来亲自登门拜访程砚秋，一是由于他对程砚秋高尚的民族气节的敬佩，二是因为中共正在筹备召开全国文艺界代表大会。

据《周恩来年谱》记载，1949 年 5 月 13 日，周恩来约请周扬、茅盾、萨空了、胡愈之、袁牧之、钱杏邨、郑振铎、潘汉年、许涤新、夏衍等，就在新政协开会前先开全国文艺界代表大会等问题，同他们进行了座谈。周恩来在座谈会上说：“这次文代会是会师大会、团结大会，团结的面要宽，越宽越好。不只解放区和大后方的进步文艺工作者要团结，对过去不问政治的文艺工作者要团结，甚至对反对过我们的文艺工作者，只要现在不反共，也要团结。总方针是：凡是愿意留下来的、爱国的、愿意为新中国工作的文艺工作者，我们都要团结、争取。这只是一个“闻道有先后”的问题。上海有许多专家学者和全国闻名的艺术家，你们到上海一定要一一登门拜访，尊重他们，听取他们的意见。”

在北平的艺术家，周恩来则亲自拜访，程砚秋便是其中的一位。

再说程砚秋于当天下午准时赶到北平饭店，出席周恩来主持的招待北平文艺工作者的宴会。这是他第一次亲睹周恩来这位中国伟大人物的风采。但由于还要参加晚上的演出，没有来得及谈话。

宴会席未终，程砚秋便匆匆赶回家，做好准备，带上王吟秋，乘车到了中南海怀仁堂。

接待人员询问了他们的姓名后，很礼貌地把程氏师生迎往后台。他们绕过走廊，来到一所花木扶疏、置有假山奇石、古色古香、景致幽雅的院子，由此进入后台。先到的给程砚秋梳头的于师傅早已安排停当。

程砚秋稍息片刻，养了养精神，便开始洗脸化妆。

一会儿，周恩来和邓颖超在张瑞芳的陪同下，也来到后台。

王吟秋见来人当中有那位被他当成“号房子的”人的首长，羞愧难当，忐忑不安，忙对正在化妆的程砚秋说：“师父，给您留纸条的周恩来首长来啦！”

程砚秋很感意外，问道：“你看清楚了吗？”话音还没落，他面前的镜子中便出现了一个人影，正是他在宴会上见到的周副主席。他连忙站起来，很抱歉地说：“周副主席，很对不起，我手脏，上面净是胭脂，不能和您握手。”

周恩来微笑着说：“今天下午我去拜访你，你恰好不在家。”

程砚秋很是内疚地说：“您来家看我，失迎得很！”

“哪里，不认识嘛。”周恩来说，“我给你介绍一下，这位是邓颖超同志，这位是张瑞芳同志。我们来看看你。”

大家含笑点头示意。

程砚秋看看四周，说：“后台乱七八糟，连个坐的地方都没有。”

周恩来说：“我们来后台看看你，以后有机会再谈。你忙着吧，我们到台下看你们演出。”

程砚秋目送周恩来走出后台，问接待人员：“今儿晚上有哪几位首长来？”

“毛主席、朱总司令，还有很多中央首长都来了。”

幕布徐徐拉开了。程砚秋轻挪舞步，走到台前，唱起了他的拿手戏《锁麟囊》。这一天，他的嗓音格外好，唱腔如行云流水，洪亮婉转，优美动听，台下不时响起热烈的掌声……

演出结束后，程砚秋下妆时，周恩来又来到后台，笑呵呵地说：“砚秋同志，下了妆，可以握手了吧？”说着，就伸过手来。

程砚秋同周恩来握过手，说：“这一天，您几次来看我，真过意不去。”

周恩来说：“哪里，这也是我们应该做的工作嘛。解放军现在准备打过长江，我们也正在同国民党谈判，全国的问题，很快就要解决。为了迎接全国解放，准备今年6月召开新政治协商会议和全国第一次文艺工作者代表大会，要请你参加。今后的文艺工作怎么搞，要请大家提建议。”

程砚秋听了，激动地说：“党这么信任我，我一定参加。我要努力学习，为建设新中国多做些工作。”

程砚秋回到家中，兴奋地向果素瑛说了周恩来和他谈话的经过，慨叹道：“共产党和国民党真是有天壤之别呀！对唱戏的如此尊重，叫人怎么能不感动呢！怪不得好多年轻人冒着生命危险跑到解放区参加解放军的平剧院呢。”说完，他来回踱着步子，又说：“唉，‘七七’事变那阵，周副主席派人到太原接我去延安，可惜没碰上……真是‘相见恨晚’哪！”

这一天，对于程砚秋是不平凡的一天，是赋予了他新的艺术生命的一天。他躺在床上，多少往事、新情浮现在眼前，使他久久不能入睡……

◆ 出席第一次全国文代会 ◆

1949 年 4 月，程砚秋欣然应邀参加了以郭沫若、钱俊瑞为首的中国代表团，到法国参加世界拥护和平大会。

代表团乘火车途经莫斯科和布拉格，一路受到苏联和捷克斯洛伐克人民的热情欢迎。但是，由于法国当局阻止一些代表团入境，大会只好在巴黎和布拉格两地分别举行。程砚秋在法国巴黎的长子永光闻讯赶到布拉格看望父亲，还担任了中国代表团的翻译。

大会期间，传来解放军强渡长江，解放南京、上海的喜讯。各国朋友为了祝贺中国同志的胜利，把钱俊瑞抬起来，在街上游行。

中国代表团无论走到哪里，国际友人一见到他们就亲切地叫“中国同志”。这种情景，使程砚秋陷入了深思。他以前自费到欧洲考察，外国人见他是黄皮肤的中国人，连坐都不愿和他坐在一起；穿得好一点，他们就说是日本人。而现在呢，都叫“中国同志”，非常尊重。“为什么在共产党的领导下，就一切全变了，国际地位这样空前提高了？”程砚秋开始思考这个问题。

在布拉格大剧院，各国代表联欢。“中国同志”程砚秋、曹禺、戈宝权等，由钱三强指挥，上台表演了秧歌剧。

在莫斯科，中国代表团参观了话剧、舞蹈学校，欣赏了苏联戏剧。西蒙诺夫举办茶话会，欢迎“中国同志”，程砚秋和田汉即席清唱了一段《打渔杀家》。

这次出国，使程砚秋大开眼界，也感受到共产党在国际上的崇高威望。回国后，程砚秋发表感想说：“我们有了共产党的领导真是太好了！但建设国家是每一个人的事情，每一个人都应当拿出自己的一分力量来。我下定决心要为党为国家贡献出自己的力量。”

第一次中华全国文学艺术工作者代表大会，原定在新政协会议之前举行，但由于交通问题，许多外地代表不能如期赶到北平，便推迟到1949年7月2日召开。报到的代表六百一十四人。6月30日，大会预备会“推定”了由九十九人组成的大会主席团。大会总主席为郭沫若，副主席为茅盾和周扬。平剧界的周信芳、梅兰芳和程砚秋等是大会主席团的成员。

大会开幕时，朱德、林伯渠、董必武、陆定一、李济深、沈钧儒、彭泽民、蔡廷锴和工、农、妇、青代表到会祝贺。叶剑英代表中共北平市委、北平军管会和北平市人民政府向大会祝贺。

郭沫若致开幕词。程砚秋聚精会神地聆听着这位诗人、戏剧家那节奏感相当强的、充满诗意的讲话：

> 我们今天是处在我们中国人民的一个光芒万丈、伟大无比的新时代。我们全中国的人民，在两千多年来的封建制度的剥削之下，在一百多年来的帝国主义的侵略之下，在二十多年来的国民党法西斯政权的控制之下，不久便要彻底翻身了。

郭沫若所讲的每一句话，给他的印象都很深刻，他认真地做着笔记。

> 我们应该做的工作是千头万绪的。在今后人民政权的保护之下，我们文艺工作者不会愁“英雄无用武之地”，只会愁“地无用武之英雄”了。

会议期间，全国各解放区的剧社、文工团都开赴北平，为代表们演出拿手好戏，展示了革命文艺工作者的创作成果。其中，7月8日由贺龙的“战斗”剧社演出话剧《九股山的英雄》，18日由北平平剧实验学校演出移植晋绥平剧院创作的《红娘子》，还有华北平剧院的《四劝》《中山狼》《进长安》，“战线”剧社的《上战场》，东北鲁艺音乐工作团的音乐晚会，四野一六六师宣传队的舞剧，二野文工一团的话剧《王克勤班》……异彩纷呈，令人目不暇接。

程砚秋兴致极高地欣赏着这些节目，饱饱地领略了一番解放区的文艺大会演，耳目为之一新。

当解放区的文艺团体在北平演出之际，程砚秋带着全家到国民大戏院买票，观看华北大学文工团演出的歌剧《赤叶河》和《白毛女》。看《白毛女》时，全家都感动得落下了眼泪。程砚秋认为这才是地道的中国戏，并设法找到剧本，反复吟读，直至产生了把《白毛女》改编为平剧的想法。

文代大会进行到第五天，也就是7月6日，周恩来于下午二时向大会做报告，生动地讲述了人民解放战争三年来的伟大成就，并就文艺界的团结、为人民服务，普及与提高、改造旧文艺等问题，做了详尽的指示。

程砚秋正埋头做笔记，忽然全场爆发了欢呼声。他抬头一看，原来是毛泽东出现在主席台上。他兴奋地和代表们一齐高呼："毛主席万岁！"不停地用力鼓掌。他习惯性地看看手表，正是晚上七时二十分。

这时，已经做了五个多小时报告的周恩来停止了讲话。

毛泽东走向台前，向代表们连连点头答礼。他说：

> 同志们，今天我来欢迎你们。你们开这样的大会，是很好的大会，是革命需要的大会，是全国人民所希望的大会。因为你们都是人民所需要的人，你们是人民的文学家、人民的艺术家，或者是人民的文学艺术工作者和组织者。你们对于革命有好处，对于人民有好处。因为人民需要你们，我们就有理由欢迎你们，再讲一声，我们欢迎你们。

说完，他在全场热烈的掌声中坐到主席台上的记录席旁，仔细地倾听周恩来继续做报告。

毛泽东把在座的文艺工作者称为"人民的艺术家"，程砚秋自然也在其中。共产党的主席给予在旧社会被达官显贵们所看不起的文艺工作者这样高的荣誉，令程砚秋激动不已。他默默地想着文代大会以后，自己应该为人民做些什么工作，才无愧于毛主席赋予的这个称号。

在全国文代大会闭幕的19日上午，中华全国文学艺术界联合会正式成立，程砚秋当选为文联的全国委员会委员。

紧接着，中华全国戏剧工作者协会于24日上午举行成立大会，程砚秋当选为全国委员会委员。在平剧界中，与他同日当选为全国委员会委员的，除了他所熟悉的梅兰芳、周信芳、李少春之外，还有一位他刚刚结识的，这就是原晋绥平剧院的第一副院长、现任西北军区平剧院第一副院长、被称为晋绥“平剧泰斗”的张一然。

在座谈时，张一然简单地介绍了在贺龙将军的领导下，西北解放区开展文艺工作，特别是组织平剧院、接收原国民党部队平剧社的经过。他的谈话虽然很简短，却给程砚秋留下了较深的印象。

全国剧协于7月27日下午三时在北平饭店召开了全体会议，推选出二十五名常务委员，程砚秋名在其中。常委们推选田汉为常委会主席，张庚、于伶为副主席。

常委会通过了向毛主席、朱总司令的致敬电，并联名写信，向周恩来副主席对戏剧界的一贯关怀表示感谢。

在中华人民共和国成立前夕，程砚秋被推举为全国文联委员和全国剧协的常委。这一极高的荣誉，是共产党，是全国文艺界对程砚秋艺术生涯的肯定，更是对他的人品的肯定。

◆ 任弼时赠书 ◆

盛夏时节，程砚秋带着王吟秋和管理戏装的师傅雷三元，到青龙桥程家花园小住。此时，叶剑英将军已经迁居他处。

青龙桥一带不但风光秀美，而且气温也比城里低一些，既是清静之地，也是消暑的好地方。在这里，自然也少了许多应酬，可以静下心来练功、吊嗓、读书。

1949年8月下旬的一天，程砚秋午饭后小憩片刻，便对王吟秋说：“咱们到外边去遛遛弯儿，喊喊嗓子。”说罢，他穿上一件黑色衬衣，蹬上布鞋，携王吟秋从程家花园出来漫步，不一会儿，就来到玉泉山东面的山脚下。

这里，一面是玉泉山的高墙，一面是流向青龙桥的泉水。下午，又恰是山影笼罩之时，分外凉爽。

程砚秋说：“吟秋，你看，在这儿，正好借着流水和墙壁的回音练嗓。”说着，他就放开嗓子，喊了一声：“衣——”

王吟秋也学着喊：“衣——”

程砚秋说:“你把牙再咬紧一点喊。”

王吟秋咬紧牙关,用力喊着:“衣——”

程砚秋又喊了一声:“啊——”

王吟秋也随着喊:“啊——”

程砚秋说:“你把嘴再张大一点喊。”

王吟秋张大嘴巴,使足力气,又喊起了“啊——啊——”

师徒二人底气十足,声音洪亮,在山水之间回荡着……

不料,这声音惊动了守卫玉泉山的解放军战士。他从玉泉山的大门走出来,很礼貌地对他们说:“请你们轻一点好吗?里面有首长在休息。”

程砚秋听说这里有“首长”,忙停止吊嗓。因为他来青龙桥几次,都想拜望叶剑英将军而不得见;他还听说毛主席、朱老总、周副主席等中央首长有时也在玉泉山小住,于是问道:“请问是哪位首长在休息呢?我姓程,想进去看看他。”

王吟秋介绍说:“这是程砚秋先生。”

这位警卫战士看了看程砚秋,说:“请您稍等一下。”

不一会儿,从玉泉山的大门里走过来四五位解放军同志,其中一位年纪稍长,问程砚秋:“请问您贵姓?”

“我是程砚秋。”

“请进来吧。”

于是,师徒二人跟随他们步入玉泉山的大门,又跟随他们登上山间小道。年长的解放军干部说:“中央首长大部分都在北平和香山开会。任弼时同志身体不好,住在这儿休养。”

他们登至山顶一侧的一丛松柏树下,走进了一间四周镶着玻璃的长方形大厅。

这时,任弼时已经站在大厅里迎接。二人含笑握手。任弼时请师徒二人坐下,笑着问:“程先生今天怎么有空儿到这里来玩?”

程砚秋说:“我就住在青龙桥。我带着我的学生王吟秋出来练功的。”

王吟秋忙站起,向任弼时鞠躬致意。

任弼时含笑摆手:“不必行礼,请坐,请坐。”

“刚才我们在门口练嗓子，听那位同志说有首长在此休息，所以特来拜望。”程砚秋接着说。

任弼时问：“听说你抗战时期在这边种地？”

“是的。日本人来了，我不想演了。”

“我在延安就听说了。不想在这儿见到你，很高兴。你们在北平开全国文代会，我身体不好，不能到会祝贺。只是在报纸上见到你当选全国文联委员和剧协常委的消息，祝贺你呀！”

“惭愧得很。我没有为人民、为党做什么事，党给了我这么高的荣誉，实在有愧于党。”

“程派戏在全国，在延安都很有影响。”

“首长的身体现在好些了吧？”

任弼时微笑着点了点头。

“为了迎接全国政协会议的召开，我准备演几出戏，到时请首长光临指导。”

“我身体好了，一定去欣赏，也欢迎你有时间常来交谈。”

“您休息吧，我们不打扰了。欢迎您下山散步时，到我那个小院子坐坐。”程砚秋说罢，起身告辞。

任弼时把师徒二人送出门外，招招手，说，“恕我不远送了。有时间一定去看你。”

程砚秋师徒出了玉泉山的大门后，王吟秋问：“师父，任弼时是共产党的什么官儿？”

程砚秋笑答：“和周副主席差不多呀！是中共中央的五位书记之一、中央的秘书长。”

王吟秋问：“是哪五位？”

程砚秋屈指数道：“毛泽东、朱德、刘少奇、周恩来、任弼时。”

王吟秋说：“师父，您知道这么清楚！”

“读书，看报，参加会议的时候问哪！”说罢，他高兴得呵呵地笑了起来，“红军二万五千里长征的时候，他和贺龙都是二方面军的首长，贺龙是总指挥，他是政委，很了不起。”

8月31日这天，程砚秋正在花园里舞剑。范师傅走过来禀报：“有两位解放军的首长来看你。”

程砚秋放下手中的剑,急忙迎了出去。一看,原来是任弼时。

任弼时缓步走过来,和程砚秋握了握手,介绍身边的同志说:“这位是戴镜元[①]同志。”

戴镜元紧紧握着程砚秋的手,热情地说:“早就听说程先生住在这儿。任秘书长今天特地让我陪他来看你。”

程砚秋把二位首长让到正屋坐下,叮嘱范师傅泡茶招待。

接着,他们就亲切地谈了起来。他们谈到了全国文代大会的盛况,由此,任弼时又向他了解北平戏曲界的状况,还向他介绍了延安的平剧活动,也介绍了他的亲密战友贺龙创办“战斗”平剧社,后来全部都调给延安平剧研究院的经过。程砚秋则表示今后要努力学习马列主义……

这天,任弼时回到玉泉山后,把看望程砚秋的事写进了日记,说这是“我等印象极佳”的一次访问。

9月10日,任弼时派人给程砚秋送来两本书,并附上一封亲笔信:

> ……先生有意研究马列主义,甚为钦佩。现送斯大林著《论列宁主义基础》及《中国革命读本》各一册。这是比较容易看的课本,希笑纳,并祝健康[②]!

这段交往,成为一段很有纪念意义的佳话。

任弼时衷心祝程砚秋健康,而他自己却因久病不治,不幸于1950年10月27日溘然长逝,年仅四十六岁!

程砚秋从报纸上得知这一噩耗,不禁悲从中来,信步来到玉泉山下,仰望山顶,静穆默哀,久久不愿离去……

---

① 戴镜元,时为中国人民解放军原总参谋部二局负责人。

② 《任弼时传》,中央文献出版社1994年,第226页。

第三节

“宝刀赠烈士”

◆ 欢庆共和国诞生 ◆

1949 年 9 月,程砚秋和梅兰芳、周信芳、袁雪芬等,作为戏曲界的特邀代表,列席了在北平召开的中国人民政治协商会议首届全体会议。

贺龙将军此时担任中共西北局第二书记、西北军区司令员并兼任西安市军事管制委员会主任。他是作为中国人民解放军第一野战军的首席代表出席会议的,并在 9 月 25 日的大会上代表一野全体指战员发言。

程砚秋作为列席代表,聆听了贺龙将军在大会上的发言。但是,由于会议期间,程砚秋没有机会单独同贺龙谈话,而贺龙除了出席政协的会议,还要参加中共中央、中央军委的会议,也无暇同文艺界人士交谈。所以,贺龙的相貌在程砚秋的脑海里,印象还是不深的。作为戏曲家,程砚秋深知大西北是中国文化的发祥地,同时也是中国戏曲的发源地之一。现在大西北已经由一野部队解放了,使他有机会和有可能到西北去访问、考察了。

作为一名演员,能够列席政协会议,讨论国家大事,并且目睹了中华人民共和国中央政府的选举过程,这是程砚秋在过去连做梦都想不到的事。共产党不但把戏曲演员称作“人民艺术家”,而且还给予了他们参政议政的政治地位,这使得他再也坐不住了。

程砚秋把在北平的“秋声”社的同人找到一起,喜笑颜开地告诉他们:“中华人民共和国今年 10 月 1 日就要宣布成立了。北平从一号起,要改名北京了,咱们的‘平剧’也要改称‘京剧’了！全北京都要组织庆祝开国盛典呀！听说荀先生、谭先生、赵燕侠都排了戏码,要在开国盛典之后演出。咱们也排排戏码吧。”

有人说:“春天,您不是在怀仁堂唱了《锁麟囊》吗,就演《锁麟囊》吧。”

程砚秋一拍大腿,说:“就依大伙儿的,马上跟长安戏院谈,请他们在《人民日报》登消息。”

于是,《人民日报》在 1949 年 10 月 1 日,也就是中华人民共和国成立当天的第五版上,刊登了这样的预告:

> 长安戏院
>
> 3 日星期一夜戏
>
> 特请程砚秋主演伟大名剧锁麟囊,现已售票,随票赠送精美说明。

10 月 3 日,《人民日报》又刊出预告:

> 长安今晚特烦程砚秋主演伟大名剧锁麟囊,明晚准演拿手杰作荒山泪。

10 月 8 日,《人民日报》又预告了“十日夜戏”由“程砚秋主演文化艺术剧学伟作文姬归汉”的消息。

程砚秋在长安大戏院演出期间,北京各戏院、剧场、电影院盛况空前。文艺界名流纷纷登台献艺,庆祝新中国的诞生。

程砚秋在京演出,场场爆满。他一了心愿,也筹集了些经费,准备到西北去。因为当时全国剧协刚刚成立,国家百废待兴,各项经费自是不足。作为全国剧协的常委,到外地考察,自然不能带头伸手向国家要钱。

恰在此时,从西安来了一位赵清泉先生,他与梅、程、尚、荀四大名旦先后会面,并提议他们相聚一堂,合影留念。四位大师欣然同意,在王府井的中国照相馆拍摄了一张很有纪念意义的合影。

赵先生此行的目的,是想请四大名旦中的一位赴西安演出,但其他三位各有演出合同和事务,赵先生便邀请程砚秋去,表示愿意请程先生住在自己的院中,并承办演出事宜。

程砚秋早有赴西北之意,西北解放区的种种消息,深深地吸引着他。这次出行,虽然一时不知如何与西北军政首长联系,但既然有了落脚之处,可以先住下再与解放军联系。他考虑了之后,对赵先生说:“难得您一番美意。我早有到西北考察戏曲的打算。但是,这次到西北,我主要是慰问解放军和做些考察的准备,营业性的演出不会太多。”

赵先生见程砚秋同意去西安，大喜过望，遂约好日期、联系办法，便返回西安了。

◆ 奔赴西安 ◆

程砚秋经过一番筹备，计划于1949年11月2日从北京启程，奔赴西安。

然而，正当他做出行准备之时，上海一些戏院的经理邀请程砚秋赴沪演出。程派戏在上海享有很高的声誉，又时值上海欢庆解放的日子；而程砚秋又当选为全国剧协常委，社会地位已非昔日可比，此时，如在沪演出，收入将是相当可观的。

上海的"使者"把这些有利因素掰开揉碎似的反复讲了多遍。但程砚秋不为所动，依旧重复刚见面的那句话："我还是去西安。"

"使者"见他不改初衷，无可奈何，只好悄然辞去。

10月2日，程砚秋率"秋声"社同人背负行李，乘上火车，离开了北京。和他同车前往的，有著名里子老生张春彦、高维廉（小生）、卢邦彦（须生）、孙甫亭（老旦）、林秋雯（二旦）、李丹林（旦角，程砚秋的弟子）、苏连汉（架子花脸）、贾松龄（文武丑）、慈少泉（名丑慈瑞泉之子）、李四广（丑角）、李盛芳（彩旦）、白登云（鼓师）、钟世章（京胡）、夏奎连（二胡）、高文诚（弦子）、吴玉文（月琴）、刘全海（大锣）、陈文荣（小锣）、王吟秋和秘书杜颖陶等。

当时，由于战火在陇海沿线刚刚平息不久，铁路还在抢修之中。他们到了郑州，便改乘敞篷大卡车。白天，汽车在山间险路绕行，颠簸难忍；晚上，借宿于山腰小店，在仅有一张席子的炕上和衣而卧，刚刚睡着，又被蚊虫跳蚤叮咬，辗转难眠。程砚秋和大家都不觉苦，天刚蒙蒙亮，就起来赶路，不顾扑面的黄沙，兴高采烈地欣赏着沿途的风光。

途经洛阳，他们停留了一天，还看了当地"农民剧团"演出的"曲子戏"《四进士》。程砚秋对这个农民剧团很感兴趣，看了一会儿，戏正演着，他就禁不住跑到后台，去看望这些半工半演，还开办了一个临时鞋厂的农民演员。他看见扮演杨素贞的演员正在后台和同伴做鞋子，钦佩不已。

他们从洛阳启程，越过潼关，于11月9日来到古城西安，先住在赵清泉的一所院子里。

在西安文艺界举行的欢迎会上，程砚秋说："我此次来西安，是'求学之行'"，并且宣布了“求学计划”。他说，“为什么我下马伊始就要宣布学习计划呢？这是因为京剧一向以国剧自居，时间久了就越发觉得自己似乎了不得了，看不到或者根本不愿意看到多种地方戏曲中都有好多京剧所没有的和达不到的独特长处。实际上，近几十年来，京剧一直是向没落的路上走着，前途是很危险的。”

他的观点，很得接待他的张季纯、马健翔、苏一平的赞同，他们表示支持他远去西北（甘肃、青海、新疆）地区从事戏曲音乐的考察。接着，他们又在一起畅谈了戏曲的改革与发展问题。

欢迎会结束后，程砚秋正要回住所，组织欢迎会的同志说：“王维舟副司令员早在这儿等您哪！”

程砚秋赶忙进了会议室的客厅，抱歉地说：“失迎，失迎。”

王维舟用口音浓重的四川话说：“程先生来西安，我们非常高兴，非常欢迎。只是事先不知道，没有派人迎接，很抱歉。你们现在住的地方怎么样？有什么需要军区做的，提出来，我们一定尽力。”

程砚秋忙说：“我们来得仓促，本来是准备明天到军区拜见军区首长，报告一下我们此行的目的：一是来慰问解放军首长和部队，二是来考察西北的戏曲和音乐。”

王维舟说：“贺司令员没在西安。他听说程先生来西安，特意嘱咐我代表他欢迎你来。并且让我陪同你游览一下西安的名胜古迹。贺司令员很快就回来，二位可深谈。”

程砚秋说：“谢谢贺司令员和您的美意。这次来西安，先安排慰问部队吧，游览的事，待有空时再说。”

王维舟说：“王宝钏的寒窑，我想你是一定会先看看的。你的《武家坡》，我是闻名已久的。”

程砚秋笑了：“您想得真周到，我很想看看寒窑是什么样子。因为我唱了这么多年，还没有见过寒窑呢。”

王维舟说：“那好，明早我来接你。”

程砚秋送走王维舟，问那位同志：“王副司令员跟贺司令员在一起工作？”

“这位老首长是西北军区副司令员，是贺龙司令员的副手。”

程砚秋回到住所后，对大家说：“你们看，咱们过去到外地联系演出用的老办法，现在是行不通了。过去，我们只能是和演出经理人联系。和军政当局直接联系，我们唱戏的哪有这个资格，想见还见不到呢！共产党就不一样。西北军区管着整个西北好几个省。王副司令员这么高的领导人，亲自登门来看咱们，咱们不是太失礼、太被动了么！常言道：行客拜座客。现在人家翻过来了！"他连连说，"太失礼了！"

杜秘书说："那我勤打听着点儿，贺司令员如果回西安，我马上告诉您。"

程砚秋点点头："好。"

第二天，王维舟将军如约来接程砚秋参观武家坡遗址，并在传说的王宝钏的寒窑前合影留念。程砚秋看着寒窑，有感而发："《武家坡》《汾河湾》我唱了几十年，戏词中有'破瓦寒窑''破砖碎瓦'，我还以为寒窑是砖砌的。今天一看，这么多窑洞，哪里有砖瓦？看起来，不出来调查，还得错唱多少年哪！"

临别，程砚秋说："王副司令员，谢谢您陪我参观。如果贺司令员回西安，麻烦您让秘书通知我一声，我一定来拜见。"

王维舟说："我们军区有一个京剧院，第一副院长张一然同志在北京开会时见过你。"

程砚秋说："是，剧协开会，见过。只是时间很短，没机会深谈，这次我也要去拜访的。"

"你们来西安，如果人手不够，道具不够，可以让军区京剧院帮你们一下。他们正在西安公演，有空，请你光临指导。"

程砚秋谦虚地说："哪里，我早就听说贺司令员办了京剧院，北京不少年轻人也来了。我一到西安，就宣布是来'求学'的。"

在此后的几天里，程砚秋忙于在剧场公演，去工厂、医院慰问演出；抽出时间观摩秦腔和西北军区京剧院演出的《北京四十天》等剧目；还要应酬各界，十分繁忙。

◆"我是贺龙"◆

一天，张一然来到程砚秋的住所探望，二人在西安重逢，格外亲切。程砚秋把身边的王吟秋介绍给张一然，说："这是我 45 年收的学生。这孩子从小没爹没娘，怪可怜的，平时就住我家，跟我的孩子一样。"

王吟秋有些腼腆地说："请张院长多指导。"

张一然说："贺司令员、王副司令员让我来看看。您有什么困难，只管提出来，我们尽力帮忙。"他接过程砚秋双手递过来的茶杯，饮了一口，又说，"王桂山、李玉安、陈富康、王翰卿几位老先生都在我们西北军区京剧院。"

程砚秋说："啊，我有所耳闻。他们过去在北京都是不错的，后来就再也没见过面。"

"刘元彤、殷元和、张元奎也在我们这儿。"

"元彤我有点印象。那年他和李世芳几位拜梅先生为师，我还去祝贺呢！说起来，元彤还是我的师弟呢。听说他'倒仓'以后嗓子坏了，挺可惜的。现在见了，恐怕也认不出来了。"程砚秋陷入沉思，自语道，"一晃就十几年了。"

张一然望着王吟秋，笑着说："元彤唱得很好，就是要低一个调门。准备调他到兰州去工作，那边缺人才。他一走，我们就少了头牌旦角。我们这儿，眼下学程派的不多。程先生要是多带几个像吟秋这样的学生多好！"

程砚秋不知就里，只是说："听说你们把梁化农办的戏校都接过来了，那里有不少人才呀！"

张一然一笑："今天就谈到这儿。您很忙，过几天，我再来看您。"

大约又过了一两天的样子，程砚秋偷闲在住所整理调查日记。他正埋头写着，从门外大步流星地进来一位披着风衣、身材魁梧的客人，程砚秋刚抬起头，还没看清楚是谁，那人已经迈进屋门，兴奋地叫了声："程先生！"

他一面与程砚秋握手，一边说："我是贺龙。"

程砚秋定睛一看，来人方脸膛儿，皮肤白皙，特别是唇上有一缕黑胡须，正是他在全国政协会议上见过的那位贺龙将军。他感到太意外了，忙说："贺司令员，我这次来西安，本该等您回来去拜见您。不想您却屈尊来看我，实在不敢当啊！"

贺龙豪爽地说："哪里！程先生，我久思一见，不得其缘，今天才夙愿得偿。你们跑这么远来慰问部队，太辛苦了，当然是应该我来看你。"

"在全国政协会上，我是列席的，您讲话时，我坐得远，没看清。乍一见面，都认不出来了，真是抱歉！"

"你们刚来西安，演出和生活上有什么困难？"

"没有什么困难，请您放心。"

“这里才解放不久，情况复杂，要多留心才是。走，看看大家住的怎么样。”说完，贺龙就往屋外走。

程砚秋陪着贺龙到东西厢房看了看。然后，贺龙对跟在身边的接待人员说：“你们一定要把从北京来的客人照顾好，需要我说话的，就直接来找我。”他又对程砚秋说，“我还要参加一个会议。改天再谈。”

贺龙同程砚秋握了握手，匆匆离去。

晚上，待“秋声”社的同人们纷纷回来，程砚秋把这激动人心的好消息告诉了大家，万分感慨地说：“共产党、解放军这么大的官儿，一点架子也没有，这么平易近人！我原以为贺龙这位久经沙场的大将，一定是位粗犷的花脸型人物。谁知今天一见，竟是一位靠把武生的形象，有赵子龙的气派。”

大家听得都瞪大了眼睛，感叹不已。有的演员说：“过去，我们只有给国民党大官儿唱堂会戏的份儿。到上海，连什么黄金荣、杜月笙这些青洪帮的头头，都摆臭架子，你要是不去拜他，送厚礼，连戏也唱不成，饭碗都给你砸了。”

有的说：“为什么共产党能打败国民党？人家武器装备还那么差，国民党还是美式装备呢。我看，是共产党尊重人，得人心。”

还有的说：“这叫‘人人平等’……”

又有人说：“这才叫‘礼贤下士’呢！我看，国民党是兔子的尾巴——长不了啦！”

程砚秋说：“大伙准备准备，咱们一定要慰问贺老总的部队！”

◆“为军民合作干杯”◆

程砚秋正要去拜会贺龙，却接到军区接待人员的通知：“明天在普海春饭店，贺司令员设便宴为你们接风，请诸位光临。”

在普海春饭店的便宴上，贺龙即席讲话：“程先生是‘四大名旦’中第一位率剧团来到刚刚解放的西安的，我代表西北军区机关、部队和西安市军管会，表示热烈的欢迎！听说同志们来时不通火车，吃了不少苦，我代表部队和西安市人民感谢大家一路风尘送戏上门！”他举起酒杯，“来，请大家举杯，首先为庆祝中华人民共和国成立干杯！”

他一饮而尽，又让接待人员斟满第二杯，说：“我们再为欢迎程先生和剧团全体同志干杯!”

接着,贺龙离开座位,走到客人面前,依次碰杯敬酒。“秋声”社的演员们喝上一口与贺老总碰过杯的老酒,感到格外醇美香甜。

贺龙又亲自给大家斟酒,边斟边说:“今天这个酒是庆祝胜利的酒,也是给大家洗尘的酒,非喝不可!”

与贺龙同桌的一个小伙子,高兴极了,要和贺龙对饮,结果不是对手,几杯下肚,便“低头算账”了。

程砚秋平日是不嗜酒的,但若遇到高兴的事,必要豪饮一番。“秋声”社一些年纪轻的已经面如枣色,他却神色依旧,谈笑自若。他说:“我早就有探索革新京剧的打算。1928 年,联合同道朋友组织了中国戏曲专科学校,其中分了好几部分:一是中华戏曲音乐院,建校的目的,是想用新方法造就新的人才;二是戏曲研究所,其任务是对中国的传统戏曲做各方面的分析研究,试编试演新剧目;1932 年又陆续成立了博物馆、图书馆、搜集各种戏曲音乐的图书和陈列品,供研究参考。在各界友好的支持下,收集了物品、书刊两万多种,有了一点规模。1937 年,我又在北京购得一块地基,计划建筑一座近代化剧场。”他借着酒兴,滔滔不绝地说了起来。

贺龙问道:“过去国民党政府给不给拨经费?”

程砚秋摇摇头说:“分文皆无。这些,包括我到欧洲考察,都是自己掏腰包的。我历尽千辛万苦,眼见得可以做出点成绩了,但是‘七七’事变使我们惨淡经营十年的工作毁于一旦,实在叫人心痛之极。”

贺龙非常同情地说:“确实很可惜。”

程砚秋问道:“听说您在抗战时期办了晋绥平剧院,很了不起呀!环境那么困难!”

“对头。环境越是艰苦,就越要想法子活跃部队的文化生活。那时部队河北人多,很多小伙子喜欢唱京戏,活蹦乱跳的,我们挑了一批年轻人,又请了几位科班出身的带一带。”

“他们都演些什么戏呢?”

“健康的、进步的、反抗地主恶霸的,像《打渔杀家》《逼上梁山》《三打祝家庄》《将相和》……”贺龙说到这儿,又大笑起来,“他们多数都没有进过科班,底子差，让你们见笑呢！这次你们来了，希望能帮助他们提高一下。”

“您太谦虚了。我们一定尽力。我听说‘富连成’出科的元彤、元和、元奎都被您给招来了，老一辈的也让您请来当先生。”

“太少了。我们军区这个京剧院，有二三百人，可是没几个学‘程派’的。你要给我们带几个学生多好！”

程砚秋端着酒杯，站了起来，说：“贺司令员这么重视京剧，我应该敬您一杯！”

贺龙也站起来，举起酒杯，说：“是共产党，是毛主席、朱总司令、周副主席重视京剧。来，我们大家都为感谢党、感谢毛主席的关怀干杯！”

程砚秋饮下这杯酒后，脸色已经微红，豪爽地说：“现在解放了，我这一口多年的闷气，才从胸口里呼了出来。这次来到西安，我要让程派戏，全都与观众见面。”

贺龙说：“好！好！日本人打跑了，等我们打跑了蒋介石，解放了全中国，盖几个大戏园子，有的地方唱嘛！”

程砚秋意犹未尽，又说：“军区京剧院一面打仗，一面演戏，真了不起。贺司令员，我们‘秋声’社和军区京剧院联合演出，您看怎么样？”

贺龙十分高兴地说：“太好了，我当然赞成。”他高擎酒杯，“我提议，为预祝军民联合演出成功干杯！”

◆“重庆见”◆

第二天，程砚秋要去拜会贺龙。

贺龙知道后，为了保证程砚秋的安全，派了“战斗”文工团的负责人带车，把他接到了“高桂滋公馆”。这个公馆曾经是张学良发动西安事变的指挥部，现在是贺龙等西北军区首长临时办公和下榻的地方。

程砚秋一见贺龙，端端正正地鞠了一躬，说：“我今天特地来拜见贺司令员，感谢您对我们的款待和关照。”

贺龙忙说：“不必如此。咱们不必拘泥这些旧礼节。”说着，把他让到沙发坐下。

程砚秋说：“为了感谢军区首长，我准备表演舞剑。但是我带的乐队，人手不够。”

贺龙指着坐在旁边的“战斗”剧社的负责人说：“程先生要舞剑，你们‘战斗’剧社的乐队给伴奏嘛。你回去派乐队的同志到程先生那儿去一趟，看程先生有什么要求，事先练一下。”他又对警卫员说，“你去把那把刀取来。”

程砚秋说：“我还准备到部队慰问演出，是否也请贺司令员安排一下。”

贺龙说：“前线作战部队都在宝鸡那边，很远。你可以先在城里慰问守城部队，也可以到医院慰问伤病员。到前线去，以后再说吧。”他接过警卫员递过来的一个长条形包袱，放在办公桌上，解开绿色丝绦，打开杏红色缎子，露出了一把泥金红地的刀鞘。他把刀抽了出来，只见那把刀寒光闪闪，刀柄上的镏金饰物发出耀眼的光芒。他对程砚秋说：“你看，这是我们抗战时期缴获的日军将官指挥刀，很漂亮。”

程砚秋接过战刀，挥舞了一下，说：“这刀的钢很好，还有些分量。”说着，把刀插入刀鞘，放在办公桌上。

贺龙亲手把杏红缎子包在刀上，仔细地系好丝绦，双手捧起，说：“程先生，我们西北穷得很，没有什么好送的，就把这把刀送给你做个纪念吧！”

程砚秋摆摆手，连忙推辞：“这是您的心爱之物，我如何受得？”

贺龙笑了：“中国有句古话，‘宝刀赠烈士，红粉送佳人’。你是位有气节、有胆识的男子汉、大丈夫，当然受得。莫推辞，收下吧。”

程砚秋双手捧过战刀，后退一步，朝贺龙深深地鞠了一躬，连说：“谢谢，谢谢了！”

贺龙又风趣地补充了一句：“不过，你在舞台上舞剑，可不能舞这一把哟！”

此后，程先生率“秋声”社同人搬到军区招待所，白天为驻军指战员举行专场演出，或带着乐队到部队营房，为因值勤而没有看到演出的战士们演出，或去军区医院为伤病员清唱。

医院负责同志要将轻伤员集中到大房间，一起观看。但程砚秋执意不肯，说：“战士们负过伤，流过血，正在治疗，不要惊动他们。我可以到每间病房去慰问。就让他们躺在病床上，安安稳稳地听我唱。”

医院的同志们说：“这太让我们过意不去了。”

程砚秋说：“比起战士们在前方打仗，这算不了什么。”

他挨个到病房演唱，那洪亮而又低回婉转的唱腔，振荡着数十间病房。

钟世章担心他嗓子过度疲劳,晚上正式演出时会“砸锅”。

程砚秋却说:“战士们为了解放全中国,才流血牺牲的。在他们有伤痛的时候,给他们送去一点儿欢慰,累点儿也值得。”

就这样,一连几天,程砚秋除了参加社会活动外,还顶着寒风,到十里铺面粉公司为工人们演唱。

程砚秋的表率作用,感染着“秋声”社的每一个人,尽管演出繁重,但他们的心情却十分愉快。

临近与西北军区京剧院联合演出的日子,程砚秋和张一然又聚在一起磋商,指挥两个团的同志在一起说戏、排练、对台词。

程砚秋见到陈富康、王桂山、王翰卿、殷元和、张元奎等,格外亲切,介绍王吟秋、李丹林这些年轻人与他们相识。大家各自叙述着往事,话题不由又说到贺龙如何不拘一格网罗人才,办晋绥平剧院的事。但是,由于忙于联合排练,也只是讲了个大概而已。

正当两团排练时,贺龙匆匆来到“秋声”社所住的招待所,对程砚秋说:“感谢你们到部队、医院慰问演出。你们太辛苦了,要注意休息。”

程砚秋说:“我们和军区京剧院联合演出,过两天就排好了,您一定来看。”

贺龙遗憾地说:“戏是看不上啦。今天来,是跟同志们辞行的。”他十分留恋地望了望大家,又说,“我还要去打仗啊,我们的大部队马上就要进川,要去解放西南地区。西南解放了,到时请你们到西南做一次旅行,我准备欢迎你们。我就先行一步了。”

大家听了,顿时活跃起来。

程砚秋兴奋地问:“西南什么时候能解放?”

贺龙胸有成竹地说:“很快!年底以前问题不大。”

程砚秋毫不犹豫、非常干脆地说:“那好。西南一解放,我们立刻就到。”

贺龙一语双关:“好戏,我们在重庆看吧。”

贺龙和程砚秋紧紧地握手,二人异口同声地说:“重庆见!”

程砚秋和“秋声”社的同人恋恋不舍地将贺龙送到招待所的大门口,目送他乘上汽车,飞驰而去。

“秋声”社和西北军区京剧院联合演出了两场戏。张一然为程砚秋配戏,合演了《武家坡》。王吟秋也登台演出，他身材修长，扮相俊美，嗓音洪亮甜润，很得程砚秋的真传，令西安的观众刮目相看，更深得张一然和军区京剧院演员的赞赏。他们纷纷说，要是我们剧院能有这样一位“程派”旦角，该有多好！

之后，程砚秋在群众堂演出拿手戏《红拂传》，作为告别演出。

刚刚被任命为中央人民政府革命军事委员会副主席的第一野战军司令员兼政治委员彭德怀将军观看了演出，并在普海春饭店为准备返京的“秋声”社饯行。

席间，彭老总说：“现在火车修通了，同志们回北京可以乘直达的火车了。”

程砚秋说：“我们还要在沿途乡镇调查戏曲、音乐，为农民演出几场。”

彭老总十分关切地说：“你们一定要注意安全哪！这里虽然解放了，但是还有一些残存的敌人。前几天还有暗藏的敌人向贺龙同志打黑枪呢！”

“伤着贺老总了吗？”大家急切地问。

“凶手抓到了吗？”又有人问。

彭老总笑了笑：“共产党人向来命大。那三枪都没沾贺龙同志的身。他照样领兵打仗去了。不过凶手现在还没有抓到。”

程砚秋和大家这才松了一口气，并举杯遥祝贺龙将军挥师得胜。

返京途中，程砚秋坚持要在一些不起眼的小村镇落脚。没有公路，坐不上汽车，他就同大家一样，背着行李，步行前进。他虚心地向一些乡村剧团和老艺人调查当地的剧种、音乐，在田间、地头为农民演出《荒山泪》等剧目……

第四章

山城重逢

第一节

扩建西南军区京剧院

◆ 挥师入川 ◆

中华人民共和国成立前后，国民党仍有近百万部队退守在西南地区。蒋介石亲自至重庆坐镇，颇有以川、康、滇、黔为后方，建都重庆、割据西南的阵势。

为了彻底消灭将家王朝在大陆上这个最后的“堡垒”，早在1949年5月，中共中央就确定由贺龙率领一支部队，与第二野战军和第四野战军一部协同作战，解放祖国的大西南。10月13日，中共中央决定，邓小平、刘伯承、贺龙分任中共西南局第一、第二、第三书记；刘伯承任西南军政委员会主席；贺龙任西南军区司令员，邓小平任政治委员。

至于贺龙率领哪一支部队入川，是个重大问题。由于贺龙创建的部队——第一野战军，已交由彭德怀指挥，而且当时正在大西北前线。所以，当毛主席征询他的意见时，他欣然表示，不带一野，而带当时集结在秦岭一带的第十八兵团入川。因为该兵团的位置，对入川有利。他这种以全局利益为重的大公无私的精神，受到了毛主席和中央领导同志的赞扬。

程砚秋率“秋声”社来西安之前，贺龙正在紧张地进行南下的准备工作，制订作战计划。

当时，中共中央军委和毛主席根据西南地理情况和国民党军队力避与解放军决战的策略，决定采取大迂回动作，以二野——刘邓大军主力从东南直出贵州，进至叙府（今宜宾）、泸州、重庆之线，切断集结在秦岭地区的胡宗南集团及川、滇诸敌退往云南的道路，然后由贺龙率部追歼南逃的胡宗南集团。

刘邓大军于11月1日在南起贵州天柱、北至湖北巴东的长达五百公里的地段上，向聚集在西南的国民党部队发起多路攻击。刘邓大军势如破竹，进展神速。国民党军队如惊弓之鸟，尽管蒋介石和蒋经国亲自督战，仍然挡不住刘邓大军的攻击。11月15日，刘邓大军攻克贵阳，21日解放遵义。

直至此时，蒋介石才察觉解放军有从湘鄂进军黔川，迂回重庆、成都的企图，急令胡宗南由秦岭、巴山南撤。

这正是程砚秋到西安最初几天发生的事。

贺龙向程砚秋辞行，似在贵阳解放前后。他们相约在“重庆见”后不几天，即12月30日，山城重庆即被刘邓大军的第三兵团陈锡联部和四野第四十七军攻克。蒋介石于重庆解放前夕和蒋经国乘飞机仓皇飞往成都。

贺龙见刘邓大军已经阻断了胡宗南集团南逃云南的通道，便命令第十八兵团等部分三路追歼向成都方向撤退的胡宗南部。

12月9日，重庆市人民政府成立，陈锡联和曹荻秋分任正副市长。

12月10日，蒋介石又从成都飞逃台北。

12月初，贺龙赶到十八兵团司令部驻地宝鸡。11日这天，大雪纷飞，寒风凛冽。贺龙乘上吉普车，率领部队，长驱直入，飞越秦岭、巴山，翻过三国时代邓艾率部偷渡的阴平，于20日将胡宗南集团及其他国民党军数十万人包围在成都及其附近。

胡宗南见突围无望，求援无门，便于23日临阵脱逃，乘飞机飞往海南岛。

贺龙乘车越过著名的剑门关，于同一天经剑阁到达梓潼。他和十八兵团司令员兼政委周士第、王维舟、张经武登上七曲山，用望远镜观看成都方向，兴奋地说：“离1950年元旦还有最后一个星期，无论是武力解决，还是和平解决，我们都可以到成都过年了！”

在解放军的强大攻势之下，又经过政治瓦解和争取，成都及周围地区的国民党部队纷纷起义投诚，负隅顽抗的敌人，均被歼灭。成都于12月27日宣告解放。

12月30日，贺龙率领第十八兵团举行了隆重的成都入城式。

这里需要提及的是，贺龙虽然没有带自己原来的部队一野入川，但是却带了他创办的“战斗”剧社和西北军区京剧院入川。“战斗”剧社跟随贺龙一路行军，到成都近郊的新都县城休整。

而西北军区京剧院则迟一些动身，由西安启程，经武汉，走长江，逆水而上重庆。

在成都入城式上，“战斗”剧社的军乐队走在入城部队的最前列，雄赳赳，气昂昂，边行进，边演奏军乐，好不威风。剧社其他成员则乘敞篷卡车，在入城部队中前进，边唱革命歌曲，边撒传单。

30日这天，是一个难得的好天气。市民和机关职员、学生倾城出动，夹道欢迎解放军进成都，整个城市都欢腾起来。

1950年2月22日，中国人民解放军西南军区正式成立，贺龙任司令员，邓小平任政治委员；陈赓、周士第、李达任副司令员，李达并兼参谋长；宋任穷、张际春、李井泉任副政治委员。

4月4日，贺龙和周士第等率领西南军区前方指挥所由成都迁往重庆，到西南军区机关办公。军区机关办公地址就设在鹅岭山下的原国民党政府的国防部大院内。

◆ 王和霖、李蓉芳伉俪参军 ◆

贺龙早在1949年共和国成立前夕，就开始物色人才，招兵买马，扩大即将开赴重庆的西北军区京剧院。

程砚秋创办的中华戏曲职业专科学校，培养出了一大批出类拔萃的人才，该校学生分为“德”“和”“金”“玉”“永”字五个班。

在“和”字班中，有一位名叫王和霖，与周和桐、李和曾等是同班。被称为“武生泰斗”的王金璐，则出自比“和”字班晚一个年级的“金”字班，被称为“四小名旦”之一的宋德珠，则是比“和”字班高一个年级的“德”字班的学生。

程砚秋既是这个学校的创办者之一，也是兼课教师。

王和霖十一岁进入“和”字班后，学习老生。他曾受教于王瑶卿、曹泌泉、陈少武、丁永利等名师，又向张连福、鲍吉祥学习余派，向王荣山学习谭派，还曾受教于杨宝忠、高庆奎、蔡荣贵、李洪春等名师。校长焦菊隐为了挑选适合继承马派艺术的学生，专门把马连良请到学校观看学生们演出，请他从中挑选。马连良选中了王和霖。学校又给他推荐了学习成绩突出的王金璐。1934 年，在北平东长安街的长安饭店，王和霖同王金璐在拜师仪式上，一起向马连良先生行了新式的鞠躬拜师礼。

王和霖十五岁时，以马派弟子名义在吉祥戏院演出《群英会》《借东风》。他既扮鲁肃又扮孔明，其唱、念、做颇具马派风范，从此被观众誉为“小马连良”。1938 年毕业时，学校奖励他一方刻有“品行端正”四字的铜墨盒，并聘为助教。

他于 1940 年加盟“麟鸣”社，与程砚秋的弟子陈丽芳等合作。1946 年，他与萧长华同台演出了《胭脂宝褶》，与小翠花(于连泉)合作演出了《坐楼杀惜》。

这一年的年底，由于国民党挑起内战，北平的艺人们生活无着。王和霖为了谋生，不得已应师兄傅德威之邀，到锦州国民党军某部演了一个月的戏，便又返回北平。但是，这时北平看戏的观众日益减少，到新中国成立前夕，王和霖夫妇不得不靠典当度日了。

王和霖的妻子李蓉芳，原名强艳容，1928 年出生于梨园世家，七岁师从名旦闻子芳学习青衣、花旦，十二岁便登台演出。她既擅演梅派的《红线盗盒》《廉锦枫》《霸王别姬》，也擅演程派的《青霜剑》《鸳鸯冢》，还擅演荀派的《红娘》《元宵谜》《红楼二尤》。她曾多次与金少山、李少春、袁世海等同台演出，在平津和东北很有影响。

1949 年，在北平召开新政治协商会议、全国文代大会和全国政协第一届全体会议期间，李蓉芳应邀到怀仁堂为与会代表演出。

贺龙到北平参加会议时，观看了她的演出，十分欣赏，便向北平负责文艺口的同志询问这个年方十八九岁的女演员叫什么名字，是哪个戏班的。当他得知不仅李蓉芳多才多艺，而且她丈夫王和霖是马连良的高足时，十分高兴，遂委托文化部戏剧改进局的颉王竹，邀请王和霖夫妇到西安参加西北军区京剧院。

王和霖夫妇欣然应邀，携带家小，于 1949 年秋末冬初奔赴古城西安。一下火车，贺龙派来的同志早已在车站等候，把他们全家接到了事先安排好的住处。晚上，贺龙的秘书赶来看望他们，热情地说：“贺司令员今天不在西安，特地嘱咐我代表他欢迎你们来西北京剧院，还让我准备便宴，给你们接风洗尘呢！”

贺龙回到西安后，亲切地接见了他们，对陪同前来的张一然、孙震、郭瑞说：“你们要负责把他们一家安排好。”

接着，比他们早到的陈富康、陈丽芳、李盛荫（晚清名老生李寿岚长子、名老生李盛藻胞兄，“富连成”“盛”字科）、朱盛富（“富连成”“盛”字科，名武旦朱桂芳之子）、刘伯阳、梁先庆（梁化农之子）等老相识纷纷前来探望，使王和霖夫妇感到十分温暖。

在他们来西北军区京剧院前后，陈世新（“富连成”“世”字科）应聘来教梅派戏，唐专利来教花脸，李富康来教武把子。

王和霖夫妇和大家一起，很快就投入了紧张的排练，为了庆祝开国典礼的举行，相继在西安演出了《打渔杀家》《连营寨》《四进士》《群英会》《借东风》《霸王别姬》《红娘》《春香闹学》等拿手戏，使西安的节日气氛大为增色。

此外，毕业于中华戏曲职业专科学校“玉”字班的金玉恒（从师郭春山、陆喜才、沈杰林等）、曾坐科于天津“稽古”社的武生舒茂林、李盛荫之子李韵章（“富连成”“韵”字科），西北戏曲学校的沈志广、张元志、舒少斌、阎宝俊、程静敏、李秀惠、梁嘉禾、叶盛富、靳志明、谷春才、陈玉贤、钱振义、茹绍奎等，也相继成为西北（或西南）军区京剧院的主要演员。

这时的西北军区京剧院名角云集，班底多达二百余人，已非国内任何一个专业京剧团体可比。然而，已经“迷”上了京剧的贺龙将军的“胃口”还远远没有满足。

当年陈赓将军率领第四兵团攻打洛阳时，曾接收了一个青年京剧团。陈赓把这个剧团一直带到广东、广西，并准备带到云南。贺龙知道后，经与陈赓“谈判”，也要了过来。

◆ 二调王吟秋 ◆

西北军区京剧院虽然有了梅、程、荀派演员，但是还缺少“入室弟子”。当程砚秋率“秋声”社在西安演出时，贺龙就打上了王吟秋的主意，对张一然说：“你有机会找程先生和王吟秋谈谈，能不能把王吟秋调过来？”

张一然说："我听程先生说，王吟秋从小就没爹没娘，跟着王瑶卿学了一段。王先生看这孩子条件很好，就推荐给了程砚秋。程砚秋见这孩子不错，就收下了。平时就住在程先生家里，像自己的孩子一样。京剧界的师徒关系，讲究三节两寿，就是在春节、端午节、中秋节和师父、师母生日时，徒弟给师父送礼。王吟秋跟王瑶卿学戏时，没有钱，程砚秋除了替王吟秋给王先生送礼，还替他每月给王先生交四十块钱学费。"

贺龙点点头，感叹地说："程先生的人品难得啊！旧社会，都是师傅靠徒弟挣钱，他却倒贴钱。可见他很喜欢王吟秋了。要是调过来，远离北京，他可能舍不得。"

张一然说："还有一层关系，就是拜师是要写字据的，字据写了几年，那是不能变的。"

贺龙急切地问："王吟秋给程先生写了字据没有？"

张一然说："现在演出很紧张，我还没来得及问。"

贺龙沉思了一阵儿，说："是呀，我们不好问。要是写了字据，还不到日期，会让程先生为难的。"

张一然说："一般写字据，都是七八年，出了师，还要再给师父唱两年。我听说王吟秋是 1945 年拜的，到现在才四年多。"

贺龙说："就这样吧，这个事儿，交给你办，能调的话，还是调过来。"

由于贺龙要指挥部队入川，京剧院也要准备开赴重庆，程砚秋师徒忙于演出和调查，张一然无暇顾及此事。

按照贺龙的指示，张一然于重庆解放后不久，即率领浩浩荡荡的中国历史上阵容最庞大的京剧院，从西安启程，乘火车到达武汉。在武汉，京剧院稍加休息，并将贺龙从陈赓那里要来、正在汉口演出的青年京剧团的大部分演员接收过来，一同乘江轮，逆江而上，沿途饱览了长江三峡的美景，于 1950 年春天来到山城重庆。

西南军区文化部部长陈斐琴等到码头迎接。

先到重庆打前站的石天等人，在二野同志的帮助下，在李子坝找到了一座用竹子搭成的楼房，是国民党一个档案馆的旧址。京剧院的同志们下船后，就暂时住在这里。由于这里既无法练功，更没有排戏的地方，石天和总务科长王义又在朝天门附近的陕西街，把原义丰银行的楼房、平房全部包了下来，挂上了“西南军区政治部京剧院”的牌子。接着，又建了一座露天的练功舞台和一座小型室内剧场。

在重庆，京剧院又和公安部队的一个京剧团（主要演员有陈汉涛、张辰良、李月秋、应畹农等）合并，阵容更加强大。

从此，西北军区京剧院正式改称西南军区政治部京剧院（以下简称西南京剧院）。张一然被任命为院长，石天任副院长（1952 年后），郭瑞任政治协理员。下设两团一室、一校和一个团部。一室，即研究室，邓泽为主任，石天为副主任（后为主任）；一校即京剧学校，校长是王宪周，指导员是刘长林。

不久，又用高薪聘请赵瑞春来京剧院任教。

京剧院相当于团级单位，全部人员已逾三百名。

西北京剧院扩建为西南京剧院后，亟须在服装、道具、灯光等各方面充实和改善一下，但是，西南刚刚解放，百废待兴，经费是非常紧张的。

恰在此时，一支兄弟国家的军队文工团到重庆访问。贺龙让京剧院为他们演出，贺龙和军区首长出席作陪。

京剧院上演的是《泗州城》。这些文工团员们看得高兴时，情不自禁地从椅子上跳起来，一边“嗷—嗷—”地呼叫，一边高高地抛起了军帽。戏演完了，他们不走，还一个劲儿地鼓掌。京剧院又为他们加演了一段。

贺龙也高兴得很，对陪同他的文化部部长陈斐琴说：“京剧院演得好，这么受欢迎。今天晚上要好好犒劳他们。”

当晚，军区文化部设宴款待京剧院演出人员，摆了好几桌。

张一然对石天说：“趁贺老总高兴，咱们要点钱，给剧院添置点东西吧。”

石天说：“这个主意好，咱们一块去。”

于是，二人来到贺龙的办公室，说明了来意。

贺龙说：“京剧院要添置东西，好嘛。你们先造个预算，让陈斐琴批一下。”

张一然忙说：“谢谢贺老总大力支持。”

贺龙笑道：“感谢我干什么。这是国家的钱。你们一定要节省，但该花的要花。东西要买质量好的，用得时间长一些，才是真正的节省。”

张一然说：“我们准备到北京去买。”

贺龙说:“好嘛！这次去北京,去看看程砚秋,代我问好,要跟他谈谈,想法子把那个王吟秋带到重庆来。”

张一然领命而去,带着几个人去北京采购。此时,程砚秋刚从新疆考察返京。

张一然在京期间,向熟人打听了一下,知道文化部成立了戏曲改进委员会,程砚秋是委员之一;延安平剧研究院迁京后,改组为中央文化部戏曲改进局京剧研究院,下边要建几个剧团,正在招募人才,王吟秋已经报名参加了。

张一然听到这个消息,心中暗喜,便来到西四报子胡同,登门拜访程砚秋。老朋友相见,分外亲热。

张一然说:“贺司令员让我代表他向您问好。”

程砚秋说:“谢谢贺司令员的关心。”他指指桌子上的一台崭新的收音机,“您看,我从西安回来,就买了这台收音机,天天收听广播,西南传过来的都是好消息。我正急着去重庆呢!”

张一然说:“去重庆,现在还不是时候。西南虽然解放了,还有一些国民党的残余部队勾结地主武装、反动的袍哥组织,到处偷袭解放军工作人员。也有一些起义、投诚部队叛乱,把我们派去的军代表活埋了。还有的偷袭公路上的运输队,抢银行、商店。”

程砚秋关注地听着,问道:“贺司令员的安全没问题吧!”

“出了几次险情。一次是来重庆之前,他在成都励志社办公,一天出去看望起义将领,汽车刚开出商业街,从一个茶馆里打出几发冷枪,把车灯都打坏了!”

“伤着人没有?”

“没有,贺老总让司机开足马力冲过去了!”

“太危险了!”

“还有更危险的,是贺老总和周副司令员、胡耀邦政委,分头坐着几辆车,从成都到重庆,同刘伯承、邓小平等二野首长会面。他们正在重庆开会,成都就打来电报,说石板滩、龙潭寺的一股起义部队叛乱,把我们一个师政治部主任带的工作队全部杀害了。贺老总急着回来镇压叛乱,天还下着雨,他们走到半路上,路边藏着的一股土匪,朝车队打枪。”

程砚秋瞪大了眼睛,紧张得屏住了气。

张一然接着说:“幸亏李达副司令员派了一个加强连,带了轻机枪,把土匪打跑了。”

程砚秋这才松了口气，说：“贺老总真是命大呀！”

张一然说完，把话题一转，问道：“听说吟秋参加了戏曲研究院的剧团？”

程砚秋说：“是啊！文化部正筹备成立呢，我就让他去了。年轻人嘛，要有个出去闯闯的机会。”

“程先生，要是让吟秋到我们西南京剧院去工作，您舍得吗？”

不料，程砚秋却毫不犹豫地说：“舍得，舍得！”

“放心吗？”

“跟着贺司令员和你们干，我有什么不放心的！我还要去呢！”他问过来倒茶的王吟秋，“贺司令员要调你去重庆，你愿意吗？”

王吟秋说：“师父同意我去，我当然愿意去。”

张一然笑道：“程先生，跟您实说了吧，您到西安的时候，贺老总就让我找您要吟秋！”

程砚秋一怔，问：“那您为什么没跟我说呢？”

“贺老总怕吟秋给您写了字据，调过来不合适，又怕把您心爱的学生抢过来，您舍不得。”

程砚秋哈哈大笑：“贺老总真是体贴人！”

“现在，吟秋到了戏曲研究院，已经不在您身边，贺老总就好开口了。”

程砚秋说：“吟秋，你先去重庆。过些日子，等西南平定了，我到重庆去看你。去了，要服从张院长的领导，好好干！”

之后，王吟秋做了些准备，告别师父，离开北京，一路风尘，来到美丽的山城。时间已是1951年1月中旬。

张一然见他不大适应旅途的劳苦，让他休息了一天。第二天，便和郭瑞陪他去见贺龙司令员和邓小平政委。

贺龙的办公室，设在曾家崖，曾是蒋介石在重庆时下榻的公馆，门前花木环绕，绿荫遮盖，十分幽静。

王吟秋跟随张一然、郭瑞走上山坡，进了贺龙的办公室。王吟秋刚刚进部队的门，还没学会行军礼，而是恭恭敬敬地给贺龙鞠了一躬，腼腆地说：“贺司令员，您好！师父让我代他向您问好！”

贺龙笑着说："咱们部队不兴这个礼节。"说着，伸过大手，跟王吟秋握了握手，"吟秋同志，你一路辛苦了，请坐，请坐。"

三人坐定。贺龙问："程先生身体好吗？"

王吟秋想站起来答话。贺龙摆摆手："坐下说。"

"师父身体很好，去年又到西北去考察，到了新疆。我临来，师父嘱咐我参军后要好好学习。"

贺龙点上一支雪茄，仔细打量了王吟秋，见他面容消瘦，脸色微黄，又有些拘束，便对张一然说："吟秋气色不大好，路上累了吧，回去让他先休息几天。"

张一然说："吟秋身体不大好。"

贺龙对正在外厅等候给他检查身体的医生说："你去取二十支葡萄糖来，给王吟秋带上。"

王吟秋又站起来，习惯性地朝贺龙鞠了一躬，说："谢谢首长关心。师父还说要尽快来重庆慰问解放军，也说要给您祝寿呢！"

这时，医生把两个小纸盒装的二十支葡萄糖针剂递给了王吟秋。

贺龙起身送行，并说："告诉程先生，现在不安全，暂时不能来。再说，我是从来不做寿的。"

从此，王吟秋便成为西南京剧院的主要旦角演员。

从1952年底到1953年秋，西南军区举行了文艺检阅大会，王吟秋演唱的《荒山泪》（饰张慧珠）、李蓉芳演唱的《贵妃醉酒》、殷元和演唱的《醉打山门》（饰鲁智深），均获得表演奖。贺龙亲手将他和邓小平政委签署的奖状颁发给了他们。

◆"不打不成相识"◆

重庆是一座历史悠久的名城。抗日战争时期，它曾是国民政府的陪都，一时成为全国的政治、文化中心之一。1938年，山东省立剧院（京剧）迁到重庆。同年，"厉家班"也来到四川，开始在"新声"票社活动，旋入章华大戏院演出。1945年秋，"厉家班"曾为参加国共谈判的双方代表演出了《法门寺》与《十三妹》，蒋介石陪同毛泽东、周恩来等中共代表观看了演出。此后，"厉家班"在重庆排演了连台本戏《西游记》，连演三十余本，一直演到重庆解放。

此外，四川还有不少京剧班社，有一大批名演员活跃在重庆和各地舞台。如金素琴的“丽华”平剧团，赵荣琛的“大风”剧社，成都的刘奎童、刘奎官、王少泉、蒋叔岩、殷丽君，雅安的孙盛辅，万县的潘鼎新，达县的“福顺”班（班主熊茂卿），崇庆县（今崇州市）“康春”剧团的小神童刘石林、娄外楼、吕惠春、范君伟等，都经常到重庆等地巡回演出。1943 年秋，李紫贵、金素秋、赵亚峰等二十多人从桂林来到重庆，与赵荣琛的“大风”剧社合演了不少剧目。

除了专业京剧班社外，四川还有一批业余京剧票社。这些票友们分布在成都、重庆等地，对推动四川的京剧艺术发展起了很大的作用，也培养了广大的京剧观众。也就是说，四川，尤其是重庆，京剧观众的鉴赏水平是相当之高的。

程派戏在西南也很有影响。赵荣琛拜在程砚秋门下，于 1946 年春，在上海湖社向程砚秋行了拜师礼。他在重庆、成都等地唱了几年程派戏，被观众称为“重庆程砚秋”。

在重庆京剧界影响较大的，当推“厉家班”。它成立于 1936 年，创始人是厉彦芝。他的五个子女慧斌、慧良、慧敏、慧森、慧兰，被观众称为“厉家五虎”，先后聘请产保福、赵瑞春、潘奎祥、关盛明、张福通、孟宏恒等教戏，走的是京朝派的戏路。其二子慧良长靠、短打皆精，是名噪一时的武生。

重庆刚刚解放，人民解放军带来了一个京剧院，很令山城人感到新奇。特别是听说他们来自晋西北的穷乡僻壤，是地道的“土八路”，就更增强了人们的好奇心，都想亲眼看看他们演的京戏到底是个啥水平。

1950 年 5 月初，刘伯承、贺龙、邓小平三将军号召西南军区全体指战员和机关工作人员节衣缩食，支援上海及西南各主要城市的失业工人。为此，西南文艺界发起募捐义演。

西南京剧院主动邀请厉慧良合作演出《三岔口》，这是每场义演的大轴戏，压轴戏是名旦陈书舫领衔的川剧。

京剧《三岔口》是一出难度很大的武功戏，没有极好的功夫，是演不了的。

首场演出前，贺龙对参加义演的西南京剧院的几名演员说：“你们代表解放军第一次同重庆的地方旧戏班合作演出，一定要虚心，和他们搞好团结，开个好头。”他问了问戏码，便对殷元和说，“元和，你和厉慧良合作演《三岔口》？”

殷元和说：“是的。他演武生任堂惠，我演武小花脸刘利华。”

贺龙故意板起脸，说：“厉慧良可是‘厉家班’的小老板呢！在重庆很有名气。

你们是代表解放军的，你又是个共产党员，一定要和人家合作好，可不能演砸啰！”

“贺总，您放心吧！”

贺龙看殷元和演《三岔口》多次，对他的武功是了解的。他所担心的，是怕殷元和年轻气盛，在台上让人难堪。这种现象在旧戏班里是常有的事。他又叮嘱道：“我说的要‘团结’他们，并不是让你们太拘束。要知道，你只有让他们佩服你，他们才会跟你讲‘团结’哩！”

殷元和领会了贺龙的意思，就主动找厉慧良一块儿“说戏”。

殷元和身着破军服，个头儿不高，那打扮，倒真像个“土八路”。

厉慧良并不认识他，上下打量了一遍，问道：“演刘利华，您行吗？”

元和毕竟是年轻人，听了这句话，心中便有三分不快，就说：“咱们凑合着演吧。”

厉慧良看殷元和用的刀较短，又说：“您这刀太小了，像小孩玩具似的，还是使我这把刀吧。”

厉慧良的刀很长，直到元和的肩膀。元和拿起掂了掂，两把长刀还不抵他的一把刀重，就答应说：“好，就使您的。”

首场义演开幕了，剧院挤满了观众。陈书舫的川戏还没唱完，“厉家班”和西南京剧院的部分演员们就挤在舞台两侧，等着看厉、殷二人的对打。

《三岔口》开场后，只听“啊嗨——”一声，“刘利华”上台亮相，那洒脱的台风，令人大有出手不凡之感。“刘利华”把招牌往妻子怀里一扔，就要举手向上场门翻下。谁知，捡场的人是“厉家班”的，不知是“厉家班”的演法不同，还是有意给元和出难题，把桌子横在了他的面前。

元和毫不踌躇，以一个漂亮的跨腿，在离桌子不到一米的地方，竟原地不动一连翻了十个小翻，又接着一个“蹲提”，跃上桌面，再一个缩前扑翻，下了桌子。他虽然身材不高，但跟斗翻得十分漂亮，而且落地无声，让山城的戏迷们目瞪口呆，喝彩声不绝于耳。

“任堂惠”上场同“刘利华”对打时，“刘利华”老是抢“任堂惠”一快。

台下的戏迷们急得连连朝“任堂惠”高喊：“赶上去！”“赶上去！”

“任堂惠”奋力抵挡，戏装都让汗水湿透了。

第二天演出，厉慧良换了一副行头，又湿透了。第三天，他又换了一身，也还是湿透了。而殷元和却连大气都没喘。

厉慧良这才领教了元和的功夫，十分钦佩地问："您这身武艺，是跟哪位师傅学的？"

元和说："我在'富连成'坐过科。跟侯喜瑞、宋富亭、郭春山、叶盛章几位老先生学了一点儿，学得不好，只会些皮毛。"

厉慧良听他自报家门，这才恍然大悟，便把他演《三岔口》用的双刀赠给元和，以表示敬意，并提出拜他为师，学习他的拿手戏《钟馗嫁妹》。

事后，贺龙对元和说："你怎么在台上把厉慧良给'撅'了？"

元和说："我原来并不打算'撅'他。可他瞧不起咱'穷八路'。我稍稍使了一点儿本事，他就跟不上了。"

"人家不认识你嘛！这叫作'不打不成相识'！我看了演出，厉慧良的武功也不错嘛。你要主动去团结人家。"

元和领了贺龙之命，主动去"厉家班"，请厉慧良来京剧院给青年演员"说戏"。厉慧良传授了拿手戏《挑滑车》和《一箭仇》。他每次教戏都十分卖力，直至汗流浃背，还不肯休息，京剧院的演员们很受感动。

元和也给厉慧良"说"了《钟馗嫁妹》。从此，二人建立了友谊。

贺龙听张一然、郭瑞汇报了这个情况，高兴地说："你们到了重庆，要在戏剧界起模范作用。现在，团结了厉慧良，是个很好的开端。"

不久，厉慧良遇到了"麻烦"，向前来看望他的殷元和说："您能不能跟贺司令员说说，我到你们军区京剧院工作，行不行？"

殷元和向张一然、石天和郭瑞反映了厉慧良的要求。于是，他们一起向贺龙汇报这个情况。贺龙欣然同意调厉慧良来西南军区京剧院工作，并同西南军政委员会的有关部门谈了话，将厉慧良"解脱"出来。

厉慧良在张一然和殷元和陪同下，来到曾家岩，向贺龙道谢，感激得热泪盈眶①。

---

① 厉慧良此后并未留在西南京剧院，而是去天津京剧院工作。

◆ 发扬“战斗”传统 ◆

西南京剧院在重庆陕西街小什字落脚，进行了一番准备之后，就很快投入了紧张的排练和演出活动。

为了给京剧院解决演出场地问题，贺龙指示军区文化部拨款，在陕西街修建了一座“解放军剧院”。在兴建过程中，京剧院的全体人员、学员都积极地参加了义务劳动，亲手建起了山城有史以来第一座专门演出京剧的剧场。

张一然、邓泽、石天等在解放战争期间和到重庆之后，创作了一批新戏。如石天、朱虹、张保义改编的《白蛇传》，在重庆连演两个月，场场满座。为了配合反特斗争，石天创作了时装戏《金镯玉环记》。

为了配合西南地区正在进行的清匪反霸、减租退押运动，贺龙指示京剧院下部队、工厂和农村巡回演出。

西南京剧院先后到江津、泸州等地演出五十多场，观众多达13万多人。演出的剧目有《九件衣》《北京四十天》《黄巢》《丹梁桥》《赖虎计》《廉颇与蔺相如》《打渔杀家》《宇宙锋》《群英会》《定军山》等二十多种。

京剧院每到一地，部队、工厂、学校的群众就奔走相告：“贺司令员派京剧院来啦！”京剧院每次演出，观众都是人山人海。许多战士看了揭露地主残暴压迫农民的《九件衣》，激动地说：“看了你们的戏，真比上几次课还有力量！不打倒封建恶霸，我们决不放下武器。”

演员们牢记贺龙的教导，发挥战争年代“战斗”平剧社艰苦奋斗的精神，盛夏季节，在观众穿着背心还要扇扇子的时候，平均每天排演十二个小时。还有的演员带病上场。

京剧院精湛的演技和吃苦耐劳的良好作风，受到了广泛的好评，也多次受到贺龙的表扬和军区政治部的表彰。

1950年全年，京剧院演出一百四十一场，演员和戏校的学员学习、实习了六十五出传统剧目；研究室创作了十部新戏，其中有四部公演。

京剧院还按照贺司令员的指示，抽调了几十名年富力强的男演员，组成精干的演出队，背负行李，前后三次奔赴康藏高原，慰问进藏部队和修筑康藏公路的筑路部队。

第一批进藏的演员有王和霖、王吟秋、殷元和、张元奎、刘飞、金玉恒、汪野航、刘元鹏、李叔华、周慧兰、阎宝俊、田占祥、王宪周、刘长林、钱振义等,还有一名随队医生,是清一色的"和尚"队。患有心脏病的鼓师不听劝阻,硬是跟着演出队进了西康。

出发前,贺龙对带队的郭瑞说:"筑路部队的工作、生活都很艰苦,在雪地里宿营,特别是吃不上青菜。你们慰问部队,就要到最艰苦的工段去。到康藏慰问部队是个苦差事,但你们一定要记住,筑路部队的战士比你们还苦!你们到了筑路工地,一定要代表刘(伯承)主席、邓政委和我,向部队指战员致敬,代表我们慰问部队。"

演员们来到了海拔六千多米的雀儿山,为了适应高山环境,不乘汽车,背着道具、行头和行李,徒步登山。由于空气稀薄,他们不得不常常停下来喘气。鼓师走到半山腰时,昏迷了过去。医生把他抢救过来之后,问他:"你知道自己有心脏病,为什么还要来?"

这位鼓师说:"打鼓的就我一个人。我不来,怎么演戏呀!"

在雀儿山工地,演员们为筑路部队演出了《三岔口》《武松打店》《时迁偷鸡》《杀四门》等短小精彩的节目。直到雀儿山工地的每一名筑路战士都看上了他们的戏,演出队才回到甘孜,给贺龙和邓小平发电报,报告了演出情况。

可以说,这是迄今为止,在中国京剧史上演出地点的"最高"纪录。筑路部队的指战员们无不为之感动,纷纷为他们请功。贺龙和邓小平通令嘉奖了演出队。王和霖等组成的业务组荣立了集体三等功。王和霖写过一篇题为《登雀儿山》的文章,是记述此次慰问演出的仅存的一份文字资料。他在文章中写道:

> 当我们爬到离山顶不远的地方,就普遍感到呼吸紧张,剧烈的头疼,但是,谁也没有透出一点畏难的精神,并且在这中间,更表现了高度的阶级友爱的精神。有的同志抢着挑圆笼,有的抢着背背包。就这样,你搀着我,我架着你,继续攀登到山的最高峰。
>
> 山的背面,阳光是射不到的。有的地方铺满了三尺厚的常年不化的积雪。我们走在坚冻着冰雪的山路上,如果稍不小心,就有滑下山涧的危险!这时,还是协理员在前面领着路,慢慢地顺着"牦牛"走的仅有的一条小道开

始下山的。我们就这样地战胜了严寒的冰雪、稀薄的空气及高入云霄的雀儿峰。在同志们热烈的欢呼声中,到达了“工八团”,执行上级给我们的任务——慰问演出。

西南京剧院后两次到西藏慰问演出,分别由石天、张一然、郭瑞带队,共演出一百三十六场,观众达二十四万余人。西南军区政治部收到西藏部队给京剧院、政治部、军区首长的感谢信,就有二百二十封之多,还收到了两面锦旗。演出队在〇〇七三部队一支队演出时,战士们抬着锅来看戏。下午看完戏,就地埋锅做饭,吃过饭,再接着看晚上的戏。可见京剧院的节目是多么受欢迎。

第三次去西藏,西南京剧院演出队正好和中央慰问团相遇。相声大师侯宝林看到演出队的小伙子们光着膀子翻跟斗,感动地说:“你们的作风过得硬!我不翻跟斗,还得吸氧气呢!”

侯宝林这句话虽然简短,却是对贺龙将军亲手培育的京剧院的优良作风的极好评价。

王和霖等青年演员,在经过艰苦的考验和锻炼之后,光荣地加入了中国共产党。

第二节

慰问西北、西南

◆ 小结西北之行 ◆

现在,回过头来再介绍程砚秋 1949 年从西安返京之后的情况。

他一进家门,就从衣箱里拿出那个用绿丝绦系着的杏红缎长形包袱,对妻子说:“让你看一件珍贵的玩意儿。”

果素瑛好奇地看他解开丝绦,打开杏红缎,呈现在眼前的竟是一把漂亮的战刀。她被这意外的物件弄呆了，忙问："这刀是你打哪儿买来的？买这玩意干什么呀！"

程砚秋哈哈大笑："这可是花多少钱也买不到的呀！这是日本将官的指挥刀，是贺龙将军打了大胜仗的战利品。贺老总把它珍藏多年，这可是赫赫战功的历史证明啊！"

他把战刀递给妻子，说："你仔细看看，这钢有多好，这么多年，一点锈斑也没有！"

接着，他又滔滔不绝地说了起来："这是在西安时，贺老总临去西南之前，对我说，我要转到西南去了，蒋介石还有上百万军队盘踞在那边儿。等西南解放了，请你到西南做一次旅行，我准备欢迎你。今天送你一件礼物，作为我们在西北相聚的纪念吧。"

果素瑛把战刀放回到杏红缎子上，说："看你高兴的……"

"人家贺龙将军可是身经百战、屡建奇功的英雄，这样看得起我程某人，我怎么能不高兴！跟贺老总分手后，我想了六句题词。"

他边说边取过笔，在信笺上用魏碑体写道：

新国肇造，西北壮遨。贺龙将军，慨赠宝刀。胜利纪念，百练功高。1949年贺龙将军赠于古长安。程砚秋识。

他放下笔，把雷师傅叫过来，说："您把这把战刀拿到前门铜器店，请他们用魏碑体字刻在刀柄上。"

末了，他又叮嘱道："雷师傅，请您快点去！"

这把刻着程砚秋亲笔题词的战刀，果素瑛一直珍藏在身边，直至去世。这把战刀，既是抗战胜利的见证物，也是贺龙与程砚秋真挚友谊的永久纪念品。

此后，程砚秋便伏案整理在西北搜集的资料。

一天，马少波约他同去周恩来总理家中，汇报了到西安慰问部队和见到贺龙等领导同志的情况。周总理对他的西北之行予以了鼓励，也希望他在致力于艺术工作的同时，加强学习，提高思想，并说："你以后可以多和马少波同志联系。"周总理又对马少波说，"今后，希望你多帮助砚秋同志。"

1950年2月7日，程砚秋出席了文联的会议。会后，他根据会议所提出的1950年工作安排，和他在西安等地所做的调查，进行了整理和分析，并撰写了一篇《西北戏曲访问小记》。

在这篇小记中，他简要叙述了率“秋声”社去西安等地的经过；对流行于西北地区的秦腔、眉户戏、灯（皮）影戏、傀儡戏等剧种的特点和现状，做了介绍；对于如何推动剧本创作等问题，提出了建议。他在小记中写道：“西安的戏剧材料太丰富了。”并对贺龙创建的西北军区平剧院，给予了很高的评价：

> 西北〔军区〕①平剧院除常常演出《红娘子》和《北京四十天》以外，最近又演出了王以〔一〕达所作的《武大郎之死》，为潘金莲做翻案文章，写西门庆之倚财仗势。此外还有石天写的一本《从开封到洛阳》，尚未演出……
>
> 西北方面的群众，对于京剧也是很爱好的。但当地的京班，水准都太低，角色也不齐全。支持局面，全仗西北〔军区〕平〔京〕剧院了。但平〔京〕剧院最近就调往西南去，京剧的阵容便空虚了。

他在小记的最后表示：“不久我们还要到西北去。但是，我们很顾虑到自己的能力不足，所以很盼望各方面时常对我们指导扶持……1950年，是我们应该开始努力前进的时候了。”

程砚秋写完小记，把稿子寄给周扬，并附一信：

> 周扬先生：
>
> 奉上《西北戏曲访问小记》稿一件，请阅后删正！
>
> 改进中国戏曲，据我个人的见解，总以为要把全国各地方的戏曲做 普遍而详细的调查，记录整理，综合研究。这样不但对我们的戏剧遗产可以明确认识，并且互相交流的结果，一定还可以打破了故步自封的旧见，而发生一种新的动向。去年西北之行，因为工具和工作人员的不足，记录工作，只做了一个初步；今年当然还要再去一次，以抵于成。同时西北当局为了要在西北

① 引文中的“〔 〕”为笔者所加，下同。

建立一个稳固的京剧基础，因而相委，亦属义不容辞。一俟告一段落，当然还要遍访各省，完遂初定计划。

现在敬谨向您请教，这种调查，是否还有扩大范围的必要？政府方面是否需要更详尽的记录？如果有，请指示一个方针，给予我们一些方便，我们愿自告奋勇来负起这项工作的。

此致

敬礼！

程砚秋谨启

2月9日

周扬于2月20日复信说："砚秋先生：很高兴地读了您的来信和大作《西北戏曲访问小记》……我十分赞成您的这个计划，并预祝您的成功。"

他在复信中介绍了延安时期文艺工作者搜集、整理、改造民间艺术的初步成果，并指出："搜集、整理与研究各种地方戏剧、音乐，对旧剧的改革与新歌剧的创造上，已经发生了重大的作用，而且，我相信，将来还会发生更重大的决定性的作用。京剧界有些朋友看不起地方戏，实在是错误的。您对地方戏如此重视，就更值得大家学习了。您指摘了盲目崇拜西洋的风气与对自己民族历史遗产的忽略，这些意见都是很正确的。"他认为调查各地戏曲的工作，是有扩大范围的必要的，并关切地问，"您的具体调查计划已拟就否？我很想知道，并愿尽我的力量来帮助您。"

程砚秋接读此信，非常高兴。

《人民日报》于1950年2月26日全文刊登了周扬、程砚秋的信及《西北戏曲访问小记》。

3月18日，程砚秋复信周扬，将详细的调查计划寄给他。信中说：

周扬先生：

读过您2月20日的信，承恳切指教，敬谢！

……

我是将近五十的人了，舞台上的前途，已经不很久远，但半生从事戏剧事业，当然此后还应该站在戏剧的岗位上去工作。我曾经详细检讨我自己，由于一向只是在表演技术上用心，对于事务工作，深非所长，勉强从事，只有误事。过去我曾有一个调查全国各地方戏曲的计划，目的是把我们民族传统的各种戏剧艺术，尽量地发掘搜集起来，来供改进旧剧工作的研究选择采用。全国各种地方戏曲，数目是很多的，但相互之间关系也很深，因而相同之点也很多。我们以京剧去和他们做比较的研究，调查起来是可以费事少而收效快的。所以我觉得再把这计划实行起来，或者不致太无成绩。但是这只我自己觉得如此，还希望您给我一个正确的指导。现在把我的调查计划大纲录在下面，请教正！

全国戏曲调查计划大纲：

一、为了把全国各地方的戏曲，做统一的调查，汇集起来，比较研究，统计整理，以为建设新中国歌剧的基本材料，组织全国戏曲调查团来进行这项工作。

二、全国各地，依地方戏的系统和旅程的方便，粗分作十二个区域：

一、陕西中部北部和甘肃、宁夏。二、陕南、豫西南、四川、湖北、湖南。三、新疆、青海。四、西康、西藏。五、云、贵、广西。六、广东、福建、台湾。七、江西和皖南。八、浙江和江苏南部。九、河南东北部、皖北、苏北、山东、河北南部。十、山西、河北中部北部。十一、内蒙古各地。十二、东北。

〔下略〕

以上几项，是我们所想到的，当然这很不足，希望您多多指示补充的意见。

程砚秋

3月18日

◆“西天”取“经”◆

《人民日报》于1950年4月16日以《关于地方戏曲的调查计划》为题，公开发表了程砚秋给周扬的复信。

尽管他的调查计划得到了文化部的支持，他仍然没有伸手向国家要钱，并对妻子说：“现在，新中国一切都在初创，国家需要花钱的地方可多着哪，怎么好向上面伸手呢？我想出一个既不向政府要钱，又能去西北的好办法，就是组织旅行剧团。演员的银行是开在自己身上的。为了事业，多出几身汗、多唱几场义务戏，是值得的。过去办中华戏校和农村中学是这么办的，办戏曲研究所和博物馆、图书馆也是这么办的。现在解放了，更应该这么办。”

果素瑛赞同他这个办法，还给他补充了一条，说：“这种办法，还有一个长处，就是经费靠自己筹措，花起来决不会大手大脚的。”

1950年4月底，程砚秋率“秋声”社启程，先到青岛、博山、潍县、周村等地，大多数时间都是在乡村演出和搞调查。直到夏季到来，阴雨连天，程砚秋让其他演员从徐州返回北京，他自己带着杜颖陶、胡天石、李丹林，又来到了西安。

在西安，他已经交了许多朋友，可谓驾轻就熟，收获颇丰，而且得到了当地政府、驻军的支持和协助。

陕西、甘肃、新疆、青海等地的驻军，是贺龙将军多年培养起来的部队，西北的许多军政首长，都是贺龙将军的战友，和跟随他征战多年的老部下。他们都热情地接待了程砚秋一行，为他们接风洗尘，给他们提供车辆和住所，安排演出，联系参观、访问，为他们的考察工作创造了便利条件。

程砚秋亲眼看到，大西北的生活、演出条件都远远比不上北京，可是这里的戏曲、音乐工作者们埋头艰苦创业，保持传统，带徒弟，传授技艺，很受当地群众的欢迎。

他还发现，每一个地方剧种都有京剧赶不上的独到之处，是值得学习和借鉴的。

他到了新疆的喀什，听说当地有个老民间音乐家，叫哈西木，会十二套大曲。他觉得太宝贵了，应该设法把它保存下来。他经过多方查找，终于见到了这位年逾古稀的老艺人，向他说明了身份和来意。

老艺人感动地说：“过去几十年，谁也没有理会过我，有东西也没人要。我想，大概只好带进土里去了。今天，想不到连北京都知道了，你们这么远来找我。”

然而，程砚秋一行既没有带录音机，也没有会记乐谱的，怎么办呢？正当程砚秋束手无策的时候，沈钧儒率领的一个慰问团，也来到了喀什，并且带了钢丝录音机，程砚秋喜出望外。可是遗憾的是，他们带的钢丝只够录四个小时，而这十二套大曲，每演奏一曲就得两个钟头。

程砚秋心急如焚。在乌鲁木齐,贺龙的老部下王震将军亲切地接见了他,问他在新疆都有什么收获,还有什么困难。

程砚秋便把喀什哈西木老人的事,详细地介绍给王震将军,并说:“可惜我们没有带录音机,如果能把老人的十二套大曲都录下来,该是多有价值的事啊!”

王震说:“这件事好办,我们可以派人带录音机去嘛!”

程砚秋心想,西北刚刚解放,王震将军身兼许多职务,忙得不可开交,未必能顾得上这件小事。

程砚秋从4月底离京,直到11月底,才风尘仆仆地回到家中。

果素瑛责怪道:“你这回走的大概是唐僧上西天取经的那条路吧。你这怪脾气老是不改,一外出就懒得给家里写信。我还以为你真的给‘发配’出去了呢!”

程砚秋自知理亏,也不辩解,只是笑呵呵地说:“这叫作‘从青岛到帕米尔’,横贯中国大陆的破天荒旅行调查,时间七个月,跨越六个省区,行程三万里,大开眼界,大开眼界!”

果素瑛见他这么兴奋,也不由得为他的情绪所感染,一边帮助他收拾行李,一边听他讲在西北的见闻。

程砚秋说:“这次去西北,军政各级领导,大部分是贺龙将军的部下,对我们可热情了。有他们的支持和帮助,可以说是无忧无虑呀!”

他谈起各地著名老艺人的绝技时,眉飞色舞:“青岛梁前光的胶东大鼓、董长河的柳茂腔、济南邓九如的扬琴、王莲峰的潍县大鼓、汉中二黄名角张庆宏、豫剧名角常香玉、西安的樊粹庭、蒲剧名角阎逢春、新疆的康巴尔汗、南疆喀什的老乐师哈西木……我都见到了,都交了朋友!”

他平日少言寡语,这时却滔滔不绝,如数家珍,顾不上喝口水,也顾不上休息了。

过了没几天,全国剧协的同志向程砚秋转达了新疆传过来的消息:王震将军根据程先生的建议,责成文化部门派人把哈西木老乐师用飞机接到乌鲁木齐,为老人录了音,并送他许多酬金。

程砚秋听到这个消息,简直不相信自己的耳朵。“共产党的领导人,工作那么忙。还这样重视群众的一项建议。这说明党对文化艺术关怀、重视的程度。这要是在过去,你就是再怎么说这事要紧,也没人理你!”他对果素瑛说。

果素瑛问："王震将军是个什么模样儿？"

"我住在新疆西北分局时，听说王震将军要来，我以为一定是位雄赳赳的人物。谁知一见面，却是位谈吐直爽的白面书生。"他说到这儿，有感而发起来，"不管什么事，都要自己亲眼看看才行，不要听信传言。没见到贺龙将军之前，我想这位大将久经沙场，一定是位大花脸的角色。不料，见面时却是一位靠把武生的模样儿，是赵云式的人物。真是有趣。"

他陷入了沉思，一边回忆着过去，一边说："我在旧社会，会过各式各样的人物，上自达官贵胄，下至平民百姓。在新社会，又认识了这些名闻中外的将军，都是那么诚恳直率，平易近人，一点架子也没有。我们一见面就对脾气，能说到一块去。可是文艺界呢，却有那么一些人，我管他们叫'要黑枪的'，当面一套，转过身去，又搞一套，我最不喜欢这号人！我最喜欢共产党的军人！"

他望着果素瑛，非常认真地说："我要是不唱戏，也一定会当武将的。"

果素瑛插了一句："吟秋不就是让你送到贺龙将军那儿当军人了吗？"

"我还想去呢！你看人家张一然院长，跟着贺老总干了十多年了，也是唱戏的，也是共产党的军人，也是那么直爽、诚恳。让吟秋跟他们干，我当然放心。"

◆ 望眼欲穿 ◆

程砚秋从大西北返京后，就又筹划去大西南的事。

那些日子，他每天都非常认真地从他新买的那台外国收音机中，收听中央人民广播电台的新闻节目。

"秋声"社的同人几乎每天都来程宅说戏、吊嗓。大家见他那么专心致志地听广播，是以前从未有过的事，以为他是对新买的洋玩意儿感到新鲜，也没大理会。

每天，新闻节目时间一到，程砚秋就让乐队停乐，自己去打开收音机。过了一段，大家渐渐习惯了，一到时间，不等他说，便自动停乐，看着他转动旋钮。久了，便发觉他不是出于新鲜，而是在等待什么消息。

一天，大家照常准时停乐，和他一起听着播音员那清亮的声音：

新华社北京22日电：中央人民政府革命军事委员会任命贺龙为西南军

区司令员，邓小平为政治委员，陈赓、周士第、李达为副司令员，李达并兼军区参谋长，宋任穷、张际春、李井泉为副政治委员，张际春并兼政治部主任，张经武为副参谋长，张子意、王新亭为政治部副主任。西南军区已正式成立并开始办公。

程砚秋全神贯注地听着，脸上绽开了笑容，用有些颤抖的手转动旋钮，把声音调大。

大家听到此，才明白他是在等待西南方面和贺龙的消息。听到这个喜讯，都情不自禁地笑了起来。

以往，新闻节目一结束，大家就抄起乐器，继续练嗓。这一次，程砚秋却仍然坐在桌旁，没有起来，舒心地感叹道："共产党、解放军真不简单，这才三个月的工夫，就把整个西南都解放了！真没想到会这么快！贺龙将军当了西南军区司令员啦。"

他眼里闪着少有的光，陷入了回忆……

程世章明白他的心思，说："咱们什么时候进川？贺龙将军还等着看咱们的戏哪！"

程砚秋的眼光扫过每个人的脸，说："在西安分手的时候，我可是对他说'西南一解放我们马上就到'啊！"

"您给贺龙将军发电报，咱们马上动身！"大家纷纷表示。

程砚秋这时坐不住了，腾地站起来，说："好，拍电报去！"

但是，程砚秋不知道，此时贺龙还在成都组建川西、川北和西康军区，3 月，去重庆与刘邓会面，出席中共西南局第一次全会，之后又返回成都，直到 4 月，才迁往重庆办公。

程砚秋自给贺龙发了电报之后，又天天盼着回电，天天准时收听新闻。一天，播音员又播报了一则消息：

新华社重庆分社讯：西南军政委员会主席刘伯承将军，西南军区司令员贺龙将军，政治委员邓小平将军，对残留在西昌地区的胡宗南、贺国光部队的忠告，昨(26 日)起，已由重庆人民广播电台每日三次播送，忠告全文如下：

残留在西昌地区的胡宗南、贺国光部队的官兵们，被胡贺两匪监视挟持的少数彝兵同胞们，人民解放军的主力部队，已开始了对西昌地区的围歼作战，并已击破了前进路上敌人的一切抵抗而胜利地强渡了天险的大渡河与金沙江，对西昌已形成合围……

程砚秋边听边看地图，嘴里还不住地念叨着："我说怎么老是没有回信儿呢，原来贺老总和邓政委还在指挥打仗呢！"

贺龙于1950年4月4日，率领在成都的部分同志，迁至重庆办公后，才见到程砚秋的电报。他对秘书说："以我的名义，给程先生发个回电，就说现在西南地区刚解放，社会秩序还很乱，安全不能保证，让他过一段再来吧。"

程砚秋收到贺龙的回电后，才推迟去西南的计划，改去山东和大西北。

他从大西北返回北京，接待了张一然，听到他讲述西南的情况，送走了张一然之后，又每天收听西南剿匪的消息。

一天，程砚秋又打开了收音机：

新华社重庆电讯：人民解放军西南军区各部队，坚决镇压残余特务土匪的反革命活动。由于各剿匪部队正确执行了镇压与宽大相结合的政策，在半年当中，业已在西南范围内，使国民党匪特所组织的'游击战争'遭到致命打击，西南全区腹心地区及交通要道，于6月份大部都已净化……

程砚秋听到这儿，放大了音量，激动地说："大伙听听，听听！"大家都凑到收音机旁，竖起耳朵。

为镇压这种反革命活动，9月上旬起，我西南军区各部对贵州省之东北、西北、东南边沿地区，及西康、四川边沿，云南、贵州边沿，云南省南部、西部地区残余股匪，分别组织了严密的合围搜剿……仅经两个月时间，即将以上地区三十余股残余特务土匪一网打尽，各主要匪首已大部落网……

程砚秋激动得再也坐不住了，说："大伙准备准备吧，我再给贺老总发一封电报去。他一回电，我们马上就动身。”

大家异口同声地说：“我们跟您去！”

从这以后，在程砚秋的影响之下，“秋声”社的许多成员都养成了收听新闻的习惯。

程砚秋自第二次给贺龙发了电报之后，望眼欲穿，又是天天盼着回信儿。

◆ 践约赴渝 ◆

贺龙在西南，除了担任中共西南局第三书记、军区司令员之外，还是西南军政委员会的副主席。由于他身兼数职，这段时间，正是日理万机，忙得不可开交的日子。

他和刘伯承、邓小平指挥西南军区部队发起昌都战役，促进了西藏的和平解放，昌都总督阿沛·阿旺晋美宣布起义；组织参加入朝作战的西南军区志愿军；指挥筑路部队修筑康藏公路；与邓小平政委等联名向中央军委和毛泽东主席呈报《西南军区 1950 年剿匪情况总结》；担任任弼时治丧委员会委员，撰写《悼任弼时同志》一文；向中央做关于处理西南起义、投诚、俘虏的九十万国民党部队的综合报告；出席西南区第一届公安工作会议；出席西南军政委员会第一、第二次全体会议，并致开幕词……

尽管贺龙如此繁忙，他还是抽出时间，给程砚秋发了回电，欢迎他率剧团即时启程来渝。

程砚秋捧读来电，欣喜异常，马上把“秋声”社的老搭档们请到家中，给他们看了贺龙的回电，急切地说：“大伙儿都准备好了吧？我这儿准备了一个多月，可以马上动身了。大伙儿看看，咱们几号能走？”

他用期待的目光望着每一个人。

可是，大伙儿坐在椅子上，好半天也没一个人言语，当初的那股积极性也不知道跑哪儿去了。

原来，这时已经临近春节。大伙儿跟着他走南闯北，长年在外，就盼望着按照老风俗在家里过个团圆年。所以，谁也不愿意在这个年坎离家外出。按照戏班的旧例，春节期间是不外出的，要封箱的。

这时程砚秋的脑子里把这个沿袭多年的旧例忘得一干二净，见大伙儿互相交换着踌躇的目光，没一个人说话，便焦急地问："大伙看看，到底怎么办？几号走？"

又是一阵沉默。

程砚秋终于耐不住了，"霍"地站起身来，急不可待地说："大伙儿都不言语，要是不愿意去，我就，我就自个儿去！我跟贺老总约好了，重庆一解放就到。现在重庆都解放一年多了！我不能失约呀！我见到贺龙将军，就说你们不来。"

程砚秋发了火，说出了这样的"气话"，让大家都吃不住劲儿了。因为他们跟随程先生多年，从未见他发过火。往常，无论遇到什么事，他总是和颜悦色地跟大家商量着办，如果碰到僵持不下的问题，他就把话茬儿一转，容人过后去斟酌，从不当面争执，使人难堪。

程世章深知程先生到底是男子汉直脾气，动火干仗，硬碰硬，直到拳脚相加打特务、汉奸，都使得。但要是碰上"松蔫蔫"不吭气的，他干着急，一点儿辙也没有。于是，他赶忙打圆场："四爷，不是大伙儿不愿意上西南，都巴不得跟您去呢！可您想想，这不是眼瞅着要过年了吗，按咱们戏班的旧例……"

程砚秋这才恍然大悟，马上软了下来，笑着说："您不说，我还真把这事儿给忘了，是我错怪大伙了！"他央求说，"到底去不去呀！真要是让我一个人去，怎么演出啊！"

大家见他来了个一百八十度大转弯儿，就跟他商量着说："四爷，咱们过了年再去，不成吗？"

程砚秋说："按戏班旧例，过年要封箱。可今年情况特殊，西南有匪乱，现在刚刚平息。我问过张一然院长，贺老总的生日是 3 月 22 号。咱们出去，还得在沿途演几场，筹措经费。国家经费这么紧，咱们不能向政府伸手，也不能到重庆找贺老总要。要是过了年再出去，就赶不上给贺老总祝寿了！"

大家说，四爷说的在理儿，原则上都同意去，只是年底出门儿，要跟家里商量一下。

程砚秋见大家都答应下来，喜出望外，说："既然大伙儿都应下了，我马上派人到邮局给贺老总拍电报，告诉他我们 3 月上旬准到。"

说着，他就起身到书房起草电报稿去了。

大家看他急出了一头汗，又急匆匆三步变两步奔向书房的样子，不约而同地说："没想到，程先生原来也是个急性子呀！"

程砚秋和"秋声"社的著名演员于世广、李四广、贾松龄等，鼓师白登云、琴师钟世章、任之林，秘书杜颖陶，弟子李丹林等，在1951年2月初，也就是春节前夕，辞别亲人，踏上了征程，朝他们渴望已久的山城重庆进发。他们为了筹措川资，途经上海，溯江而上，在武汉上岸，公演三天，将门票收入作为到重庆的船费。

在武汉，演出相当成功。三天的演出，场场爆满，仍有许多观众要求加演。戏院经理再三恳求剧团加演几场。程砚秋赴渝心切，婉言谢绝，并说，如果从西南返京时有便，路过武汉时再说。

他们乘船行至宜昌时，趁停船的短暂时间，上岸到当地的戏篷里看地方戏。程砚秋见艺人们演出所用的道具、行头等都破旧不堪，生活艰难，戏班岌岌可危。当时，宜昌也刚解放不久，戏班还都是私营，当地政府尚未来得及整顿资助。于是，程砚秋大发恻隐之心，对大家说："我们进川虽然重要，但对同业的艰难处境，不能坐视不救啊！谁让咱们赶上哪！我想咱们先不上船，把行头卸下来，在宜昌义演几场，将全部收入周济他们，大伙儿看行不行？"

大家都有同感，欣然支持他的想法。

程砚秋和剧团在宜昌义演，轰动了这座江边小城。剧团将收入全部赠给了当地戏班的艺人。当剧团准备登船西行时，这些艺人们手擎早已准备好的横幅，上书感谢剧团热情帮助，祝剧团一路顺风，赴川演出成功一类的词语，赶到江边送行。当江轮起锚时，这些艺人们个个热泪盈眶，频频招手，久久伫立在江边目送，直到轮船不见踪影，仍不愿离去……

贺龙接到程砚秋即将到渝的消息，便把陈斐琴、张一然、郭瑞、张元奎和"战斗"文工团的负责人叫到办公室，给他们看过程砚秋的电报后，说："程先生是四大名旦中第一个到西南来慰问演出的。1949年程先生到西安来，就是慰问部队的。当时，我们正准备进军西南，没有安排。这些你们都是知道的。程先生在艺术上很有造诣，独树一帜，在京剧界很有影响。这个人很有民族气节，很有骨气，很有正义感。日本人来了，他到青龙桥种地，不给他们演戏。因为他不给日本人演戏，有些汉奸特务跟他捣乱，要报复他。程先生跟他们动了武，把这些汉奸特务都打跑了。作为一个从旧社会过来的艺人，能做到这一点，是难能可贵的。这次他来西南，是我在西安和他约好了的。他早就打电报说要带剧团来，因为当时我们正在剿匪,安全没有保障,我没有同意。他这次来,接待工作由文化部的陈部长和后勤部的姚继鸣负责,经费由姚继鸣管。”

他看了看张一然,又说:“一然同志,程先生来重庆以后,由你陪同,陪到底。他们在重庆演出,由你们京剧院派人帮助组织、联系。他们不熟悉重庆,你们要提供方便。”

他又对“战斗”文工团的负责人说:“你们‘战斗’文工团配合京剧院,程先生来重庆,带的人手可能不够,乐器、道具、服装,他们也不可能带那么多。这件事,就交给京剧院和文工团。程先生到了重庆,你们要主动问一下,缺人,给他们人;缺东西,给东西。”

他的目光扫过每一位在座的同志,又叮嘱说:“总之,你们再忙,也要把程先生和剧团照顾好,保证安全,不能出任何问题。不然,我们对不起程先生。他们下船后,你们先代表我设宴欢迎一下。我还有会要参加,开完会,我去看他。”

山城重庆,又称“雾都”,一年到头,难得有几日晴天。阳春三月,是重庆难得的好季节。剧团运气不错,一个晴间多云的天气,迎接了这些远道而来的尊贵客人。

程砚秋一行,沿江饱览了三峡的绮丽风光,透过薄云淡雾,欣赏着宛若天上宫阙的山城,一路的辛劳早已随云雾飘去。江轮载着他们渐渐驶向朝天门码头。在这座不知道发生了多少历史故事的码头,他们远远地就看见一群穿着草绿色军装的人们伫立在码头上。程砚秋认出了人群中的张一然和王吟秋,便招手致意。

江轮靠岸的笛声鸣起,船员们刚刚抛出铁锚,一群年轻的军人由张一然和王吟秋带着,很快就跑上甲板争抢着给剧团背行李。

跑在最前边的王吟秋兴奋地对程砚秋说:“师父,您辛苦了!张院长他们来迎接了!”

跟在他后面的张一然老远就朝程砚秋伸过手来,一边握手,一边说:“可把你们盼来了!”他指着身后的大高个儿说,“这是我们京剧院的协理员郭瑞同志。”又指着另外一个高个儿说,“这是张元奎同志,刘元彤的师弟。”程砚秋同他们一一握手,说:“在西安见过。谢谢你们啦!”

西南京剧院的同志们簇拥着程砚秋一行,走过江边的沙滩,又拾级而上。

张一然指着一个正在下石阶的瘦高个儿说:“这是军区文化部部长陈斐琴同

志，是我们京剧院的直接领导。”

陈斐琴紧紧握着程砚秋的手，兴奋地说：“贺龙司令员让我代表他来迎接你和剧团。你们路上辛苦了！”

程砚秋连说：“谢谢，谢谢了！”

主宾一行走出码头，分乘几辆军车，驶向重庆最好的宾馆——胜利大厦。

当晚，陈斐琴、姚继鸣在胜利大厦设宴，代表贺龙司令员、邓小平政委等军区首长，为程砚秋一行接风洗尘。宴席上除了有各道川菜、小吃之外，还上了重庆的烤鸭。

张一然、郭瑞、张元奎和王吟秋等京剧院的同志出席作陪。

陈斐琴代表贺龙等军区首长向程砚秋一行举杯祝酒后，按照当地的风俗习惯，把最珍贵的烤鸭尾部的一块肉夹到程砚秋面前，说：“请程先生尝尝重庆的烤鸭，做法和风味都与北京烤鸭不同。”

程砚秋忙说：“谢谢，谢谢！您太客气了。”

席间，陈斐琴把重庆和西南地区解放后各剧种、文艺团体的状况做了简要介绍。

程砚秋说：“我在《人民日报》上刊登了调查全国各地戏曲的计划。这次专程来西南，一是慰问解放军部队，二是为贺龙司令员祝寿，三是进行一些营业性演出，筹措考察的路费，同时也进行一些调查。”

陈斐琴说：“您在《人民日报》上发表的文章和调查计划，我都拜读过。非常欢迎您来西南指导。贺司令员指示我们全力协助。”

张一然说：“现在，重庆有咱们军区的一个京剧院。重庆市原来有‘厉家班’等几个戏班。‘厉家班’演出比较多。元和还跟厉慧良合演过《三岔口》。我们请他给京剧院的演员们说过戏。军区的京剧团体，除了重庆之外，陈赓副司令员在昆明组建了一个‘国防’京剧团，把我们原来晋绥平剧院的霍秉龄同志调去当团长。”

程砚秋连连点头，问道：“张院长，贺司令员喜欢什么戏呢？”

张一然说：“贺司令员喜欢的戏很多。比如《廉颇和蔺相如》，他图省事，把这出戏叫‘敲盆’，想看了，就说，张一然，把你们那出‘敲盆’再演一遍嘛！还有反抗地主恶霸、杀富济贫的，歌颂英雄豪杰的，像《打渔杀家》。打抱不平的，像《四进士》。三国戏、列国戏、水浒戏,都喜欢看。旦角戏,喜欢看的是喜剧,像《虹霓关》《樊江关》《彩楼记》《凤还巢》。"

程砚秋点点头:"过几天,我们要给贺老总祝寿,您看演哪一出好呢?"

张一然说:"共产党的领导干部历来不搞祝寿活动。不过,您这么远来,给他祝寿,他一定很高兴的。改天我跟他说说,咱们不叫'做寿',就叫'祝贺生日'吧!"

程砚秋高兴地说:"好,听您安排。我们先慰问部队吧。"

◆ 誉满山城 ◆

第二天,程砚秋由张一然和郭瑞陪同,乘军车来到曾家崖,拜会贺龙司令员。

贺龙早早地让秘书和警卫员买来又大又鲜的广柑、甜橙、糖果和四川本地出产的香浓味醇的细茶。他则走出宅门,点上一支雪茄,伫立在山坡上迎候。他的新宅是军区刚刚修建在曾家崖山顶上的。站在坡上,四周一览无余,景致分外怡人。

程砚秋手中提着一个长形的包袱,一见面就说:"贺司令员,我们来晚了!"

贺龙紧紧地握着他的手,亲切地说:"哪里!西北解放,你是第一个到西安的;西南解放,你也是第一个到重庆的!我代表小平同志、西南部队全体指战员和西南人民,欢迎你把程派艺术送到祖国的大西南!"

他把程砚秋迎到客厅。宾主坐定,贺龙说:"我因为开会,没有到朝天门码头接你,还要请你海涵!"

程砚秋忙说:"哪里,您太客气了!您工作这么忙,是我们来打扰了。"

贺龙说:"如果说'打扰',这种'打扰'多多益善哪!"

在座的同志都笑了起来。

贺龙指着茶几上的水果和糖果,说:"请大家尝尝重庆的产品味道如何。"

张一然说:"程先生先请!"

程砚秋站起来,拿了一块糖果。

张一然坐在沙发上,也顺手摸了一块。

程砚秋是很讲究礼节的人,把张一然这个细微的动作看在眼里。根据他以往的经验,认为张一然不起立就拿糖吃,同贺龙将军的关系肯定不一般。于是,他取过身边的包袱，打开后，呈现出一把日军将官指挥刀。他双手托起，对贺龙说："这是在北京时，中央领导同志送我的一把日本军刀，据说是冈村宁次使用过的。今天，我把它带来，送给您，做个见面礼吧。听说您喜欢练武，这把刀也许用得着。"说罢，他把军刀递给身边的张一然，小声说："张院长，请您交给贺司令员吧。"

张一然一怔，心想："他怎么不直接交给贺老总，还通过我转交呢？"但是，程砚秋已然出口，他又不能不接，便赶忙接过来，递给坐在对面的贺龙。

贺龙十分高兴，接过军刀，仔细看了看，说："谢谢你！程先生，我听吟秋说你到大西北去考察过。"

于是，程砚秋便把在大西北受到王震等首长热情接待的经过叙述了一遍，感叹地说："过去，我没想到共产党这样重视艺术。我现在切身感受到，共产党是最理解艺人，最懂艺术的。"

贺龙点上一支雪茄，说："要说最懂艺术，还是毛主席和周总理。我是地地道道的外行。主席《在延安文艺座谈会上的讲话》，建议你读一读，主席把党的文艺政策讲得很透，对文艺界不同的观点，分析得也很透。"

接着，他又谈起了进军西南，蒋介石、胡宗南怎么仓皇坐飞机出逃；西南行政公署长官张群怎么被云南的卢汉扣押，绘声绘色，让程砚秋听得入了迷。

贺龙说到了剿匪："本来，咱们约定西南一解放，就请你来的。但是西南的国民党残余部队很多，他们大白天在成都街上抢商店，嚣张得很。李井泉同志乘坐的汽车，也让他们推翻烧掉了。幸亏李井泉那天不在车上。他们和袍哥勾结在一起，扬言要跟共产党'打游击'哩！"他吸了一口雪茄，望着程砚秋，又说，"为什么嚣张？是因为有些起义将领暗中支持他们，说没有他们，匪患平不了。这明明是要挟我们，伸手向我们要官、要地位嘛！我在大会上公开讲，要讲'打游击'，我们共产党是'打游击'的祖师爷！国民党几百万军队，我们都不怕，还怕几股土匪吗！"

程砚秋说："我听张院长说，您几次遇到土匪打枪，很危险啊！"

贺龙哈哈大笑："当兵的，挨几枪算什么！我打了这么多年仗，身上还没挨过一枪哩！阎王老子不喜欢我哟！"

大家听了，都舒心地笑了起来。

贺龙说："因为要剿匪，当初才不同意你来。现在情况好多了。但是还有一些特务和散兵游勇，仍然要当心。我已经跟李副司令员说了，请他派了几名战士，陪你们。你们可以放心地演戏。在西安，你要慰问部队，那时候，部队正要南下，没法子安排。这次你来，让一然他们帮你们联系。具体的由张元奎办。有什么事，直接找一然和元奎就行了。”

由于贺龙还要主持会议，这次谈话时间较短。临别，他嘱咐张一然把两筐广柑和甜橙送到胜利大厦。

程砚秋辞别贺龙，回到胜利大厦，便同张一然、张元奎筹划慰问部队的事。

首场是在重庆公演。贺龙、邓小平、李达、张际春、李井泉、张子意，以及程砚秋在西安结识的、现已担任西南军政委员会副主席的王维舟将军；西南军区机关人员；西南军政委员会的领导和工作人员；重庆市市长陈锡联、副市长曹荻秋；西南文艺界的负责人，都出席观看了演出。西南军区一位程派戏迷——川东军区文化部的俱乐部主任，闻讯从数十里外的北碚赶到重庆，一睹程砚秋的风采。

重庆的京剧迷们，过去在重庆只看过自学程派的赵荣琛的戏。这次程先生亲自来重庆，使他们大为振奋。但仍有许多人看不上首场，纷纷要求再公演几场。程先生婉言相告：待慰问部队后再行公演，定不失约。

解放军第二高级步校（前身为西南军政大学）的政委兼校长余秋里将军得知程砚秋在重庆公演的消息，非常高兴。他对校政治部张衔主任说：“我们学校的学员，在战争年代浴血奋战，根本看不到京剧。现在有条件了，我们应该让他们看一场由名角演出的京剧。你去联系一下，请程砚秋到学校来演一场。”

张衔一听，愣住了。他说：“我打听过，程先生公演的票价，最好的每张四万元①。就是普通票，每张也要一万元。请他到学校来演一场，要花很多钱哪！”

余秋里考虑了一阵儿，下了决心，说：“花很多钱也要演，我们可以在别的方面节省一点。”

张衔领命来见程先生，说明了来意。程先生欣然同意。

张衔问道：“不知剧团到学校演一场需要多少费用？”他问罢，心里直打鼓，因为学校的经费实在有限。

不料，程先生却爽快地说：“我这次来西南，就是慰问解放军的。为解放军演

---

① 旧币，与现行币值比为10000:1。下同。

戏,我一个钱也不要。”

张衍听了,非常感动,但考虑到剧团远道而来,十分辛苦,学校一个钱不出,也过意不去,连忙说:“那怎么行呢?剧团还有不少人嘛!”

程先生思忖了一下,说:“这样吧,那就每场收六百万元,给剧团的同事们发点儿零用钱。我本人还是一个钱也不收。”

就这样,程砚秋在第二高级步校连演了三天,演出了拿手戏《荒山泪》《锁麟囊》和《武家坡》。学员和教职员们不但欣赏了程派艺术,更领略了程砚秋的艺德。

余秋里这位跟随贺龙征战多年的独臂将军,对这件事印象非常深刻,以致四十五年之后,在他的回忆录中还详细地记述了当时的情景,感慨地说:“今天回想起来,不仅程砚秋的精湛艺术令人赞叹,他的高尚品德,也非常令人钦佩。”

此后,重庆的部队,程砚秋差不多都去遍了。南温泉,离市区有四十多里。他也不辞辛苦,欣然前往。由于路途较远,当天回不来,他和剧团就住在部队。近郊的部队,他演遍了,还问远郊有没有部队。张一然笑而不答。

程砚秋极其认真地问:“我听说在铜梁县还驻着炮兵部队呢。”

张一然笑道:“是有一支炮兵部队,司令员是孔从洲将军。他是西南军区的炮兵司令员。不过从重庆到铜梁还有一百多里路,没有直达路线,要从璧山县绕过去,路很不好走。”

程砚秋说:“那没关系,我在新疆,路也不好走,还跑了几千里地呢。”

张一然拗不过他,只得和郭瑞陪他带着剧团,乘吉普车和敞篷卡车,颠簸了百十里路,来到铜梁县,为孔从洲将军和炮兵部队演出两场。因为部队刚刚落脚,还没来得及盖新营房,居住条件很差。程砚秋和剧团的演员们就跟战士们一样睡通铺,一点儿也不觉得苦。

去铜梁的前后,剧团又来到北碚,为驻扎在这里的川东军区机关部队和西南军区军械部演出。时任川东军区文化部部长时乐濛(《歌唱二郎山》的作曲者)和军械部的领导同志非常热情地接待了他们,并陪同他们游览了附近著名的缙云山。

缙云山因缙云寺得名,素有“小峨眉”之称。寺始建于南朝,明末毁于战火,清康熙二十二年重修。这里山势峻秀,林木茂密,清静幽雅,使人流连忘返。

从缙云山下来，他们沿途又到北温泉小憩。程砚秋和张一然、郭瑞、时乐濛等在此合影，留下了珍贵的照片。

程砚秋此次来重庆，虽然在重庆最好的宾馆下榻，但大部分时间都是住在部队、吃在部队。他没叫过一声苦，也没说过一声累。风光绮丽的重庆和热情得像一团火的部队指战员，使他精神焕发，嗓音格外的好。他那时而高亢激越，时而低回委婉，时而活泼欢快，时而悲怆凄凉的唱腔，响彻山城，久久荡漾在长江和嘉陵江上，随波远去……

程砚秋在艺术上的极高造诣，他在抗日战争时期高尚的民族气节，他痛打众汉奸的传奇故事，他率京剧团不辞辛劳慰问解放军，不收分文，在宜昌义演周济贫苦艺人的故事，早已传遍山城。一时间，重庆民众在街头巷尾争说程砚秋，程派艺术风靡全城。

前面说的那位程派迷，因为是俱乐部主任，很有号召力，在他的宣传下，集结了十几名程派迷。剧团演到哪儿，他们就跟到哪儿，而且主动帮助剧团搬衣箱、打下手。有一天看不见程先生，他们就睡不着觉。

程砚秋慰问部队之后，如约在重庆市公演，又和“厉家班”合作演出。门票虽然最高的达到四万元，仍然场场爆满。

在程剧团演出期间，重庆的《新华日报》还刊登了署名“伍陵”的《程砚秋先生访问记》。

程砚秋对伍陵谦虚地说：“今天，我在艺术工作上如果说小小有些成就，能够得到一部分人的喜爱，这是群众所给的荣誉。我在舞台上表演，听到观众的掌声时，这无疑是对我的鞭策，提醒我更应该忠实于人民。”

这位记者在访问记中写道：

> 在北平解放后，多年不上舞台的程先生竟连演了好几次《锁麟囊》，并且兴高采烈地对他的老友杜颖陶先生说：“从前咱们办不到的，现在在共产党的领导下，都可以做到了！”……
>
> 过去，许多人认为地方戏不能登大雅之堂，或是说地方戏谈不到什么艺术性。程先生却肯定了地方戏在戏曲改革上的重大作用。他认为地方戏有许多优点，特别是与广大群众有密切的联系，其他在表演方法上亦有特殊的

风格,如若干地方戏的舞姿轻捷、身段活泼等,是值得京戏吸取与学习的。

程先生谈话中,不断提到川剧界张德成老先生,对于张先生的技艺倍加赞扬。这也表示了程先生对于地方戏的看重。

在戏曲改革工作上,程先生特别强调"改人"的问题,由于社会原因,现在的艺人一般的文化、政治水平都很低,对于剧本的选择,角色的体验就受到限制,所以必须加强学习,努力提高自己……

程先生表示,艺术不应只为少数人服务。因此他极力主张来自民间的戏曲,应该回到民间、深入民间去。在崭新的中国,程先生的这些愿望是不难实现的①。

在程砚秋演出间隙,殷元和、张元奎、王吟秋、王和霖夫妇等年轻人,有时陪同京剧院的老艺人,有时结伴,前来胜利大厦看望他。在西安,他们只是仓促地见了见面,没来得及细谈。在重庆,他们都打开了"话匣子"。殷元和、张元奎详细地谈起在赴延安途中,是如何被贺龙将军的热情所打动而留在晋绥平剧院的。特别是殷元和,说到贺龙将军派他们到米脂县杨家沟为中央首长演出,受到毛主席、周总理、陈毅、叶剑英等中央首长接见时,眉飞色舞,深深地沉浸在幸福的回忆之中。

张元奎说起贺龙为老艺人们祝寿的经过。在一旁的李玉安、王桂山不住地点头,眼眶又湿润了。

殷元和说:"贺老总让张院长给我们这些年轻人'牵马坠镫',又亲自给我们斟酒,我们哪儿受过这个呀!他拿你当个人哪!所以在战争年代,再苦、再危险,我们心里痛快,干着有劲儿!"

听到此,程砚秋关心地问:"你们从北京去的,有入党的吗?"

张元奎说:"元彤,元和跟我,1948年就入党了。"

程砚秋点点头,沉吟半晌,感叹地说:"可惜我程砚秋了!"

大家不知他何出此言,都感到很诧异。

程砚秋说:"'七七'事变之后,我被困在太原,周总理曾经派人接我去延安。可惜我没碰上,去了大同。唉!真是失之交臂呀!"他一转话题,"好,你们给出个

① 重庆《新华日报》,1951年3月12日,第五版。

主意，过几天给贺老总祝贺生日，我唱哪一出呢？”

“喜庆的吧！”

“贺老总喜欢英雄。”

“《锁麟囊》《凤还巢》《红拂传》《樊江关》都不错！”

“我看还是请贺老总点戏。”

“要是不点呢？”

大家七嘴八舌，热烈地讨论起来……

程砚秋从行囊中取出一个漂亮的小盒子，说：“我从北京带来一件东西，送给贺老总做生日礼物。你们猜猜是什么？”

◆ 师徒祝寿 ◆

1951 年 3 月 22 日，是贺龙五十五岁生日。他是历来不搞祝寿活动的。但是程砚秋远道而来，盛情难却。“战斗”文工团的同志们也再三表示要在生日这一天给他表演几个节目。于是，贺龙和夫人薛明商量，就在家里搞一个小型的联欢会，军政机关的同志一律不请，也不摆宴席，只是准备些水果、糖果、瓜子和茶叶。地点，就在曾家崖贺龙新宅门前的草坪上。

当天下午，程砚秋率领“秋声”社同人和王吟秋，在张一然、郭瑞的陪同下，来到曾家崖。

程砚秋一见贺龙，便上前一步，恭恭敬敬地就要鞠躬拜寿。贺龙赶忙拦住他，说：“程先生免礼！我早就说过，共产党、革命队伍里不兴这个。你请坐。”

程砚秋取出用红缎子包着的一个漂亮的长方形小盒子，说：“我从北京来，道远，没带什么东西。这是一副英国造的‘赛璐珞’[①]扑克牌，是我结婚时，岳父送我的新婚礼物。今天，送给您，权当生日礼物吧！”

说完，他将扑克牌交给张一然，说：“请张院长转交贺司令员吧。”

张一然感到很奇怪：程先生为什么又让我转递呢？

贺龙接过张一然转递的盒子，打开，看见了崭新的扑克牌，说：“这是你们的结婚纪念品，我怎么受得！”他合上盒子，就要递回来。

---

① 赛璐珞，今称塑料。

程砚秋说："果素瑛没有来。这是代表她送您的，请务必收下，做个纪念。"

贺龙把盒子交给薛明，说："谢谢你们夫妇的一番美意！"

薛明身穿整洁的"列宁衫"，清瘦的面庞，显得格外精神。她站起来，接过这一珍贵的礼物，欠身致意，说："谢谢程先生和程夫人的盛情！请大家随便坐，没什么招待大家的，准备了一点儿水果、糖果，请大家尝尝！"她对身边的鹏飞、晓明说，"去，给叔叔、阿姨们送糖吃！"刚刚八岁的鹏飞和四岁的晓明，用小手捧起糖果，挨个儿给叔叔、阿姨们送了过去。大家连忙接过糖果。文工团的小阿姨们争抢着拉过晓明，亲亲她那苹果般的胖胖的脸蛋儿。

陈斐琴走到院子中央，说："今天是我们敬爱的贺司令员五十五岁生日。为了感谢首长对文工团的关心和教导，他们带来了几个小节目，来表达一点心意！"

接着，文工团的乐队奏起了动听的音乐。文工团的姑娘们翩翩起舞，跳起了她们拿手的傣族舞蹈《孔雀吃水》。领舞的是刚刚参军的上海姑娘。她就是后来由贺龙做媒，与他的警卫排排长陈明山结婚的潘茵帆。

舞蹈刚刚结束，又有文工团的小伙子和姑娘唱起了《藏胞歌唱解放军》……

大家有的坐在椅子上，有的在草坪上席地而坐。年轻人唱着，跳着，院子里充满着一片欢乐气氛。

这时，张一然走到院子中央，高声宣布："程先生师徒二位也带来了精彩的节目。先请王吟秋同志清唱一段《红拂传》。"

王吟秋轻展歌喉，唱道：

见春光三月里百花开遍，
撩人春色是今年。
随风弱柳垂金线，
灵和殿中学三眠。
红襟紫领衔泥燕，
飞来飞去把花穿。
纷飞满地桃花片，
一双双蝴蝶舞阶前。
……

乐队至此，演奏了一段过门，又转到散板。王吟秋在大家的掌声中又接唱：

海内人才非易见，
全凭慧眼识英贤。
回身去把衣裳换，
舞衣脱了卸钗环。
改换男装不迟缓，
整备完时看一番：
红粉佳人乔打扮，
霎时变了一军官。
……

唱词中的“春光三月”，恰喻当时季节；“全凭慧眼识英贤”，暗喻贺龙是位识才的伯乐，表达了他们师徒和京剧院全体人员对贺龙的感激之情。唱词寓意极佳，王吟秋嗓音甜美，又似锦上添花，他刚刚唱罢，大家都使劲儿鼓起掌来。

张一然又走到院子中央，高声说：“现在，请程先生为贺司令员和薛明同志演唱一段程派的代表剧之一——《凤还巢》！”

谁知，文工团的领导同志却朝他喊了一声：“‘仙岛牌’，给贺司令员祝贺生日，你也得来一段，给程先生垫场吧！”

程砚秋笑道：“我同意。张院长，您就来一段吧。”

张一然说：“好，我听程先生的。我可没准备，唱哪一段呢？”

有人喊道：“《四进士》！”

也有人喊：“宋江！”

贺龙衔着进城以后很少用的烟斗，大声说：“你还是唱‘敲盆’吧！”

“秋声”社的乐队怔了一下，不知是哪一出。

张一然走到他们跟前，悄声说：“贺司令员说的‘敲盆’，就是《将相和》。”

程世章、白登云一听，都给逗笑了，问道：“您说吧，来哪一段？”

张一然说：“就唱开头那段西皮原板吧，‘奉王使命到西秦……’”

在大家的笑声和掌声中，张一然朝贺龙和薛明敬了一个军礼，说："我在程先生面前献丑了！"他先唱了一句西皮导板：

奉王使命到西秦，

他那高亢洪亮的嗓音，博得了热烈的掌声，又接着唱下去：

蔺相如在马上暗自思忖：
天下事论强弱各想吞并，
惟有我赵国地独挡强秦。
今奉献和氏璧事非要紧，
怕的是那秦邦逞志鲸吞。
此一番到秦廷，
我的心意拿稳，
学一个奇男子，
万古留名！

他唱罢，赶紧说："还是请程先生清唱《凤还巢》！"

贺龙、薛明和大家一齐鼓掌欢迎。

程砚秋朝贺龙和薛明深鞠一躬，说："我今天一来是为贺司令员祝贺生日，二是感谢贺司令员对我们的热情款待。我衷心地祝贺司令员贵体康健，精神愉快，阖家幸福！"说罢，他向白登云点头示意。白登云轻击单皮，程世章操起京胡，乐队随之奏起了过门。程砚秋用他那清亮悠扬的歌喉先唱了一句西皮导板：

日前领了严亲命——

这一句导板唱出，声音从曾家崖传遍四周，不少机关工作人员闻声跑到山顶观看。

程砚秋接唱慢板：

命奴家在帘内偷觑郎君。

只见他美容颜神清骨俊，

又见他衣褴褛家道清贫。

倘立志苦用功自能上进，

也能够功名就平步青云。

……

这时，院内和四周赶来的人们都情不自禁地喝起彩来。

程砚秋唱罢，又是一躬，准备退场。四周围观的机关工作人员使劲儿鼓掌，纷纷高喊："请程先生再来一段拿手戏《锁麟囊》！"

院内的姑娘、小伙子们难得当面聆听这优美绝伦的唱腔，也跟着一个劲地喊："程先生再唱一段吧！"

程砚秋看了看贺龙。贺龙笑眯眯朝他点头示意。他又鞠了一躬，说："谢谢大家鼓励，我再唱一段《锁麟囊》。"

一霎时把七情俱已昧尽，

参透了酸辛处泪湿衣襟。

我只道铁富贵一生铸定，

又谁知人生数顷刻分明。

……

休将往事存心上，

为人心地需善良！

得知己，齐欢唱；

结金兰，诉衷肠。

待等来年禾场上，

把酒共谢锁麟囊。

程砚秋唱完，大家还是掌声不停。

贺龙和薛明担心程砚秋过于劳累，影响晚上演出，便说："你们年轻人在院子里尽情地玩吧，喜欢跳的，尽情地跳。我们陪程先生到客厅里休息一下。"

进客厅后，宾主坐定。薛明亲自为程砚秋沏茶。

贺龙说："程先生不辞辛苦，驻重庆的部队，你们都演遍了。部队的指战员都要我代表他们再次感谢你呢！"

程砚秋说："部队同志在前方作战、剿匪，比我们更艰苦。我准备在重庆再公演几天，一是为了满足观众要求，一是为去云南筹措路费。"

贺龙说："到云南，路上还不安全。我让李副司令员派车和部队护送你们。"

程砚秋高兴地说："那太谢谢了！就是省下路费，也要捐献抗美援朝的。"他端起茶杯，品着香茶，看见客厅的衣架上挂着军装和风衣，突然萌生了一个念头，便对贺龙说，"贺司令员，我可不可以借您的军装穿一下，拍一张照片？"他指了指衣架。

贺龙欣然首肯："当然可以。"他对警卫员说，"你把军装和风衣拿给程先生。"

程砚秋穿上军装，披上风衣，戴上军帽，对着穿衣镜，正了正军帽，在红色五星帽徽的映衬下，显得特别精神。他兴致勃勃地走到院中，取出随身携带的照相机，让"秋声"社的同人给他一连拍了好几张。

他辞别贺龙和薛明后，立即派人送到照相馆冲洗。照片取回后，他对大家说："你们看看，这几张照片像不像贺龙将军？"大家争相传看，连说："像，像。"

程砚秋取过毛笔，在一张照片的嘴唇上划了道胡须，又问："再看看怎么样？"

大家围过来一看："这道胡子加得好！太像了！简直可以乱真！"

程砚秋意犹未尽，仔细打量了好一阵儿，又在照片右上角写道："抗美援朝，我也武装起来了。"他把这张照片递给站在一旁观看的王吟秋，十分得意地说，"我不是跟你说过，我就喜欢武将吗？你看，我也'参加'解放军了！这张相片留给你做个纪念吧。"

王吟秋把照片拿回京剧院的宿舍，压在桌面上的玻璃板底下，每日观看。京剧院的同志们闻听，也争相来看，纷纷称赞说："程先生的身材、相貌和神态，真有几分像贺老总。这道胡须加得更传神。我们以前怎么就没往这上边想呢！"

第二天，程砚秋见到张一然，把照片递给他，说："您看看，照得怎么样？"

张一然接过一看，照片右上方题着两行清秀的毛笔小楷：

贺龙将军，看，我像您的小兵吗？

程砚秋

他笑道："像极了，像极了！"

程砚秋说："请您见到贺司令员，转交给他做个纪念吧。"

张一然一怔，心想，他怎么又让我转交呢？便问道："程先生，您送贺老总东西，都可以亲手当面交给他，不必由我的手转哪！"

程砚秋认真地说："贺司令员地位这么高，我哪有资格直接递过去呢！这可是礼节呀。我可不敢僭越呀！"

张一然听了，哈哈大笑："我这才弄明白。咱们共产党、革命部队讲的是政治上人人平等，上下级之间，无论职务高低，都是同志、朋友关系。贺老总更不讲旧社会那一套，您直接递给他，他会很高兴的。"

程砚秋若有所思，点点头，说："您这是给我上了一课，让我知道什么叫平等。"

张一然笑道："您也给我上了一课，我们也太随便了。"

言罢，两人会意地大笑起来。

◆ 春城恳谈 ◆

程砚秋原计划在重庆公演一个时期，但由于当地开始了镇压反革命运动，机关、部队会议较多。他担心影响接待人员的工作，便通过张一然转告贺龙将军，他们将启程到云南演出，要向贺龙将军告别。

在曾家崖，贺龙接见程砚秋时，除了陈斐琴、张一然和郭瑞之外，又多了一位大首长，他就是先后给贺龙、刘伯承、邓小平当过参谋长，现任西南军区副司令员兼参谋长的李达将军。他正在看程砚秋送给贺龙的照片。

贺龙说："程先生，你这张照片，大家看了，都说很像我呢！"

李达点点头："是很像。"

贺龙对他说："李达同志，程先生要到云南演出和考察，他们的安全工作就交给你了。出了事，打你的板子！"

李达笑着说:“去年,你到重庆开会,天下着雨,你非要返回成都。刘司令员、邓政委都劝不住你。我要派一个加强连送你,你不要,只要一个班。要不是我坚持派一个加强连,你贺老总就打不成我的板子喽!”

贺龙哈哈大笑:“多亏你派了加强连,还带了机枪,把土匪打跑了。现在不一样了,但也不能麻痹大意。”

李达说:“程先生,我派一个班护送你们,带冲锋枪,乘卡车,在前边走。你们跟在后边,坐吉普车,行李放在卡车上。带队的是一位排长。”他对等在外面的排长说,“来,给你们介绍一下,这位是程砚秋先生,这是军区警卫营的崔排长。”

程砚秋和崔排长握了握手,对贺龙说:“这让我们太过意不去了！军区现在工作这么忙,太打扰了!”

李达风趣地说:“程先生,你就不要客气了。你不要让我挨贺老总的板子啊!”他又对崔排长说,“你们的任务,是要绝对保证程先生和剧团的安全。路上要严加防范。到昆明以后,无论白天、夜间,在驻地都要站哨;程先生他们演出,在剧场后台也要派人站哨。完成任务后,回来直接向我报告。”最后,他又叮嘱了一句,“记住,绝对不能出事。出了事,我要打你的板子!”

崔排长说:“请首长放心！我们一定保证程先生和剧团的绝对安全。”

贺龙对陈斐琴说:“你和姚继鸣代表我和邓政委为程先生一行饯行,搞些他们还没吃到的重庆特产,泸州老窖多准备几瓶。路上吃的也要准备好,再拉上两筐广柑。广柑是凉性的。”

由于贺龙工作很忙,在为程剧团饯行的便宴上,他只是来看了一下,菜没吃一口,酒也没饮一杯,便匆匆与程砚秋握别了。

当年,从重庆到昆明尚无铁路,全程一千多公里,途中要经过泸州、宜宾、昭通、会泽、东川等城镇,越过岷江、金沙江的支流牛栏江、小江,翻过五莲峰、梁王山等许多崎岖的山道。

程砚秋一行饱览了云贵高原的风光,也饱尝了颠簸之苦。所幸的是,他们一路平安,顺利到达了素有“春城”之誉的昆明。

昆明在抗日战争时期曾经是云南京剧活动的中心。香港的文武老生兼红生李鑫培、粉牡丹、白牡丹、绿牡丹、金牡丹、一杆旗、吴继艺、鞠德奎,上海著名老生赵如泉、张桂芬,名旦赵君玉,上海“文林”社的杜文林、陈佩卿、李俊麟、郑君麟,绮罗香、绮罗兰、马艳秋、黄英、朱英麟，号称“坤角泰斗”的金素琴，“杰华”国剧社的殷汇洲、徐敏初、董慧宝、周帼英、贾连城、秦佳莲、王艳芳、马志宝、赵奎官，田汉、安娥率领的“四维”儿童剧校，以及程派青衣李蔷华，都曾在昆明演出。

抗日战争胜利后，昆明成立了“剑佩”平剧团，演员有毛剑佩、毛祺祥、张韵笙、张美茹、童慧春等。周慧如、杨玉华（小杨月楼之子）、焦鹏云、玉慧麟、苗鑫茹、万正铭、袁小楼，以及著名的文武青衣花衫关肃霜，“于素莲戏班”，都曾来春城献艺。戏院老板不惜以重金租专机礼聘京沪名角来昆明演出，足见云南拥有着一大批鉴赏水准相当高的京剧观众。这当然也是吸引程砚秋的一个因素。

程砚秋到达昆明后，受到陈赓副司令员（兼云南军区司令员）和云南军区首长的热情接待。程剧团在部队慰问演出后，又在昆明市内公演。门票依然和在重庆一样，最高的定为四万元、四万五千元，但仍是座无虚席。然而，也有一些喜欢程派的普通干部、工农和学生因买不起门票而望之兴叹。

川东军区的那位程派迷，居然也从重庆赶到了昆明，继续“跟班”服务。他在昆明，又集合了一些程派迷，程先生演到哪儿，他们便跟到哪儿，不离左右。

贺龙由于过度操劳，血压偏高，身体不适，便遵医嘱到昆明休息，住在离市区数十里外的温泉镇。这是云南的一个著名的疗养胜地。此地有多处温泉，风景秀丽，是春城中的春城。

贺龙下榻的地方，是龙云曾经住过的一所别墅。

程砚秋听到贺龙到温泉休息的消息，非常焦急，便抽时间前来探望。他先找到贺龙的保健医生李幼轩询问病情。李幼轩介绍了情况，告诉他病情不重，主要是劳累过度，休息一段就会好转的。

程砚秋很尊重保健医生，便写了一个便条，请李幼轩转递，大意是：

贺司令员：

听说您身体不适，我特地从昆明赶来探望。不知阁下是否温和以派会！恭候您的指示。

程砚秋

李幼轩把便条交给贺龙。他看后说：“程先生这么客气。他来了，当然要见。

只是身体不大好，不能多谈。你先安排他在温泉住几天，有时间再详谈。”

李幼轩向程砚秋转达了贺龙的意思。程砚秋问：“您看，可以谈多长时间？”

李幼轩说：“谈个把小时还是可以的。”

程砚秋见到贺龙后，先问了身体情况，简单地介绍了在昆明慰问部队和公演的情况。然后说：“您派来的警卫战士们，非常认真，跟我形影不离，剧场、化妆室、住地，都有他们值班警卫，我非常感动。希望您表扬他们。”

贺龙说：“你到西南来，很不容易。如果出了事，我没法向北京交代呀！”他转了话题，说了他非常关心的事，“听说你在昆明公演，门票四万元一张，是不是高了点儿？好多工人、农民、一般干部，一个月的工资也不过几十万元。他们都喜欢看你的戏，可是买不起门票呀！”

程砚秋说：“这个好办！我可以为他们义演，不收门票，请有关部门组织一下，安排个时间。至于门票的价钱，还是不能降。因为这关系到声誉问题，要和别人相等。我想，您是可以理解的。”

贺龙点点头，表示理解。

程砚秋又说：“这些门票收入，除了做回北京的路费，给剧团演员们发一些养家，属于我那一份，我要捐献给国家，支援抗美援朝。”

贺龙关切地问：“那你家的生活怎么办？”

“我还有些积蓄。现在国家困难，又遇上打仗，我们做艺人的，应该和国家同甘苦啊！”

“听说你过去不为日伪政权义演献飞机，日本人派汉奸特务围攻你。你的武功是哪一路呢？”

“这件事，也不值得一提。我打小是学武生的，从武术前辈‘醉鬼张三’和武术名家高紫云先生那里学了些真功夫。那些汉奸特务，原来不过是些市井无赖，也不会什么武功，只是狗仗人势，以为有日本人撑腰，就没人敢惹他们。他们过去欺负老百姓，没有人敢还手，所以他们没有准备。我把跟前的几个打倒了，后边的也就不敢上了。等他们追我的时候，我混进了下车的人群。也没有传说的那么玄。”

贺龙自幼习武，学得一身真本领，就是十几个人围攻他，也不能靠近。他十几岁时，就曾痛打过当地的恶霸。他听了程砚秋的叙述，自然舒心地大笑起来，问道："你先学武生，为什么后来改学旦角了呢？"

"那年月，实行'打戏'。我那位启蒙师傅脾气暴躁，要求严格，打人也很凶。我这腿被他打坏了。那时候，体形瘦长，就改学旦角。"程砚秋说到这儿，指指自己的身体，"那时，因为我每天坚持练武功，不像现在这么'发福'。"

"听说，你是到青龙桥种地以后'发福'的？"

"有些关系。如果唱戏，坚持每天束腰，可能要好一些。"程砚秋叹了一口气，"唉！可惜我程砚秋了！如果抗战时期，有缘到延安，该有多好！现在这个身材，唱旦角显然是不合适了。我想今后主要是做些调查研究和革新京剧的工作。"

"你可以多带些学生，接你的班嘛！吟秋来西南参军以后，表现不错。像这样的学生，你给我们多带几个。你要是到西南来带学生，我更欢迎！"

"您看，我这不来了嘛。我是很愿意在您麾下当一名小兵的。许多旧社会过来的艺人，能够投奔革命队伍，无论多苦、多危险，都能团结在党的周围，这是您带动的。像刘元彤、殷元和、张元奎他们，在'富连成'科班也是数得着的，为什么死心塌地参加革命？元和、元奎在重庆跟我讲，他们到了兴县，第一天接触的首长就是您，他们受了您的影响。"

"是革命工作需要艺术人才嘛！没有文化的军队，是愚蠢的军队。共产党搞革命，不是割断传统艺术，而是为了继承和发展传统艺术。"贺龙笑眯眯地望着程砚秋，又说："程先生，咱们以后互相称呼'你'就行了，不必称'您'，这太拘谨了。我们部队同志之间，都习惯称'你'，这样更自然。"

程砚秋点点头，笑道："我这么多年，习惯了。"

就这样，二人倾心恳谈，谈到程砚秋两次出国的不同感受，谈到京剧发展的前景，谈到程砚秋自费办戏校、研究所、博物馆而中途夭折的辛酸往事。

贺龙说："解放了，党和国家要出钱办的。戏校、戏剧博物馆、图书馆、研究所、大型剧场，都要办。不光是京剧，各个剧种都要发展。我已经建议成立西南川剧院哩！张德成、陈书舫他们，将来要当副院长呢！"

他们越谈越兴奋，一个小时很快就过去了。程砚秋看了看手表，又说："我回北京之后，把青龙桥的花园，还有几处房产都献给国家，换成钱来搞戏剧研究。"他指指手表，抱歉地对李幼轩说，"李医生，真对不起，超过时间了。请贺司令员休息吧，我告辞了。"

贺龙把程砚秋送出门外,一边招手,一边说:“过几天,回重庆我们再谈。”

◆ 汉口义演 ◆

程砚秋在云南演出约三个月,十分成功。之后,又到贵州演出。他饱览了黄果树瀑布的壮丽奇观,还远远地对着声如雷鸣的瀑布“喊”嗓子,体会意大利的美声唱法……

贺龙派来的警卫班,形影不离地保护着这位艺术家,也一直跟到贵阳。程砚秋同战士们打得火热,休息时和在路上时,总是给他们讲解京剧常识、戏曲故事,使这些战士对戏曲产生了浓厚的兴趣,成了戏曲爱好者了。几个月的相处,使他们建立了很深的感情。

回到重庆,战士们紧紧地握着程砚秋的手,含着泪说:“程先生,欢迎你再来西南。到时候,如果我们还在部队,一定要求上级再派我们给你当警卫。”

贺龙在温泉休息了一段,身体稍稍复原,就赶回重庆办公。程砚秋一见贺龙,就风趣地说:“我给你办了一个戏迷速成班!”

贺龙问:“在昆明,还是在重庆?”

程砚秋说:“就是你派的这个警卫班啦!还有川东军区的俱乐部主任,带了好几个戏迷,从重庆跟到了昆明,学了不少唱段,简直成了票友剧社了。西南有这么多京剧迷,京剧在西南很有发展前途啊!”

在重庆,程砚秋又有机会同贺龙交谈了程派艺术和其他主要流派的形成经过,谈到京剧的发展历程,也谈了在西南考察川剧等地方戏的收获,并表示如有机会,一定再来西南。

之后,他辞别了陈斐琴和张一然、郭瑞、张元奎,率领剧团乘船顺流而下,如约来到武汉。他听到当地的同行们说,他们正在举办为抗美援朝捐献飞机的义演,但是还差几个“螺丝钉”。他和“秋声”社同人商量后,决定留在武汉义演五天,票价定在五万元。

武汉的戏迷闻听程砚秋果然从西南返汉,高兴得奔走相告,争先恐后地把头两天的戏票都买光了。

第二天,有二百多名要回重庆的复员军人听说程砚秋来汉演戏,就相约一同前来观看。戏院经理告诉他们戏票已经售完,请他们改天再来。但是,他们已经订了明天回重庆的船票，今天不看，恐怕以后再难有此机会。他们跟经理商量，能否请武汉当地的观众让出一部分票，改天再看，但戏院经理坚决不同意。复员军人们很是着急，见经理不通融，便拥进了剧场，坐在座位上不肯走。

临近开场，已经买到票的观众也相继进场，他们当中有些人怕让了票以后，再也买不上票，也不肯相让。

军区领导同志闻讯赶来调解，复员军人们仍是不散。于是，双方一直僵持到晚上九点钟，仍不能开场。

程砚秋过去碰上这种场面，就只好避开不演了。但那是国民党的军队。而今天，来的是曾经在解放战争和抗美援朝中作过战的、负过伤的中国人民解放军的复员军人，只是一心想看自己的戏，并非存心闹事。他几个月来，经常到部队慰问演出，又同警卫班的战士们交了朋友，和解放军建立了深厚的友谊，很理解战士的感情。他想，如果自己走了，这些复员军人万一冲动了，砸了剧场，会给共产党、解放军造成不好的影响。想到这儿，他走到舞台前，亲自和这些复员军人们商谈，问清了他们明天上船的时间，便表示："同志们要求听我程某人唱，是看得起我，我打心里感谢大家的这种信任和感情。明天白天场，我照今晚的节目给同志们加演一场，作为专场慰问演出。今晚就请大家多多包涵，让出座位，请购票的群众入园如何？"

复员军人们不但看见了程砚秋本人，还听到了他诚挚的表示，十分感动，纷纷高喊："我们感谢程先生！""我们听程先生的！"接着，便非常有秩序地退出了剧场。

就这样，程砚秋在武汉的五天时间里，连演了十一场义务戏。虽然很疲劳，但复员军人这么喜欢他的戏，又通情达理，使他心情很舒畅。同时，他也为自己做了一件维护解放军的声誉、有益于社会的事而感到欣慰。

军区领导同志为了感谢程砚秋，非常热情地设宴款待他。他却说："我只是做了自己应该做的事，大家何必如此客气呢。"

临近盛夏，程砚秋一行载誉而归，返回了阔别多日的北京。

第五章 京城入党

第一节 赴朝慰问

◆ 砚秋立誓 ◆

1950年10月，中国人民保卫世界和平反对美国侵略委员会（1951年3月14日简称中国人民抗美援朝总会）即宣告成立，统一领导全国的抗美援朝运动，郭沫若担任主席，程砚秋所崇敬的师友陈叔通和彭真、廖承志担任副主席。

1951年6月1日，中国人民抗美援朝总会发出了开展捐献武器运动的号召。

程砚秋一行返回北京时，正值全国掀起抗美援朝运动的高潮。北京京剧界多年不登舞台的王瑶卿、郝寿臣、尚和玉等纷纷登台义演。

程砚秋把在云南、贵州三个月演出的收入和在武汉义演的收入，全部捐献给国家，用来购买武器。

1951年春，中国戏曲研究院正式成立，梅兰芳任院长，程砚秋、周信芳、张庚、罗合如、马少波、晏甫先后担任副院长。由于新闻媒介发布这一消息时，程砚秋尚在西南。所以他返京后，便找到马少波等领导同志，了解研究院成立和工作安排等情况。

入秋，周恩来总理又一次把马少波和程砚秋约到家中谈心，先肯定了程砚秋在新中国建立以来的进步，对他到西北、西南慰问演出予以了表扬。之后，针对他在工作安排中的一些思想问题，语重心长地说："你在旧社会洁身自爱，孤芳自赏，不与旧势力同流合污，是进步的。但是在新社会，如果你还是落落寡合，不能与人共处，就会逐渐脱离群众，搞不好同志关系，对工作、对自己都是不利的，自己也会经常苦恼。作为一个革命者，要不断改造思想，树立共产主义的世界观，其核心是革命的集体主义。你要团结同行，联系群众，善与人处，虚心听取批评，这样才能不断进步。如果在新社会还是孤芳自赏，落落寡合，这种思想发展到极端，你的优点就会变成缺点。"最后，他满怀期望地说，"我希望你在政治思想上要严格要求自己，不断地进步！"①

一席话，听得程砚秋额头上渗出了汗珠，脸色也有些发白。离开中南海时，他诚恳地对马少波说："我这辈子还是头一次听到这样的批评，使我茅塞顿开。总理的批评和要求的确是至理名言，太符合我的实际了。"

程砚秋被任命中国戏曲研究院的副院长后，就是"食俸禄"的国家干部了。不久，中国戏曲研究院的工作人员把薪金给他送到家中，并解释说："咱们研究院正式成立好几个月了。因为你在西南，就没按月送。这是三个月的薪金，请您收下。"

程砚秋从艺数十年来，这是头一次"食俸禄"，他感慨万千。党和人民政府不但给了他很高的政治荣誉，还在困难时期发给薪金，使他感到无比的温暖。但是，他转而又想到，既然国家现在很困难，又要抗美援朝，而自己尚有积蓄，日后也可靠演出维生，不愁生活无着。党和政府这样厚待自己，自己更要想到国家的难处。于是，他立下了一个誓愿：在抗美援朝取得胜利之前，不领国家的薪金。

他的想法，得到了妻子的支持。

他来到御霜簃，伏案给中国戏曲研究院写了一封信：

---

① 转引自胡金兆：《程砚秋》，湖南文艺出版社 1987 年 2 月版，第 193—194 页。

梅、马、罗三位院长：

前几天院方送到一笔款子，说是自本年3月以来给我的工资。我觉得是非常惭愧的。但我亦知道不应该不接受的。现在抗美援朝运动正在继续加强，我愿意把这笔款子全部捐献购置武器，敬祈代转。今后工资，亦同此办理，直至抗美援朝工作胜利完成为止。

此致

敬礼！

程砚秋

1951年11月16日

附上支票一纸，计玖佰陆拾伍万玖仟肆佰伍拾贰元，又此次本院义演献款壹仟柒佰万元整，乞并查收。

事实上，程砚秋不仅在抗美援朝胜利之前未领薪金，就是在抗美援朝胜利后，也没领过薪金。他非但未领薪金，还把包括青龙桥程家花园在内的几处房产无偿捐献给国家。

程砚秋逝世后，国家发给家属的补助费，果素瑛未领分文。她担任政协全国委员会委员多年，政协按国家规定，每月发给三百多元的薪金。但她秉承程砚秋生前的做法，一直到她于1986年去世，也从未领取过分文。

同某些利用党和人民所给予的荣誉，欲壑难填、大敛钱财的文艺界“名”角相比，程砚秋夫妇这种克己报国的高尚情操，实在令人肃然起敬。

1952年9月，西南军区京剧院协理员郭瑞接受了军区文化部交给他的一项任务，进京迎接一支来西南慰问的外国军队文工团。他正要出发，贺龙对他说：“我听陈斐琴说你要参加接待工作。”

郭瑞说：“文化部从各团抽了几个人，京剧院让我参加。”

贺龙说：“你到三峡的巫山下船。巫山的梨很有名。用这种梨做的秋梨膏，吃了润肺、清火，对保养嗓子特别有效。现在正是好季节，你买上几斤，到北京给程先生送去。顺便替我问好！”

程砚秋收到秋梨膏，非常高兴地说：“贺司令员想得真周到，北京还没见到卖这种梨膏的。”他把梨膏交给妻子，“我在重庆，贺龙将军请我们吃四川小吃和重庆的烤鸭。今天晚上,我们请郭协理员到全聚德尝尝北京烤鸭。”

郭瑞回重庆前,贺龙又从重庆给他打长途电话,说:“我秋天来北京时,见到有卖烟台梨的,很好吃,可以润喉。你在街上转转,如果有卖的,买两筐最好的,给程先生送去。不要错过季节。”

郭瑞又遵贺龙之命,买了两筐上好的烟台梨,送到了报子胡同程宅。

从贺龙那里,程砚秋和郭瑞才第一次晓得巫山不仅风光壮丽,还盛产味美的巫山梨。同时,也留下了至今不为世人所知的千里送巫山梨膏的佳话。

1952 年 10 月 6 日,由中央人民政府文化部举办的第一届全国戏曲观摩演出大会在北京举行。

贺龙在重庆亲自组建了由川剧、滇剧、云南花灯戏等剧种组成的西南代表团进京献艺。这是川剧首次进京。《秋江》《评雪辨踪》和《柳荫记》等川剧力作,轰动了北京城。程砚秋和梅兰芳等也应贺龙之邀出席观看指导,再次领略了西南地方戏的风采和魅力。程砚秋看了《柳荫记》之后,便萌生了编排描写梁山伯与祝英台恋爱悲剧的念头。

程砚秋以经过整理重排的《三击掌》参加观摩演出。戏中精湛、典型的程派唱做,使各地区代表团的成员大饱眼福。他和梅兰芳、周信芳、袁雪芬、常香玉、王瑶卿、盖叫天一起,荣获了大会颁发的“荣誉奖”。

在观摩大会期间,周恩来总理又找机会同程砚秋谈心,鼓励他编排新戏,对过去演出的老戏,要加工修改,还让马少波帮助他。以后,马少波、黄芝冈和程砚秋一起切磋,修改了《红拂传》《彩楼记》等剧本。

1953 年 10 月,在中国文学艺术工作者第二次代表大会上,程砚秋当选为中国文学艺术界联合会第二届全国委员会委员。

◆ 闻讯报名 ◆

抗美援朝战争进行了三个年头。由中华民族优秀儿女组成的中国人民志愿军,在全国各族人民的全力支援之下,终于取得了辉煌的胜利,迫使“联合国军”代表团首席代表哈利逊于 1953 年 7 月 27 日在板门店同朝中方面代表团首席代表南日签署了朝鲜停战协定。

中国人民抗美援朝总会于 9 月 23 日召开常委扩大会议,决定组织中国人民第三届赴朝慰问团,代表全国人民,慰问在反抗侵略、保卫和平事业中建立了伟大功勋的中国人民志愿军和朝鲜军民。代表团的总团长由贺龙将军担任,下有八个总分团,其成员包括了全国各民族、各民主党派、各人民团体的代表,革命烈士家属和革命军人家属的代表,著名的工农业劳动模范和人民解放军的战斗英雄,文教界、新闻界、工商界、宗教界和海外华侨的代表,以及由全国各主要剧种中最负盛名的演员参加的文艺工作团,总人数多达五千四百四十八人,是历届慰问团中规模最大的一个。

这时,程砚秋的"秋声"社已改名"程砚秋剧团",正在东北各地巡回演出。在哈尔滨,他听到了贺龙将军将率领慰问团到朝鲜的消息。本来他已经约好去长春、佳木斯等地演出,但一听到有机会去朝鲜慰问最可爱的人——中国人民志愿军,他觉得这是自己应该担起的一项工作,便辞掉了原来的约定,立即给贺龙和文化部分别发了电报,要求随团赴朝慰问。

不几日,文化部电告程砚秋:急速返京,准备赴朝。

程砚秋接电,立即率剧团返回北京。文化部的领导同志告诉他,经贺龙总团长提议,请他担任第一总分团的副团长,并把慰问团总团和各总分团的名单及有关材料发给了他。

《人民日报》1953 年 10 月 5 日发布了《代表全中国人民慰问朝鲜人民和朝中部队,第三届赴朝慰问团出发》的消息,同时也公布了总团和各总分团正副团长、正副秘书长的名单。总团的副团长有十八位,其中有梅兰芳和程砚秋所熟悉的王维舟将军(兼第三总分团团长);第一总分团的团长是邢西萍,副团长是陈其瑗、钱瑞升、侯德榜、黄琪翔、詹东堪穹(藏族)、洪深、史东山、马思聪八人。

直到 10 月 20 日,《人民日报》又公布了《第三届赴朝慰问团总团及各总分团补正名单》(新华社沈阳 20 日电),其中,总团副团长名单补上了周信芳,增加到十九位;第一总分团副团长名单补上了程砚秋,詹东堪穹另做安排,所以还是八人。

这说明原来的名单上并无程砚秋,确是由于他迫切要求参加,经贺龙将军批准,才得以实现这一愿望的。但由于慰问团已经组成,不能再增加太多的名额,所以,程砚秋只带了琴师钟世章等演出时必需的四个人。

慰问团由贺龙将军率领,于 10 月 4 日下午离京。行前,郭沫若、彭真及北京市各界代表和学校代表千余人到车站欢送,并举行了欢送大会。中国人民抗美援朝总会主席郭沫若致欢送词。贺龙总团长致答辞,他说:

> 我们接受了全国人民的委托,到朝鲜去慰问英雄的朝鲜人民、朝鲜人民军和中国人民志愿军,表达中国人民对于他们在反对美帝国主义的侵略战争与保卫和平事业中的伟大胜利的崇高敬意和深切关怀。我们一定要把我国人民对他们的爱戴的诚意带去;一定要把他们的英勇事迹带回来,报告给全国人民。

下午五时三十分,程砚秋和慰问团人员所乘坐的列车,在首都各界代表的欢呼声和掌声中驶离车站,奔向沈阳。

由于程砚秋回京很仓促,贺龙担任数千人的慰问团的总团长,忙得不亦乐乎,二人在北京只是匆匆一见,没有机会谈话。

慰问团到达沈阳后,又继续进行编队和准备工作。程砚秋和大家一起聆听贺龙讲入朝的注意事项,布置慰问计划,并出席了沈阳各界举行的欢迎活动。准备工作一直到10月19日才告完成。

10月20日上午七时,慰问团总团率第一总分团乘专车离开沈阳,并于当天下午四时十分经过安东(今丹东),驶入朝鲜国境。当慰问团离沈时,中共中央东北局第一副书记林枫、东北军区副司令员贺晋年、东北抗美援朝总分会秘书长温建平、沈阳市市长焦若愚以及沈阳各界人士、战士、工人、学生八百多人到车站欢送。

在北京、沈阳受到这样大规模的、隆重、热情的欢送,那一双双期待的眼睛,一双双热得发烫的手,使程砚秋更觉得慰问团成员所肩负的使命之重大。他暗想,这次到朝鲜演出,只带了四个人,打破了几十年演出的惯例,但是,只要能为志愿军演出就行,如果由于条件的关系,连《三击掌》都不能唱的话,就是唱《思凡》(一出只有一个演员上场的戏),也要完成祖国人民交给的慰问任务。

◆ “生平最快乐的一件事” ◆

贺龙率领慰问团总团和第一总分团，于10月20日下午五时三十分和七时先后到达朝鲜的新义州市。在车站，慰问团受到了朝鲜为欢迎和招待中国人民第三届赴朝慰问团而特别组成的“迎接委员会”委员长金天海、朝鲜政府文化宣传省对外文化联络局局长朴德焕与各界民众代表的欢迎。贺龙和慰问团的团员们走下车厢，接受了朝鲜少年团团员们献上的鲜花。

贺龙在车站的欢迎大会上致答辞后，又登上列车，在金天海等陪同下，驶向朝鲜的首都平壤市。

到达平壤，是朝鲜时间21日上午十时。同时到达的，是慰问团总团、第一总分团和总团的五个文工团，共一千余人。在同车到达的人群中，程砚秋认出了那位在重庆给他派了一个警卫班的李达将军。这时，李达已经担任了中国人民志愿军的参谋长。

贺龙一到平壤，就更忙了。车站广场上的欢迎大会、在朝鲜劳动党中央本部大礼堂举行的慰问朝鲜党政机关首长和人民军将领的慰问大会、朝鲜人民军最高司令部和慰问团联合举行的欢迎和慰问大会、中国人民志愿军出国作战三周年纪念大会、志愿军领导机关举行的欢迎大会……他都要出席讲话或做报告。

程砚秋虽然没有同贺龙单独谈话的机会，却有缘多次聆听他那嗓音洪亮、热情洋溢的讲话。

10月25日下午，金日成首相在大礼堂举行盛大宴会，招待慰问团总团及第一总分团全体成员。这是程砚秋第一次见到金日成。

28日，慰问团在中国人民志愿军总部举行了隆重的慰问大会，志愿军副司令员邓华、杨得志，参谋长李达，政治部副主任张南生，后勤部司令员洪学智和机关干部、战士，各部队的英雄模范、有功人员代表共六千多人出席。

贺龙和副总团长章伯钧、陈沂、吴晗、康克清、詹东堪穹、老舍先生致辞。贺龙在接受献花之后，代表祖国人民和毛主席向志愿军全体指战员传达了全国各族人民对他们的感激和热爱，他说：

祖国人民热爱你们，因为你们忠于祖国人民对你们的委托；祖国人民感激你们，因为你们的胜利，保卫了祖国的安全，使祖国人民能够安心进行恢复和建设工作。你们在反对美国侵略者的战争中，表现了英勇顽强的气概和舍身为祖国的品质。

祖国人民为了答谢你们的伟大功绩，派遣我们来慰问你们。我想，对于你们最大的慰问，是我们亲爱的伟大的领袖毛主席的身体很健康，朱总司令、刘少奇副主席、周恩来总理的身体都很健康……

他讲到这儿，全场爆发了经久不息的、暴风雨般的掌声，欢呼声、口号声不断，许多志愿军指战员一边擦眼泪，一边鼓掌，把手都拍红了，也不肯停下来……

程砚秋被这种真诚、炽热的场面深深打动了。由于他当晚要演出，没有听完全部讲话，就同梅兰芳、周信芳、马连良等到后台做准备了。

这几位名角在国内演戏，按照梨园行不成文的规矩，都是避免同时、同地唱“对台戏”的。这次是每人一出，谁先谁后，可难坏了组织演出的同志。因为京剧界的演出习惯，是资深的最后登台，称为“大轴”，次主演在倒数第二场，名曰“压轴”；唱开场的，往往是资历、辈分较浅的。

程砚秋与梅兰芳有师生之分，但与周、马各为一派之首，难分伯仲。程砚秋怕负责人为难，便主动找到他，说：“我的《三击掌》，开场第一个上。”

那位负责人钦佩地望着大名鼎鼎的程先生，连声说：“谢谢，谢谢程院长！”

程砚秋说了声：“这不算什么。”便走进了化妆室。

马连良见程砚秋带头，当即表示：“我的戏第二个上。”

大家主动相让，使组织者愁云顿开。

由于程砚秋带的人手少，只得临场“拼凑”。除京胡程世章是老搭档外，配演王允的是上海的刘韵芳，司鼓是专打麒派的，京二胡是拉梅派的。但是，大家为志愿军的英雄事迹所感染，齐心协力，居然配合得天衣无缝。

此后，凡遇几位名家同台，程砚秋总是主动第一个上场。有些同行私下对他说：“您干吗总唱开场戏呀，几位也该轮换着来嘛！”

他不以为然地说：“谁唱开场，不都一样嘛。为志愿军演出争戏码，闹不团结，可不应当。”

慰问团在平壤举行和参加了几次大型慰问和欢迎大会之后,便按预定的计划,分头到志愿军各部队慰问。

程砚秋虽然身份是第一总分团的副团长,但他还是和演出队的同志们朝夕相处,共进三餐,绝不摆“名角”和“团长”的架子。

刚刚停息战火的阵地,条件是非常艰苦的。有一次,演出队的宿营地设在一所被炮火轰塌了院墙的小学校里。在一间十多平方米的房间中,放置着四张双层床铺。这些床本来是给小学生用的,又窄又短,一般身材的躺下去勉强能伸开腿。程砚秋睡在这样的床上,只能曲着腿,稍一动,床板就“吱吱”作响,肯定是休息不好的。但是他从不叫苦,也不同那些与他齐名、招待条件较好的艺术家比待遇。

每天天刚蒙蒙亮,他就起床用冷水洗漱。

这时,已是初冬季节,院内寒风刺骨,再用冷得扎手的水洗脸,其中滋味可想而知。他怕大家不习惯,就端盆冷水做示范,说:“用凉水洗脸,要边洗边搓。洗完,再用干毛巾用力擦,就不觉得太冷了。”大家照他说的办法做,果然见效。

由于运输困难,有时食品供应不上,早晨只能吃冷冰冰的冻苹果,然后分路去部队慰问演出,直到中午再回来吃饭。

“饭厅”,是用苇席搭成的棚子,四面透风,没有椅子,几个人围在一张桌子四周用餐。

程砚秋平日喜欢吃面条、喝粥,而且饭量较大。但到朝鲜慰问这段时期 ,桌子上平时只有四盘量很少的菜。他总是夹几口菜,便第一个撂下筷子。大家问他:“您饭量可比我们大呀,这么快就吃完了,能吃饱吗?”

程砚秋拍拍他那略略凸起的“将军肚”,风趣地说:“我这里边装满了。”

由于常常吃不饱,休息不好,慰问任务又很重,他很明显地消瘦下来。当时,有关部门为照顾慰问团,开设了小卖部,出售一些香烟、点心、糖果和日用品。但程砚秋非但自己不去买零食,也要求代表团成员宁肯饿一点,勒勒裤带,也不在小卖部买吃的。他说:“我们是代表全国人民来慰问的,买糖果、吃零食,让志愿军战士看了该怎么想?再说,看到他们流血流汗地战斗,我们有什么困难不能克服呢!”

慰问团除了到部队演出，更多的时间是到医院去慰问志愿军伤病员。

程砚秋来到病房，战士们总是坐起来表示欢迎。他每次都是走过去扶他们躺好，亲切地问他们的伤情、家乡的情况，然后，由钟世章操琴，为伤、病员演唱。

程砚秋发现有些小战士是南方口音，怕他们听不懂，就掏出钢笔，把纸垫在床头上，工工整整地写出唱词，让小战士看着唱词听他演唱；唱完后，他又到小战士身旁，给他们逐字逐句地讲解唱词。

慰问团从1953年10月20日进入朝鲜，进行了一个多月的慰问活动，于12月18日回到北京，其间召开慰问会、座谈会和慰问演出约七千六百余次，参加的人数在五百万以上。其中，最忙的当然是贺龙。他拜见了金日成，参观了金日成的故居，祭扫了志愿军、人民军烈士墓，慰问了前线部队，还视察了著名的上甘岭的坑道，与坚守坑道的指战员们合影留念。1954年1月9日下午，中国人民抗美援朝总会、华北抗美援朝总分会、北京市抗美援朝分会，在中南海怀仁堂举办了欢迎第三届赴朝慰问团大会。主持大会的是抗美援朝总会副主席陈叔通。贺龙总团长在会上做了长达几个小时的工作报告。

程砚秋回到家中，非常高兴地向妻子讲述了在朝鲜的见闻和感受。说到演出，他不免又有些感慨："有些名角到朝鲜慰问，还仍然像在内地那样抢头牌、摆排场。这些矛盾，还得我出面去排解。反正我只带了几个人，也没有衣箱，更没有那么多累赘。别人不愿意去的地方我就去。我一直走到最前沿的坑道去演出，看到那些赤胆忠心的战士，怎么能不叫你感动呢！什么劳累啦，苦啦，怎么能跟志愿军战士流血、牺牲相比呢！还是我那句老话：我就喜欢军人，跟他们在一块儿，心里总是高兴的。"

谈到总团长贺龙将军，他更是钦佩，激动地说："我跟贺老总真是投缘，这回我可真在贺龙将军麾下当了一名小兵啦！他的名气可真大，威望可真高呢！他无论走到哪里，志愿军也好，人民军也好，朝鲜的百姓也好，都围着他，欢呼的、跳跃的、拉着同他握手的……"

程砚秋对朝鲜之行感受颇深，挥毫撰写了一篇访朝观感，题为《生平最快乐的一件事》，发表在1954年2月26日的《光明日报》上。他满怀深情地写道：

去年9月，我正在哈尔滨演戏，听到中央组织了第三届赴朝慰问团，并由贺龙将军率领着到朝鲜去。本来我已约好去长春、佳木斯等地演出，听到这个消息，就要求参加赴朝慰问工作。因为我想，慰问朝鲜人民与朝鲜人民军，尤其是慰问我们最可爱的人——中国人民志愿军，不仅是我应该担起的一件工作，而且也该是我生平最快乐的一件事。

这次赴朝，因为条件不允许领着整个剧团去，我只带了剧团里的四位同人同行，准备了《三击掌》《骂殿》等节目。这样的演出，可算是打破了我以往的惯例。但是我想，只要能为志愿军演出就行……到朝鲜后，答应志愿军的要求，与马连良先生合作，又演出了《审头刺汤》《法门寺》《甘露寺》《桑园会》等节目。这些节目，二十多年来没有动它了，在极短的时间突击出来，也是自己过去所没有的例子。不管节目怎么样，对志愿军同志能够有一些微薄的贡献，自己总是非常高兴的。

在朝鲜短短的几个月中，走过许多地方，眼见了许多事情，学习到很多东西，受到很大的鼓舞与教育。我愿意把自己的一些感受，与国内的同志们，尤其是戏剧界的同志们谈谈。

从北京出发，过了安东后，沿途所见与国内情况已大不相同。虽然朝鲜战争停止了，但是战争已经在朝鲜的土地上留下沉重的创痕；房子被炸毁了，差不多每隔五六步远就会遇到一个弹坑；即使在平壤，好的房子也很难找到了，举目看去，心里非常难过。朝鲜与祖国不过一江之隔，要不是中国人民志愿军出国去抗美援朝，战火免不了要烧过江来，我们的土地上也会满是弹坑，房子也会被炸毁，也会有千百万无辜的和平居民丧失掉生命的。

……

这次的慰问受到了中国人民志愿军的热烈欢迎。我与大家在一起，参观过不少展览会，听到许多英雄和功臣的报告，这些都是使我难忘的。然而使我最难忘的，是与志愿军在一起的日子，是从普通的战士到部队的首长，这些活生生的人给我的印象，他们都是英雄，但又是普通的人。

有一次，去慰问西海岸的某英雄连。我因为演戏的缘故，须要先走，就独自一人另外去了一个地方。到了那儿，战士们正在煮菜汤准备吃饭，听说我去了，都喜欢得跳起来，一下子就倒掉了锅子里的菜汤，把这个锅子——缴获来的战利品，油腻腻的就往我身上塞。他们围住我说："祖国派代表来慰问我们，我们非常高兴。请带话给毛主席和中国人民，说我们身体都很健康，今后不但要继续锻炼身体，还要努力学习文化，学习现代军事技术。如果敌人胆敢再来侵略，我们有信心再把他们粉碎在我们阵地的前沿！"志愿军战士大多是二十岁左右的青年人，非常诚恳，非常天真。有许多战士，甚至有些女孩子似的羞涩，然而作起战来，一个个都像猛虎一样。就是他们，在保卫着祖国，保卫着朝鲜，保卫着远东和世界的和平！

我见到过不少志愿军的首长，他们都是运筹决策，领导着几千几万战士的将军，并且是掌握着敌人命运的将军。但是全像那位副军长一样的平易近人，像一个普通战士一样朴实、诚恳、可亲。这对我这个从旧社会出来的艺人说来，是难以想象的，因此与他们在一起，我心中就感到非常愉快；也理解到为什么我们的军队是战无不胜、攻无不克的。

这些战士，这些指挥员，虽然我已记不起他们的姓名，然而我是永远不会忘掉他们的。现在我回到祖国，在和平安静的生活中，常常想起他们，因为有了他们，祖国才有今日的繁荣与建设。

在志愿军司令部参观过一次展览会，从许多模型、地图中，看到五次战役的经过，另外还看到许多战利品。回想几年来的抗美援朝战争，志愿军过江后，从一口炒面一口雪水，直到如今养了猪、种了菜，从简陋的劣势装备直到如今有了飞机、大炮、坦克等现代化的新武器，把骄傲、凶顽的敌人打得"低下头来"。而我们却从无到有，从小到大，越打越强，并且国家还在战争中轰轰烈烈地建设起来了。因此我深信志愿军战士们告诉我的这句话："如果敌人胆敢再来侵略，我们有信心再把他们粉碎在我们阵地的前沿！"同时，我也愿意把这句话转告给国内的同志们。

我为自己能生活在这样一个国家里而骄傲，在祖国大建设的时期，我是愿意献出自己所有的力量的。

从这篇文章来看，程砚秋通过在朝鲜的见闻和体会，对于共产党和她缔造、领导的革命军队的认识，有了进一步的升华，思想觉悟也有了很大的提高。

第二节

周恩来、贺龙愿做入党介绍人

◆ 倾吐心声 ◆

从朝鲜归国之后，程砚秋又率剧团到江、浙和福建前线慰问演出。返京后，就致力于编排新戏的工作。他派人设法买来了川剧《柳荫记》的剧本，常常读到深夜。

他到西北、西南考察地方戏曲之后，领略了一些兄弟剧种的风采，思量着如何把这些营养汲取到新编的剧目中来。他还把剧团同人请到家中，研究提纲、唱词、声腔、身段、服饰、道具。最后，确定这出新戏名为《英台抗婚》，着意于反抗封建婚姻制度的"抗"字上。经过程砚秋和剧团同人四十个日夜的精心设计和编排，《英台抗婚》最终于1954年公演。

1954年初秋，周恩来总理约请老舍、曹禺、吴祖光三位携夫人到家中吃螃蟹。席间，大家谈起了吴祖光导演的《梅兰芳舞台艺术》。周总理为程砚秋还没有拍电影而有些焦急，并琢磨可不可以利用电影的技术手段，解决程砚秋体型的问题。

吴祖光说，可以用对比的手法解决这个问题。周总理点点头，高兴地说："我是很关心程砚秋的。在延安时，我们对京剧的爱好也有梅派和程派两派，我就是程派。"

1955年冬，周总理指示北京电影制片厂为程砚秋拍摄一部舞台艺术片。导演这部艺术片的任务，自然就落在了吴祖光的肩上。

程砚秋经过再三考虑，决定拍摄思想性较强的《荒山泪》。他和吴祖光共同研究，对原来的演出本进行了加工，在各方面都有了进一步的提高。

周总理对拍摄这部舞台艺术片，给予了无微不至的关怀。程砚秋感动地说："连乐队的安排，总理都想到了，他太操劳啦！"为了不辜负总理的期望，他居然在拍片期间戒了烟，改为饮浓茶。为了配合剧情，他设计和运用了近二百种水袖动作。尤其是剧中主人公张慧珠《入山》一场，他运用了大旋转身段，从舞步蹁跹和水袖翻飞中，极为有力地表现了张慧珠被苛捐杂税逼得家破人亡，走投无路，最后奔入荒山，一片茫然的精神状态。

这部舞台艺术片于1956年摄制完成，是程砚秋留给戏曲爱好者仅有的一部影片。

周总理看过影片之后，在全国电影工作者联欢晚会上，对程砚秋的精湛表演和吴祖光以及摄制组的辛勤工作，予以赞扬和鼓励，并希望吴祖光和电影、戏剧评论界写文章介绍、宣传这部影片。

以后，程砚秋便减少舞台演出，以主要精力从事戏曲研究工作。据不完全统计，他从1956年到1958年初，发表了近二十万字的艺术论文。他还经常应邀到中国戏曲学校为学生们授课。

1956年夏，程砚秋又一次来到美丽的海边城市青岛，参加文化部举办的高级干部哲学读书班。这使他有了比较系统地学习马克思主义哲学原理的机会。

从青岛归来，中共第八次全国代表大会在北京隆重召开。为了庆祝这次大会的胜利闭幕，程砚秋和中国京剧院成员在中南海怀仁堂为出席大会的代表们演出了《窦娥冤》。毛泽东、刘少奇、朱德、周恩来等领导人又一次亲切地接见了程砚秋和全体演员。

哲学读书班结业之后，程砚秋又为中共八大代表演出。这期间，他的心潮是不断起伏的。几年来，他通过亲身体验和比较，通过理论学习，感觉到只有马列主义、毛泽东思想才是指引中国人民不断前进的真理，只有中国共产党，才能领导中国人民建设繁荣富强的新中国。

这一时期，不时有一些人来拜访程砚秋，邀请他参加各种党派团体。他都婉言谢绝，表示要参加组织的话，他只参加共产党。

但是，他又有些犹豫：共产党是无产阶级的先锋队，像自己这样从旧社会过来的艺人，够得上共产党员的条件吗？他反复读着《中国共产党章程》，久久地注视着“申请入党的人，要填写入党志愿书，要有两名正式党员做介绍人”这句话，陷入了沉思：在共产党员中，自己接触最早、最多，也可以说是最了解自己的，莫过于周总理和贺龙元帅；然而，他们都是开国元勋，是党、国家、军队的领导人，和自己地位悬殊，要他们当介绍人，自己不配呀！

程砚秋是位自尊心极强的艺术家，在自己非常敬重的领导人面前开口，万一……

想到此，他不免徘徊起来。

◆ 莫斯科巧遇 ◆

贺龙将军本想把程砚秋剧团调到重庆，把西南京剧院再扩大、提高一番。但是，由于1954年全国各大行政区撤销，这一计划未能如愿。

还是在1952年11月15日中央人民政府委员会第十九次会议上，通过了周恩来的提议，任命贺龙为新成立的中央人民政府体育运动委员会第一任主任。1954年9月29日，贺龙被毛泽东主席任命为中华人民共和国国务院副总理、国防委员会副主席和国家体育运动委员会主任。1954年11月，他和夫人薛明携子女离开重庆，到京赴任。1955年9月23日，在全国人民代表大会常务委员会第二十二次会议上，贺龙被授予中华人民共和国元帅军衔。

贺龙到中央工作之后，西南京剧院也由于西南行政区和西南军区的撤销而面临新的抉择。经贺龙与解放军总政治部联系，总政负责人表示可以接受少部分人，与原第三野战军第七兵团政治部京剧团合编为总政治部京剧团。由于军队编制有限，只能吸收西南京剧院的六十个名额。作为西南京剧院的院长，张一然遇到了难题：三百人的京剧院，只能安排六十人，那二百四十人何去何从呢？贺龙已调北京，并且不管总政，张一然不愿去给他添麻烦。他更不愿在这仅有的六十个名额中占去一个，但又无力安排二百多人的工作，便主动呈递辞呈，怆然而去，转业到成都市，改行当了交际处处长。郭瑞则被调到兵役局当政委①。

副院长石天带了西南京剧院的八十人来到总政，几经“谈判”，被总政“收编”了七十余人，白大被任命为总政京剧团团长。调到总政的演员当中，就有程砚秋的学生王吟秋。从此，师徒又重聚北京。

贺龙担任副总理后，仍是身兼数职，工作十分繁忙，同程砚秋见面的机会也并不多。

1956年冬，他作为中国政府代表团的副团长，和团长周恩来一起率团前往越

---

① 郭瑞以后担任了中国京剧院党委副书记。

南、柬埔寨、印度、缅甸、巴基斯坦、尼泊尔和阿富汗等国家进行友好访问，于1957年1月3日回到北京。

他们在北京停留了几天，又于1月7日前往莫斯科访问。1月11日，又从莫斯科起飞，于当天上午十时到达华沙，访问波兰。1月16日上午十时，又离开华沙，访问匈牙利。当天中午十一时三十分到达布达佩斯，前往议会大厦拜会卡达尔总理；中午，出席卡达尔在议会大厦举行的宴会；下午，出席在建筑工人大厦举行的欢迎中国政府代表团大会后，又出席中国政府和匈牙利政府联合声明签字仪式。

17日，上午八时十五分飞离布达佩斯，中午返回莫斯科继续访问。

这种频率极高、效率也极高的穿梭式访问，也只有精力充沛的周恩来才能胜任，就连随团的年轻人也叫苦不迭。更让人钦佩的是，周恩来刚刚回到莫斯科，已经几个晚上没睡好觉了，还是抽出时间，给正在莫斯科访问的全国人民代表大会代表团做了长达三个小时的形势报告。在聆听周总理做报告的人中，就有随团访问的程砚秋。

在莫斯科的中国同志，都深深地为周总理这种忘我的工作精神所感动。

程砚秋心想，中国共产党为什么能够取得一个又一个的伟大胜利？为什么这样受到人民的拥戴？就是因为她有着像周恩来一样忘我地为国家贡献着自己的力量的优秀党员。自己为什么不能向他们学习呢？他暗暗地下了决心，一定要向他们学习，什么时候也能和他们一样，成为无产阶级的一名忠诚战士，那才能满足自己的志愿！

“心有灵犀一点通”。周恩来和贺龙在莫斯科巧遇程砚秋，格外高兴。谈话间，他们似乎猜透了他的心事。周恩来主动挑起了话题：“砚秋同志，你怎么还没有入党呀？”

贺龙递给程砚秋一支雪茄，笑眯眯地说：“砚秋同志，共产党是欢迎又红又专的人民艺术家的呀！”

程砚秋听闻此言，不无愧疚地说：“入党，当然是我梦寐以求的事。可是我考虑了很长时间，觉得一个好党员，就要全心全意地为国为民做贡献。我一想自己这条件：年岁大了，体力也差了；这个体型，再登台唱旦角戏，也力不从心了，怕能为人民做的事不多。再说，我的思想觉悟也远够不上一个共产党员的水平！我的缺点也太多:在旧社会养成了个人奋斗、疾恶如仇的性格,容易得罪人,加上生活散漫,不够资格呀……”

周恩来笑道:“解放以来,都快八年了嘛!你的进步是不小的。西北刚解放,你就带剧团慰问西北解放军;西南剿匪还没有很彻底,你又带剧团慰问西南部队。”他面向贺龙,说,“这两次,贺龙同志都是知道的。”

贺龙说:“西南当时还有一些小股残匪,但砚秋同志不怕危险,不讲条件,部队指战员都反映很好。”

周恩来又说:“抗美援朝,你也是积极捐献,主动要求参加慰问团的。我听说,你不摆名角的架子,主动唱开场戏;睡小学生的床,腿都伸不开,还常常饿肚子嘛!”

程砚秋听到此处,暗想:“总理日理万机,怎么连去朝鲜的事,都知道得这么细?”他不禁望了望贺龙。只见贺龙吸着雪茄,正笑眯眯地朝他微微点头,他这才恍然大悟,原来是他这个“小兵”的总团长贺龙向总理介绍过访问朝鲜的情况。

周恩来接着说:“人是难免有缺点的。但是缺点是可以克服、改正的嘛!”

贺龙也说:“你不要以为党员就没有缺点了。有缺点不怕,怕的是自己认识不到。你能认识到自己有缺点,这就是新的进步的开始。”

程砚秋说:“党章上规定申请入党要有两名正式党员介绍。我要申请入党,现在还没找到合适的介绍人呢。”

周恩来深情地望着程砚秋,诚恳地说:“砚秋同志,如果你申请入党的话,我愿意做你的入党介绍人。”

贺龙紧接着说:“党组织是欢迎你的。入党要有两个人介绍,我愿意做你的第二个入党介绍人。”

周恩来同贺龙在莫斯科参加了中苏联合声明签字仪式之后,又于19日中午十二时飞往阿富汗首都喀布尔,继续进行友好访问。

程砚秋回到北京,一进家门,就抑制不住内心的兴奋,对妻子说:“这次出国,我有两桩喜事。一件是在列宁格勒见到了咱们的老三,还专门跟他的同学们联欢了一次呢!和年轻人在一起,自己也变得年轻了!我对他们说,我不服老,还准备同他们竞赛竞赛呢!”

果素瑛听说见到了三儿子,当然高兴极了,忙问:“这第二件喜事呢?”

"这第二件喜事儿恐怕你就猜不到了。"

"我是猜不出来。你快说吧!"

程砚秋见妻子急切地想知道,却故意慢条斯理地说:"这第二件喜事嘛,是总理、贺老总在莫斯科跟我谈话了。"接着,他绘声绘色地谈起了在莫斯科谈话的详细经过,激动地说:"总理谈了好多,他对我程某人太了解了,连我自己没想到的小小的进步,他都注意到了。原来是贺老总跟总理谈过。我早就下决心入党了,可找不到合适的介绍人哪!总理、元帅要给我做入党介绍人,我怎么敢想啊!"

他说着,站起来踱着步子,找出了近来很少吸的雪茄,点燃了一支,感慨地说:"这真是我平生最激动的事啊!总理、贺老总对我程某人这么器重,我要好好努力,才对得起他们的信任啊!"

◆ 三访贺龙 ◆

程砚秋从这次回国后,主动靠近中国戏曲研究院的党组织,找到当时担任文化部副部长的夏衍深谈了一次,表达了要加入共产党的心愿。

周恩来在一次会议上见到程砚秋,又问及他的入党问题。此后,极为心细、慎重的程砚秋便向中国戏曲研究院的党支部提出了口头申请。

然而,1957 年的全党整风运动很快就全面展开了。接着,又展开了反右派斗争。在运动中,各党组织发展新党员的工作,自然就暂时搁置起来。

程砚秋牢记周总理和贺龙元帅的殷切期望,积极参加戏曲研究院组织的政治学习,其政治表现是很好的。

1957 年 5 月间,他应邀到山西出席该省第二届戏曲观摩会演。其间,他为参加会演的代表讲课,还指导青年演员练身段,为他们说戏。

他返京后不久,山西省蒲州梆子剧团进京演出。他热情、认真地撰写了《欢迎蒲州梆子来京演出》一文,刊登在 1957 年 7 月 12 日的《人民日报》上。从他在文章中介绍的蒲州梆子的特色,可以看出他对地方戏曲的研究,的确是下了许多功夫的。文章说:

> 今年四五月间,我到山西参加该省第二届戏曲观摩会演,看到了十几个剧种演出的一百多个剧目。的确,每个剧种有每个剧种的特点,每位演员有

他们不同的精心杰作，所见所听真是琳琅满目，大开眼界，使我们学习到许多新的知识。

这次山西省蒲州梆子集中了七个剧团的优秀演员来京演出，带来了四十多个优秀的传统剧目与首都观众见面，值得我们热烈地欢迎。

蒲州梆子，在山西梆子系统中，是一个最古老的剧种，它的剧目丰富，表演上有许多特殊技巧，在山西省早已博得“晋南之花”的称誉……

他们这次来京演出的剧目，我在山西看过了许多出，像阎逢春先生的《杀驿》《归宗图》，杨虎山先生的《赠绨袍》《阳河摘印》的薛刚，张庆奎先生的《三家店》，李心海先生的《意中缘》的黄天监，任合心几位老先生的《龙凤旗》，还有王秀兰的《卖水》（眉户），以及她和筱月来先生合演的《墙头马上》等。从我所看到的几出戏中，看出每位演员全掌握了不同的才能，通过他们演出上的严肃认真，可以肯定他们对戏曲艺术是负责的。再从他们舞台上表演动作的一招一式来看，每个动作都很集中，节奏也很鲜明，像《三家店》《杀驿》等唱作并重的戏，也是自始至终精神贯串到底，丝毫没有败笔。此外，蒲州梆子表演上的多种特技，如“翎子功”“翅子功”“甩发功”“髯口功”等，全能结合感情，在我看他们全运用得非常巧妙。同时，不但与剧情、人物思想变化结合得很严紧，而且这种表现手法，更能突出地表达人物的微妙复杂心理活动……

听说这次王秀兰演出的《杀狗》，是已故名艺术家王有才老先生亲自传给她的，剧中人物将表演出蒲剧许多传统的绝技。

可惜我最近将有其他任务，即将出国，不能全部观摩，倒是一件憾事。我建议我们京剧界的同志们抽暇多观摩几次，彼此交流经验。现在，我预祝蒲州梆子来京演出胜利完成任务，使蒲剧的艺术更好地丰富多彩起来。

拜读这样一篇出自京剧大师的手笔，却是介绍一个地方小剧种，且如此热情洋溢地赞赏兄弟剧种的“绝技”的文章，不仅是蒲州梆子的演员，就是一般的戏曲爱好者，也都被程砚秋大力支持、扶植地方剧种的精神所感动。

几天之后，1957 年 7 月 21 日，他和梅兰芳等著名演员针对当时在北京、上海、天津、武汉、重庆等十七个城市有一些剧团上演《杀子报》《黄氏女游阴》等坏戏和内容不健康的剧目的现象，联名向戏曲界提出了“不演坏戏”的建议。当年，《人民日报》是这样报道的：

> 新华社讯：全国人民代表大会代表梅兰芳、周信芳、程砚秋、袁雪芬、常香玉、陈书舫和郎咸芬21日向戏曲界提出提高戏曲质量、不演坏戏的意见。全文如下：
>
> ……为了更好地发扬我们戏曲艺术中的优良传统，虽然政府不用行政命令来取缔坏戏，但我们必须认识到这不等于艺术上没有好坏的标准。本来我们在艺术事业中，首先就要有辨别精粗美恶的修养，才不会走错道路，在剧目的选择上当然也应如此。所以我们应该有所提倡，也有所反对。我们提倡的是富有思想性、艺术性的优秀剧目，至于内容和表演无甚价值甚而丑恶、淫猥、恐怖，对人们身心健康有害的东西，则是我们坚决反对的。
>
> 解放八年了，我们经过党的教育，在思想上已有了很大的提高。我们认识到在社会主义建设事业中，我们也负着很大的责任。现在党和政府让我们在自己事业上当家做主，我们应该为戏曲艺术的健康发展，做更进一步的努力；不要把解放以来曾经争取到的人民的信任又丧失掉了。
>
> 我们提出下述三点意见征求戏曲界的响应：
>
> (1)我们继续努力在党的领导下，提高戏曲的思想质量与艺术质量，以社会主义、爱国主义精神锻炼自己，影响观众。
>
> (2)我们相约多演富有教育意义和艺术的优秀剧目，并把一些虽无甚意义但有艺术的戏加以改进。
>
> (3)我们相约不演丑恶、淫猥、恐怖、有害人民身心健康的坏戏。

这一公开倡议书，在戏曲界带了个好头，标志着梅兰芳、周信芳和程砚秋等一批戏曲艺术家在政治上、思想上的进一步成熟，是他们向党和人民所交的一张合格的考卷。

在1957年的那场运动中，无论遇到什么风浪，程砚秋对共产党始终是坚信不疑的。他要求入党的心情也越来越迫切，由于迟迟得不到党支部的答复，他又不知道是何原因，便想先找贺龙元帅谈谈心。但贺龙一直工作很忙，国务活动也很多。程砚秋从广播中经常听到他出席各种会议和陪同毛泽东、朱德、刘少奇、周恩来等党和国家领导人会见外宾的消息，怕干扰他的工作，也迟迟没有去找。

1957 年 8 月初，贺龙到北戴河休息；8 月 11 日，程砚秋参加第六届世界青年与学生和平友谊联欢节，二人又不能相见。

程砚秋回国后，仍然没有得到中国戏曲研究院党组织的答复，他再也等不下去了，一连两次到东交民巷贺龙家中打听贺老总何时从北戴河回京。贺龙回京后，他第三次来访，恰遇贺龙外出主持会议，又不得见。接待他的秘书看他这样着急，一定有要紧事，便请他给首长留一封信，待首长回京后立即报告。

程砚秋写道：

> 我要求入党，特来见您。在莫斯科时，周总理曾经说过我若入党，他可以做介绍人。那时我太兴奋啦，不知道现在您肯不肯做我的介绍人呢？我的愿望是有理由的，解放后直到今日，我铭感地体会到始终您们二位对我给以精神上的支持，这就大大地鼓舞了我，有信心，有无畏的勇气，所以要向您提出这样的要求。专此
> 敬上！
>
> 贺副总理鉴及
>
> 程砚秋谨启
> 8 月 26 日
>
> 您何时得暇，可告我知，再来看您。

贺龙一回办公室，就看到了程砚秋留下的这封信。以他丰富的政治经验，一看便知程砚秋在入党问题上并不顺利，原因有二：一是正处在整风运动中，二是吸收从旧社会过来的著名艺人入党，尚无先例。看起来，要促成程砚秋入党，还要给文化部系统“做工作”。由于程砚秋在戏曲界颇有声望，如果吸收他加入共产党，对于团结更多文艺工作者，更好地执行党的文艺政策，发展文艺事业，都会产生积极的影响。

但是，贺龙并不分管文艺口的工作，促成此事，必须请周总理出面。他看了看工作日程表：8 月 29 日晚，刘少奇、周恩来、朱德、陈云宴请越南的胡志明主席，他

要去作陪,正好利用这个机会,同周总理面谈。

29 日晚上,贺龙带上程砚秋的信,提前来到宴会厅休息室,等候周总理到来。

周恩来一进宴会厅的休息室,贺龙就迎了过来,把程砚秋的信递给他,请示此事如何处理。

周恩来看过信,点点头,说:"贺老总,就以你的名义给周扬同志写一封信,说我们俩都同意做程砚秋的入党介绍人,请文化部党委研究。"

贺龙遵照周恩来的意见,于 8 月 31 日给文化部副部长周扬写了一封信:

周扬同志:

周总理和我愿意做程砚秋入党的介绍人,现转去程砚秋来信乙件,请阅。并望你们对于程的入党问题予以研究为荷。

专此

贺龙

8 月 31 日

◆ 不平凡的家宴 ◆

周扬收到贺龙的信后,极为重视,立即同中国戏曲研究院党委负责同志研究了这一问题,并让研究院党支部派人专程征求贺龙的意见。

9 月 14 日,中国戏曲研究院派马绩到贺龙副总理办公室,说明了来意。

贺龙说,新中国成立后,程砚秋不辞辛苦,主动到西北、西南、朝鲜慰问演出,这对一个从旧社会过来的艺人,是很不容易的,表现了他对党、对解放军的深厚感情。他到部队演出,分文不取,无论条件多么艰苦,他都不计较,也从不摆名角的架子,也不计较待遇,他为人也很正直,是符合共产党员的条件的;周总理对他也是比较了解的,我也把了解的情况向总理做了介绍。

贺龙又说,作为一个从旧社会过来的艺人,受到旧社会和梨园行中的一些影响也是免不了的,特别是他的性格比较孤僻,作为共产党员,在联系群众、团结群众方面,就难免受到影响。好在他向总理和我都表示认识到自己还存在缺点,也决心接受党组织的帮助,努力克服,这也是很难得的。

最后,贺龙说:"我和总理当介绍人,情况是比较特殊的。为了防止程砚秋入党后产生‘特殊党员’的想法，我和总理最近再约他谈一次，帮助他认识自己的缺点和不足。”

临别前，贺龙爽快地说：“介绍是介绍，最后是否批准，还要经过你们研究院党支部党员大会讨论。”他握着马绩的手，又诙谐、又认真地说：“权力在支部，要服从支部的领导嘛！”

这年入秋，大约是9月4日下午，国务院办公室给程砚秋打来电话，说：“邓大姐请你和爱人一起来吃螃蟹。”

程砚秋放下电话，就和果素瑛换衣服。正在这时，周总理却亲自乘车来到程宅，把程砚秋夫妇接到了中南海。

程砚秋夫妇一下车，看到贺龙和夫人薛明早已等候在这里。邓大姐走过来，拉着果素瑛的手，向她介绍薛明，又招呼大家到餐厅就座。

大家刚刚坐定，工作人员就端上来几盘鲜红的大螃蟹。周总理说：“这是阳澄湖的螃蟹，是宋庆龄同志送来的，请大家尝尝。”

贺龙先斟满两杯酒，笑嘻嘻地递给程砚秋一杯。二人举杯相视，对饮而尽。

席间，周总理向程砚秋打听戏剧界一些名角的情况，关心地问他最近打算编排什么新戏。

刚刚吃完饭，周总理就对邓大姐说：“今晚咱们到天桥剧场看演出，你们几位先走。我们还有些事要谈谈，晚一会儿到。”说完，他就起身，同贺龙、程砚秋一起到客厅去了。

到了客厅，周总理让他俩先坐，自己才坐下。贺龙对程砚秋说：“你写给我的信，我也给总理看过了，前几天已经转给周扬同志。我还附了一封信，说周总理和我同意做你的入党介绍人。但是，按照入党的程序，必须要经过本人所在党支部的党员大会讨论。讨论前，你还要谈谈自己对党的认识过程，谈谈自己的主要经历。你要做好准备。”

周总理说：“按照党章的规定，在批准申请人入党以前，组织上要派人同申请人谈话。我和贺龙同志作为介绍人，为了对党、对你在政治上负责，今天请你来谈谈心。”接着，他认真地说，“一个人在组织上入了党，并不等于思想上也入了党；作为一名共产党员，重要的是密切联系群众，一是带领群众执行党的决议和政策，二是接受群众的监督和批评，也要善于做自我批评，这样才能不断地进步。几年前，我同你谈过这个问题。几年过去了，你自己觉得怎么样？”

程砚秋说：“我觉得比以前有进步了，但是距离党员的标准还差得远……”

周总理、贺龙听罢都高兴地笑了。贺龙佯作严肃地说：“你自己说自己进步还不行，要别人说你进步才行哩！”

程砚秋说：“我明白了，您说的就是哲学上的‘动机和效果’问题。”

贺龙笑眯眯地说：“对头嘛！”

周恩来又说，作为一个共产党员，应该心胸宽广。金无足赤，人无完人。我们都不是完人，对和自己有过矛盾的人，或者缺点比较明显的人，甚至是反对自己的人，都应该团结，这才是一名真正的共产党人。

贺龙说，你还要填写一份入党志愿书，怎么填，支部会跟你谈的。志愿书上有“介绍人意见”一栏，总理和我都要写，作为对你的勉励和希望。总理和我做你的入党介绍人，是个特殊情况。但是，在党内，党员之间都是平等的。如果批准你入党了，你不能做一个“特殊党员”，要跟其他党员一样，编在党小组，按时过组织生活，遵守党的纪律，时时处处严格要求自己，不要让别人感到你有什么特殊。

程砚秋连连点头，说：“我都记下了。”

周总理最后说，自从 1927 年我介绍贺龙同志入党后①，三十年来我再也没有介绍其他人入党。过几天，支部大会讨论你的入党问题，你要做两手准备，无论通过与否，你都要有一个正确的态度，都要继续努力，很好地克服自己的缺点，永不停步，争取做一个又红又专的、合格的共产党员。说完，他站起来，挥挥手：“走，到天桥剧场去。”

◆ 光荣入党 ◆

经过一个多月的准备，在北京的金秋季节里，中国共产党中国戏曲研究院支部召开党员大会，讨论程砚秋申请入党的问题，时间是 1957 年 10 月 11 日。

大会首先听取了程砚秋所做的自我介绍。他虽然饱经风霜，但是第一次参加讨论自己入党问题的支部大会，仍然是又紧张、又激动的。在大家热情的目光中，

---

① 1927 年八一南昌起义前后，贺龙曾多次向周恩来、周逸群等提出加入中共的请求。当时担任中共前敌委员会书记的周恩来主持会议研究，同意吸收他为中共党员，并议定由周逸群、谭平山做入党介绍人。周恩来于当年 8 月末或 9 月初在江西瑞金的一所小学校里主持了贺龙的入党宣誓仪式，并做了讲话。

他打开经过精心准备的提纲，郑重地开始介绍自己的身世、学艺经过，讲到了他先后拜王瑶卿、梅兰芳为师，以及罗瘿公对他的帮助；曾经教导过他和帮助过他的陈叔通、金仲荪等，他都一个不落地列举出来；也谈到了他出国考察，出版《赴欧考察戏曲音乐报告书》的经过。当谈到接触共产党的经过时，他坦率地说：

> 我不想隐讳自己，作为一个京剧演员，在那时，尽管我不满意当时的社会，对劳动人民抱有同情，但对政治还是不够关心的。解放前，我对于国内的敌我斗争情况不甚了解。共产党在抗战期间的丰功伟绩，打击了日寇、保全了中国，党在抗日时期有那样多可歌可泣的动人事情，我都不知道。在过去我不懂政治，只知是国民党军阀们与日本对打，当时只盼早点把日寇赶出去。精神被压抑得太沉重了……
>
> 日寇占领北平以后，我也绝迹舞台，不再演出了。日寇当然不会就此放过，三天两头地派人来找，要我演出，我都拒绝了。这自然惹恼了日寇。有次我从天津回北平，一到车站，汉奸特务和日本宪兵队借口检查，说我态度不好，把我拉到小拘留室内，二十几个人围住打我。由于我从小就练武功，对武术原有根底的，就一面抵抗，一面冲出拘留室，冲出车站，径直跑回家。从此，索性搬到颐和园背后的青龙桥乡下种地去了。但日寇仍不甘心，不断派人去调查，总见我把着锄头在种地，吃饭是啃的窝窝头、玉米饼子，竟奈何不得。
>
> 所以，“八一五”日本投降的消息传来时，我认为是有生以来最愉快的一天。慢慢地，兴奋愉快的心情又渐渐消沉下去了。从那时起才开始注意国事，才知道共产党在很多地区振起民族精神，流血牺牲，奋勇抗战……
>
> 我之真正认识共产党，而且立志要做一个共产党员，那还是解放以后的事。现在就谈谈我对党从不认识到认识的过程：
>
> 从1949年北平解放后，党就给了我很好的印象。记得是解放后不久，有一天下午，我不在家，周总理来看我，家里人对他很不礼貌，以为是来占房子的。他留了一个条说来拜访，我回家后看到很高兴。后来在北京饭店和周总理见面了，这是我又一件最愉快的事。不久，我到怀仁堂演戏，登台以前和下妆以后，总理都要赶到后台来慰问。这时我感动极了。回想在旧社会，像我们这号人，说得好听点是艺人，说得不好听是“唱戏的”，在一些人的眼中不

过是玩具，是玩物。在新社会里，党对我如此器重，怎么不使我感动呢！

接着，他又介绍了到西北、西南慰问部队，受到贺龙、王震等首长热情接待的事：

过去我是不敢带上那么一个大剧团到处跑的。这次我则无忧无虑，觉得到什么地方都像很有把握似的。好多地方过去没去过，事前也无联系，但到了之后，都受到当地很好的照顾。在工作中，党对我们的帮助也是无微不至的，并尽量给予我们以支持和鼓励。

当谈到对党的认识时，他说：

解放后几年来，由于我亲身的体会，深刻地认识了党的伟大，对每一个党员我都怀有敬爱之心。我看到每一个党员同志，上至领导，下至每一个普通工作人员，那种朴素踏实的工作作风，勤勤恳恳的对人态度，无一不使我深深感动。从此，我的心也就更加向着党了……

解放八年了，我所接触过的许多事情印象犹新。这几年，我所见到的处处进行的各项建设，年年有不同的社会改革运动，首长们忘我地为国勤劳。我体会到真正好的党员是全心全意为国为民的，是遵守党的纪律的。我认清楚了党就是好，所以我热爱党，我愉快，我兴奋，我现在要求入党。我决心入党已经是很久以前的事了……

最后，他认真地检查了自己的主要缺点，说：

过去有人批评我有些孤僻偏激，我觉得说得很对，我确有这个缺点。过去旧社会唱戏的是人人看不起的，那时我的思想就要立异，要与一般人不同；过去一直与牛鬼蛇神做斗争，依靠个人的力量进行斗争，可以说个人主义太顽强了，又有自由散漫的习性，当然这是过去演戏生活所造成的。按道理，我离入党条件尚远。若带有这些缺点，入党后不能起好作用，既对不起党的培养，也对不起我所敬爱的介绍人,我决心在入党后的预备期间改正这些缺点……

我知道,党的大门是向每一个人开放着的,只要你勤勤恳恳地愿意为党、为人民工作,愿意把一生献给壮丽的共产主义事业,党都是欢迎的。我感谢党准备吸收我加入它光荣的队伍,这是我一生最大的光荣。我从事舞台生活几十年,也有过一些小小的成就,为了这些成就,人民曾不断给予过我荣誉,但任何荣誉都不能和这个荣誉相比。我今后只有更好地改造自己,提高我的政治思想水平和艺术水平,更好地为人民、为社会主义文化事业服务,这才能报答党对我的关怀、教育和期望。

以上是我个人的历史,和我对党的认识及入党的要求与希望,我愿接受党的审查,愿接受党和同志们的帮助和教育。

在支部大会讨论时,大家肯定了程砚秋的进步,也给他提出了殷切的希望,经过表决,同意吸收程砚秋加入中国共产党。按照中国共产党吸收新党员的惯例,支部大会通过吸收申请人入党之后,还要报经上级党委批准,然后再举行入党宣誓仪式,而支部大会通过的这一天,就是新党员入党的日期。所以,经中共文化部党委批准后,程砚秋从 1957 年 10 月 11 日起,就成为中国共产党的预备党员了。曾经较早当面听到程砚秋倾吐心声的夏衍,在文化部党委批准之后,十分欣慰地告诉程砚秋:“组织上已经批准你入党了!”

程砚秋这位已经五十四岁的艺术家竟像少年一样腼腆,紧紧握着夏衍的手,说:“这太高兴了。我一定要以更多的工作来报答。”

◆ 殷切的叮嘱 ◆

应文化部和中国戏曲研究院的邀请,贺龙元帅出席了程砚秋的入党仪式,并做了讲话,阐明了发展程砚秋为中共党员的重要意义,对他提出了很高的要求和殷切的期望。他说:

同志们:

程砚秋同志经党组织的批准,已经光荣地加入中国共产党,成为中国共产党的预备党员。这可以说是程砚秋同志数十年的经历中,在政治上开始的新的转变。是值得我们祝贺的。

中国共产党是工人阶级先进的组织,是以马克思列宁主义武装起来而又与中国革命实践相结合的革命政党。它的成员不仅拥有工人阶级和劳动人民中的优秀分子,而且有着许多经过革命实际锻炼和改造的知识分子。这就是说,我们的党在领导中国人民进行长期的革命斗争和社会主义建设的事业中,历来把吸收党员、壮大党的队伍作为自己的经常工作之一,历来是很重视在科学技术和文化艺术界中发展党的工作。只要他们具备了入党的条件,党对于他们永远是敞开大门的。

我作为程砚秋同志的入党介绍人,今天在这里说几句话。

我和程砚秋同志认识是在1949年,在西北、西南以及后来在朝鲜的几次接触中,程砚秋同志热爱人民,热爱解放军、志愿军,不辞辛劳的精神,给我和所有接触过程砚秋同志的同志们留下了深深的印象。在他的艺术活动中,表现出了认真负责、刻苦工作,表现出了爱戴共产党的浓厚感情。程砚秋同志在全国革命胜利后,坚决拥护共产党,积极参加社会多项活动的这种表现,是完全可以理解的。他在旧中国时代人民苦难深重的腐败社会里,经历了漫长的岁月,虽然由于个人的奋斗努力,在艺术上有了显著的成就,但是在政治上、思想上仍然受着反动的统治阶级的束缚,因而,个人的成就并没有得到应有的发挥,变成为人民的文化财富。解放后,党和政府一直重视我国文化艺术的发展,党对程砚秋同志和其他文艺界的朋友们一样,在政治活动和艺术活动的各项工作中都给予了很大的帮助、支持和鼓励。因而唤起了他的政治热情,决心献身于人类最伟大的共产主义事业。

但是,应该指出,在旧社会里生活很久的人,必然在主观世界里就会受到旧社会的许多影响。改造自己的主观世界,使自己的思想意识、立场观点以至于处人处事的态度、作风,都能够完全符合于无产阶级、马列主义的要求,仍然还是今后努力的艰苦任务。尤其是文艺工作者,在从事于个体复杂的劳动中,必须时刻警惕和克服极容易沾染的资产阶级的各种不同形式的个人主义。

随着党的事业的胜利,党对人民所负担的责任的加重,党在人民中威望的增长,作为一个共产党员,党的要求就更加严格,就更加需要不断地提高自己,全心全意地为人民服务。我相信,程砚秋同志在党的组织的领导下,积极学习，密切联系群众，深入实际，和文艺界的同志们紧密团结，将会对党、对人民做出更多、更大的贡献。

贺龙的讲话，不仅是对程砚秋本人，也是对科学技术和文化艺术界的知识分子，表达了党对他们的鼓励和殷切的希望。

在入党仪式上，程砚秋举起右手，紧握拳头，在鲜红的党旗下，庄严地进行了宣誓。

程砚秋入党后，十分激动地对剧团的同人说："我……入党啦。"

大家都向他投以羡慕的眼光，纷纷向他祝贺，说："您真荣幸！周总理、贺老总介绍您入党，整个戏曲界都光荣！"

程砚秋这时竟有些语塞，断断续续地说："啊……我……真是。"他沉吟了一阵儿，又喃喃地说："真是，我离党的要求还差得很远呢！你们以后可得多提醒着我点儿！"

周恩来作为入党介绍人，严肃认真地在程砚秋的入党志愿书上的"介绍人意见"栏中填写了意见，又亲笔抄录下来送给程砚秋。他写道：

砚秋同志：

我在你的入党志愿书上，写了这样一段意见：

程砚秋同志在旧社会经过个人的奋斗，在艺术上获得相当高的成就，在政治上坚持民族气节，这都是难能可贵的。解放后，他接受党的领导，努力为人民服务，政治上积极要求进步，这就具备了入党的基本条件。

他的入党申请，如得到党组织批准，今后对他的要求，就应该更加严格。我曾经对他说，在他被批准为预备党员期间，他应该努力学习，积极参加集体生活，力图与劳动群众相结合，好继续克服个人主义思想作风，并且热心传授和推广自己艺术上的成就，以便提高自己的阶级觉悟，发扬为劳动人民服务的精神。

现在把它抄送给你，作为我这个介绍人对你的认识和希望的表示。

周恩来

1957年11月13日

贺龙也致信程砚秋：

砚秋同志：

我在你的入党志愿书上提出了以下意见：

程砚秋同志，经历了几十年旧社会的生活磨炼，具有较强的民族意识和正义感。解放后，在党的影响和教育下，拥护党的主张，接受党的领导，政治上积极要求进步。在党和国家各次重大运动中，能响应党的号召，积极参加社会活动，在艺术界起了相当大的作用。最近提出了加入共产党的申请，决心献身于共产主义事业，这都证明了砚秋同志，已具备了入党的条件。但是，在旧社会里生活很久的人，思想作风必不可免地会受到不少的影响，加入党之后，必须不断地改造自己，而党对砚秋同志在政治上、思想上的要求会更加严格。因此，要接受党的教育，积极参加党的组织生活，勇于掌握批评和自我批评的武器，努力提高自己，并要深入群众，深入实际，虚心学习，树立坚强的集体主义思想和群众观念，更好地为人民服务。

现在抄送给你，作为我对你的看法和希望。

贺　龙

1957 年 11 月 16 日

程砚秋捧读两封来信，心潮澎湃。本来就不善言辞的程砚秋，冥思苦想多日，也不知道应该用什么样的言辞来表达对总理和元帅的感激之情，几次拿起笔，复又放下。于是，他就到贺龙那里，一是登门面谢，一是请教。

他一见贺龙，便说："你做我的入党介绍人，写了意见，还送给我；又参加我的入党仪式，还讲了话。总理也派人送了他亲笔抄的意见。我真不知道怎么感谢才好！"

贺龙说："入了党，都是同志，一家人不说两家话。入党，首先是由于你自己的努力。内因第一，外因第二嘛。要说谢，我们都要感谢党的教育和党组织帮助。"

程砚秋说："你看，我该怎么谢总理呢？"

贺龙笑道："中国有两句古话，一是'大恩不言谢'，一是'君子之交淡如水'。咱们共产党历来不讲旧社会的'谢恩''报恩'那一套。要说谢，你今后按照总理的指示去做，就是对总理最好的感谢！我看，你就给总理写封回信，表示个态度就可以了。”

程砚秋愁容顿起：“给总理写信，我可是写不好啊！”

贺龙说：“共产党也不讲‘辞令’。你怎么想，就怎么写，实实在在嘛！”

程砚秋受贺龙的一席话启发，回到书斋，便提笔给周总理写了回信：

> 您的珍贵指示和对于我的愿望，使我感到兴奋极了，想了多日，真不知应用何语言来回答。您再三说三十年没有介绍人入党了，请放心吧，我永久忠诚遵守党的一切，有信心为人民去工作，不会使您失望的。
>
> 专此，敬复
>
> 周恩来总理同志台鉴
>
> 程砚秋谨启
>
> 12 月 3 日

程砚秋给总理写信这天，贺龙接见了罗马尼亚新任驻华大使鲁登科，晚上，到中南海紫光阁，出席周总理主持的招待参加中国工会第八次全国代表大会的各国工会代表团的酒会。

第二天下午，贺龙到机场迎接以缅甸联邦副总理吴觉迎为首的缅甸友好经济考察团。晚上，他又陪同周总理、邓大姐宴请吴觉迎夫妇。此后，一连几天，贺龙都陪同周总理接见外宾，至于在如此繁忙的国务活动中，周恩来和贺龙何时抽暇拜读程砚秋这封言辞朴实的复函，笔者就不得而知了。如今，周恩来、贺龙与程砚秋往来信函的原件，以及程砚秋去重庆时送给贺龙的日本军刀，都珍藏在中国革命博物馆。

程砚秋是同时代大师级京剧艺术家中第一个加入中国共产党的，介绍人又是周总理和贺龙元帅，这在戏曲界，乃至整个文艺界，都引起了强烈反响。这件事充分说明了中国共产党对文艺事业的重视，也体现了党组织对文艺工作者的关怀和信任。它表明，在共产党领导下，文艺工作是社会主义革命事业的一个重要组成部分，从旧社会过来的艺人，只要他们愿意全心全意为人民服务，党的大门对他们永远是敞开的。

继程砚秋入党之后，李少春于1958年，梅兰芳、周信芳于1959年，也相继光荣地加入了中国共产党。这一批京剧名家入党，既为党输入了新鲜“血液”，也为京剧事业的发展增添了新的活力，其影响和意义都是非常深远的。

周恩来、贺龙把从旧社会奋斗过来的、具有强烈的民族气节和正义感的京剧流派创始人培养成为一名共产主义战士，无论在中共党史上，还是在京剧发展史上，都留下了永为世人传颂的、光辉的一章。

第三节 程门流芳

◆ 英年早逝 ◆

程砚秋加入共产党之后，又投入编排新戏和研究京剧改革的工作。他时时铭记周总理和贺龙元帅要他密切联系群众的嘱托，努力实践在入党仪式上的誓言。

1957年10月初，河北省石家庄市丝弦剧团来到首都巡回演出。据《周恩来年谱》记载，周恩来于10月12日观看了该团的演出，并接见了演职人员，询问该剧种的历史、剧团体制、演职人员的政治学习和生活等情况。11月21日，他又为丝弦剧团题词：“发扬地方戏曲富有人民性和创造性的特长，保持地方戏曲的艰苦朴素和集体合作的作风，加强学习，努力工作，好好地为广大人民服务。”程砚秋也应邀欣然出席观看，并同他们进行了亲切的交谈，回顾了他1956年到河北考察时观看丝弦戏的情况。之后，他抽出时间，撰写了介绍丝弦戏的文章，题为《枯木逢春——谈谈丝弦戏》，发表于1957年11月19日的《北京日报》。他写道：

> 石家庄市丝弦剧团到首都巡回演出，这个事实有力地说明了只有在党的领导下，全国的各个剧种才能得到真正的培养与发展。有四百多年历史的古

老剧种丝弦戏能和北京广大观众见面,如果不是社会主义时代,能有这个可能吗?

"丝弦"是河北省历史悠久的地方大剧之一。相传产生于元末明初,它流行于河北省中部、南部及西部地区,明朝的万历年间,丝弦曾在保定、行唐、获鹿、邢台、饶阳等地盛行一时。

由于丝弦戏的历史悠久,它的艺术遗产也是非常丰富的,据现在统计已发掘出传统剧目六百多个,音乐曲牌五百余支。因为丝弦戏长期流传在广大农村之中,所以表现在它的剧目里处处洋溢着劳动人民的情感和愿望,情调朴实健康,爱憎分明,生活气息极为浓厚……

解放前,这一古老的剧种在反动统治的摧残下,几至消灭。很多艺人被日伪及美蒋反动派杀害,很多艺人被迫流离失散,如果再这样下去,丝弦戏就不存在了。解放后,在党和政府的扶植下,它获得了飞跃的发展,拿"枯木逢春"这句话形容它,是一点也不过分的。

1956 年我到河北省视察,看过许多丝弦戏,学习到很多的东西。六十多岁高龄的何凤祥老先生与刘艳芳同志表演的《扯伞》,身段很多,动作非常丰富;不但技巧熟练,而且每个身段全符合当时人物的思想感情,叫人看起来动作虽多却并不冗繁;线条夸张有力却丝毫也不显得过火。看得出来,演员是经过正规传授,也看得出来这个剧种基础之深厚……王永春先生的《调寇》也是一出好戏,王永春先生是一位多才多艺的名演员……须生、武生、小生各行他全能担任……这次他在《空印盒》剧中扮演正直无私而又骄傲自负的何文秀,就是小生应功的角色。他在这出戏中深刻而又细致地塑造了这位少年得志、麻痹大意的巡抚大人……他恰当地使用了许多传统的程式,如翅子功的"上下打""前后打",水袖的"打""抖""掸",以及精炼的跪步等等,可以看出他的基本功架是受过严格训练的。这和我在保定看他在《调寇》中扮演的那位足智多谋、潇洒脱落的寇准,各有千秋……

张永甲先生在《空印盒》中塑造出一个稳健、机智、忠于任务的老家院周能,在私访途中三江口搭渡的对话,失印后的沉着思考,定计中的设计获印,无一处不表现出周能这个人物的稳健、机智,与剧中主导人物何文秀配搭严紧,使观众感到两个人物在性格上的强烈的对比。他在《白玉盃》中扮演权相严嵩,把一个奸诈、阴险的人物表现得有血有肉,淋漓尽致。

张永甲先生在唱法上也有一定的修养,他综合了丝弦名艺人刘魁显、何凤祥、封广亭等前辈的特长,加以发挥改变,创造出一些结合人物性格的腔调,使人感觉非常优美……

扮演《小二姐做梦》主角的袁雪屏,是位青年女演员,她在唱法上和舞蹈上都很自然,在《小二姐做梦》的梦境里,她表演出几个不同年龄、性格的人物及其相互关系,这种复杂的情况,并没使得她慌手忙脚;而且一切都处理得那么井井有条、一丝不紊,把不同人物的层次,清楚地介绍在观众面前,从这里可以看出她在艺术上的修养还是很有基础的。

丝弦剧种艺术成就能有今日的发展,与党的英明领导是分不开的。我希望在挖掘整理传统剧目的基础上,进一步把这一古老剧种,从剧目、表演、音乐、曲牌各方面彻底挖掘出来,更好地使这朵花开得灿烂茂盛,并希望北京各兄弟剧团演员向他们学习,互相交流经验。

笔者之所以比较详细地摘引了原文,是因为这是程先生生前最后一篇介绍兄弟剧种的文章。从中可以看出,程先生无论是对于兄弟剧种,还是对于新、老演员的表演艺术,都给予了很高的评价。河北省戏曲界的老同志和河北籍的戏曲爱好者们,对于周总理和程砚秋积极扶植新中国成立前几乎灭绝的丝弦戏的高度热情,至今记忆犹新。

程砚秋本来是想多做一些戏曲研究工作的。但是,他年过半百之后,体力和精力都明显下降,而且常为心脏病、糖尿病和气管炎所困扰。但他不愿对剧团同人谈及病情,怕影响工作。最了解他身体状况的当然莫过于妻子。她见他全然不理会自己的病情,仍然全力投入工作,就不时劝他要节劳保重。程砚秋总是淡然一笑,说:“我这点病能算什么!贺老总为革命苦战半生,身上落下十几种病,糖尿病、高血压……人家根本没把这些病放在心上,成天到全国各地视察、出国访问。我这还差得远呢。”

他不理会自己的病情,却极为关心京剧界的老朋友。著名京剧老生杨宝森由于疾病缠身,生活陷入了困境。程砚秋为了帮助他,陪同他找到马少波,商量办法。马少波建议二人先合作录制一出戏的唱片,这样,既可以留下资料,又可以使杨宝森有些收入。

于是,二人商定录制《武家坡》。按惯例和条件,排练时在程宅是比较合适的。但时值严冬,对于有病在身、家住虎坊桥的杨宝森来说,每天跑西四,困难不小。杨宝森正为此犯愁时,程砚秋来到他家,说以后就在他家排戏,杨宝森甚为感激。但乐队中却有人想不通,认为程砚秋已经帮了他的忙,没必要这么屈尊。

程砚秋却说:"咱们帮人要帮到底。他身体不好,又没有车,天这么冷,雇三轮,热嗓子吹冷风,不是病上添病嘛!到这时候,咱们就不能再讲老规矩,要多体谅别人。好在你们几位都要出来,去他家和去我家都一样,有的也许路还近些呢!跑也就是我一个人,我这儿有车呢。"

《武家坡》的录制顺利地完成了,但尚未来得及发行,杨宝森却于 1958 年 1 月病逝。三十年代的"四大须生"之一、杨派艺术的创始人就这样匆匆而去,年仅四十九岁。他的骤然病逝,让程砚秋悲伤不已,他痛惜自己失去了一位多年合作的好友,更痛惜京剧界失去了一位正值壮年的流派创始人。然而,这时他自己也没有料到,这出《武家坡》,不久也成了他们二人的绝唱。

1958 年初,文化部决定组织一支由程砚秋率领,有俞振飞、言慧珠、李玉茹等著名演员加盟的阵容强大的中国艺术团,赴法国参加国际戏剧节。

程砚秋肩此重任后,立即同全团人员投入了紧张的准备之中。在艺术团准备的剧目中,除了有程砚秋的代表作《锁麟囊》之外,还有俞振飞和言慧珠主演的昆曲《百花赠剑》等,工作量是很大的。他亲自指导了《百花赠剑》的复排加工工作,为他当年创办的中华戏曲学校的得意门生、梅兰芳的嫡传弟子言慧珠设计她所扮演的百花公主的表情、身段,还为之增添了百花公主贴身侍女、海俊之姐江花右背书的一段戏……

程砚秋身为团长,又要当导演,也还是主演,各项准备工作,使他忙得不亦乐乎,累了一天,晚上还要加班。

果素瑛见他这样劳累,便拉上他到新街口电影院去看苏联电影《奥赛罗》,让他换换环境,轻松一下。夫妇二人信步朝新街口走去。程砚秋看电影,是他向兄弟剧种学习的一个途径,是打小儿就由罗瘿公规定的课程之一。多少年来,他都是健步而行,可这一次两腿却不怎么听使唤,走起来有些蹒跚,总像要跌跤的样子。他自言自语地说:"过去到青龙桥,一趟就是三十里,全凭这两条腿走,三个小时准到。今儿这是怎么了？怎么这腿发硬了呢?”

看电影回来,程砚秋又到西屋练功。过了一阵儿,果素瑛突然听到从西屋传来他大声吼叫的声音,非常奇怪,赶紧跑过去看他。他说:“我觉得有一股气直往上涌,憋闷得很,胃也很难受,是不是饿了！喊了几声,想把这股气排出去。”

果素瑛给他准备了些吃的。他吃下去后,反而感到心口越加气闷,额头上渗出了汗珠。

果素瑛让满善举到附近的医院请来一位女医生。她诊断是“痉挛”,给他注射了针剂,他感到好些。但他历来信服中医,又遣人请来金书田大夫,服了他开的药方,便觉身子有些平复。

接着,中国戏曲研究院来人看望程砚秋,并同他谈了些工作上的事,还转达了有关领导的意见:《锁麟囊》这出戏不能再演了。

这出戏,是程砚秋的得意之作。他从艺术上进行了许多探索,演出了几十年。从戏的思想内容上,他也拟定了修改方案,上报了几年,杳无音信,今天却通知他不能上演了,这个打击对一向性情倔强的程砚秋来说,确实太大了些。他一时想不通,越发感到郁闷。当晚,他辗转反侧,久久不能入睡。

第二天,程砚秋便感到胸闷,喘不过气来,憋得汗珠顺着面颊往下直淌。

这时,孩子们都不在家中,果素瑛见没有亲人可以商量,就立即将程砚秋的病情报告了中国戏曲研究院。

田汉、马少波等闻讯立即赶到程宅,见病情不轻,就通知北京医院派救护车来接。

躺在床上的程砚秋望着田汉,说:“我要跟您告假了。我的病有那么严重,还得住院吗?”

田汉安慰他说:“你的身体一直很好,不会有什么大事。但还是住医院检查一下为好。”

救护车很快便来到报子胡同。护士们把程砚秋扶上担架,在抬往救护车的路上,他还诙谐地说:“杨宝森在头前儿等我哪!”

程砚秋被送到北京医院后,经诊断为心肌梗死,需要绝对卧床静养。

果素瑛每天一趟,乘坐有轨电车到医院探视。

有一天,果素瑛问他是否感觉好些。

程砚秋只是摇头。

果素瑛说："我还是请中医来看看吧？"

程砚秋忙制止说："别去！刚来就好像不相信人家医院似的。等等，看情形再说吧。"他指指隔壁的病房，说，"贺老总的夫人薛明同志也住院了，就住隔壁。你明儿来，带些鲜花，去看看她。"

贺龙很快就得知程砚秋住进北京医院的消息，但他正在主持全国体育工作会议，讨论制定体育运动十年发展纲要和1958年体育工作计划，暂时不能分身，便叮嘱秘书聂占新买了一个非常漂亮的花篮，送到程砚秋的病房，代表他和薛明表示慰问。

3月3日上午，贺龙率领中央代表团乘火车离开北京，代表中共中央、国务院和毛泽东主席，出席并庆贺广西壮族自治区成立大会。

再说程砚秋在医院住了一周之后，觉得渐渐有了精神，对来看望他的领导和同志们说："我很快就会恢复的。带剧团到北欧访问的任务，我还没完成呢。我不能老躺在这儿，我的工作岗位可不是医院呀！"

大家见他的病情有所好转，都很高兴。

1958年3月9日，永源到医院探望父亲，回来后对母亲说："爸爸今天精神特别好，叫我下次再去医院，给他带点儿好茶叶呢！"

果素瑛听了，心中又得了些安慰。

晚餐时分，果素瑛端起碗，刚要吃饭，电话铃响了起来。她拿起电话，听筒里传来北京医院医护人员的声音："程先生病情紧急，请您赶快来医院！"

果素瑛听了，用颤抖的手挂上电话，就直奔北京医院。到了医院，她急得几乎不会走路了。早在此等候的医护人员搀扶着她，登上楼梯，走进病房。她定睛一看，程砚秋安然地躺在病床上，双眸紧闭，已经溘然长逝了！

主治医生非常惋惜地告诉她："程先生突然发生心肌梗死，我们设法抢救，但抢救无效，从发作到心脏停止跳动，仅仅八分钟。"

果素瑛不敢相信眼前发生的一切，抓住程砚秋的手，连声呼唤："砚秋！你醒醒！"然而，程砚秋却永远不能回答了。她握着亲人的手，不禁痛哭失声……

第一个赶到北京医院的文化部副部长刘芝明极力安慰她，劝她节哀保重，砚秋同志的后事，均由文化部和戏曲研究院负责料理。

就这样，一代京剧宗师、程派艺术的创始人程砚秋，还没有来得及完成他的许多计划，便过早地离开了人间，享年仅仅五十四岁，距他加入中国共产党的那天，也仅仅四个多月。他的英年早逝，对于中国京剧界，特别是对于正在发展的程派艺术，是无法挽回的巨大损失！

◆ 公祭嘉兴寺 ◆

1958年3月11日，《人民日报》在头版以《京剧艺术家程砚秋病逝》为题，向全国各界发布了讣告：

新华社10日讯：全国人民代表大会代表、中国文学艺术界联合会全国委员会委员、中国戏剧家协会常务理事、中国戏曲研究院副院长、著名京剧艺术家、中国共产党党员程砚秋同志因患心肌栓塞症和肺炎不治，于1958年3月9日下午八时二十分在北京医院逝世，享年五十四岁。

程砚秋同志灵柩已移至嘉兴寺，定于3月13日上午十时举行公祭。

程砚秋同志治丧委员会名单如下：

主任 郭沫若

委员（以姓氏笔画为序）丁西林、王昆仑、田汉、刘芝明、齐燕铭、沈雁冰、马叙伦、马少波、马彦祥、周恩来、周扬、周信芳、周魏峙、尚小云、陈叔通、欧阳予倩、郑振铎、夏衍、罗合如、荀慧生、康生、盖叫天、楚图南、晏甬、阳翰笙、张庚、张梦庚、彭真、贺龙、梅兰芳、蔡楚生、萧长华、钱俊瑞。

贺龙参加广西壮族自治区成立大会之后，于3月10日经广州回到北京，还没来得及到北京医院去探视，就接到了程砚秋病逝的噩耗，悲恸不已。他沉痛地把这个不幸的消息告诉了最早在西北接待程砚秋的王维舟将军……

周恩来于2月26日离开北京，前往四川，出席3月8日至26日在成都召开的中央有关部门负责人和各省、市、自治区党委第一书记参加的工作会议。他听到这个不幸的消息后，非常痛惜程砚秋的英年早逝，指示在京的办公室工作人员代表他送了花圈。

程砚秋病逝的消息，在文化艺术界引起了极大的震惊，老友、新朋，谁都不愿相信这个消息。

正在淮南矿区做旅行演出的梅兰芳闻讯，立即给治丧委员会发来唁电：

> 惊悉程砚秋同志以心肌堵塞症于9日逝世，闻之不胜伤悼。程砚秋同志的优良道德品质是我戏曲界的模范，他毕生从事艺术劳动，有卓越的贡献，在旧社会里以坚强的战斗意志与恶势力做斗争。他的逝世，是我们戏曲界无可补偿的损失。回忆四十年来，我们亲如手足的深厚情谊，一旦永别，能不痛心。临电挥泪，特此奉唁。

他发出唁电后，又挥笔撰写《悼念砚秋》一文，深情地追忆早年和程砚秋相识之事以及程砚秋的许多事迹。他写道："我和他分别不过十几天，这样一个突如其来的噩耗，几乎使人难以置信，我好像在做梦，而电报却明明在我手里，真的，我最亲密的战友程砚秋同志死了，我的眼泪如泉水般涌了出来……四十年前，我们已经结下了深厚的、兄弟般的友谊，那时我就看出他的聪明智慧和高尚品质，对艺术有独立思考的卓见、深入钻研的精神。因此，他的表演艺术特别是唱腔很早就为广大观众所喜爱。我记得，他在倒仓的前后，有一时期常来看我的戏，往往提出些问题同我讨论，我们互相都得到启发。我可以肯定地说，他是最能理解我的表演，道出其中甘苦的。"

他还介绍了近年来程砚秋致力于教学，热心传艺，诲人不倦的感人事迹。他称赞程砚秋在新中国成立后"刻苦钻研马克思列宁主义，找到了真理，光荣地参加了共产党。像他这样的优秀品质，在党的教育下是能够成为一个出色的共产党员，为戏曲界培养出更多、更好的演员，还能够把他一生在表演艺术上的心得，写出书来，以供后学参考。许多重要的工作在等待着他去做，不幸，病魔夺去了他宝贵的生命。这正是我们戏曲界无可补偿的损失，也是整个文艺界的损失。程砚秋同志虽然逝世了，但他的灿烂光辉的艺术成果，还活在千千万万观众和戏曲工作者的心里……"

程砚秋多年的良师益友陈叔通挥泪撰写了《哀悼程砚秋先生》一文，高度赞扬了他"在敌人的威逼下，不屈不挠的民族气节"。为表达不尽的哀思，他拟就了一副挽联：

融会贯通,卓然成家,仍继续钻研,以冀有利社会主义;
坚决奋斗,终能入党,是光荣结束,庶几无愧艺术人才。

3月10日早上七时,正在梦中的荀慧生被家人叫醒,告诉他“程先生病故了!”他惊异得顿时失去了知觉,许久才清醒过来,披上衣服,连脸都没顾上洗,就赶到北京医院吊唁。下午三时半,他又来到北京医院,亲眼看着程砚秋入殓,痛苦的心才稍觉有些慰藉。他赶回家中,提笔写就了《哭程砚秋先生》……

夏衍则于悲痛中写道:

十天前他还在给上海京剧院的演员们说戏,一礼拜前他还约我和他谈谈访欧讲学的事情,五天之前,我还把一位青年演员给我的信转给了他,这个青年演员决心“立雪程门”,要我给她再做一次介绍……

我跟砚秋同志算不上老朋友,我们之间的交往也不算太密切,但是他的性格和品质,却在我心上留了一个极深刻的印象。最突出的一点,就是他绝没有旧社会梨园行的旧习气,一方面虚心好学,在政治上、艺术上力求进步;另一方面不论对人对事,都有他自己的看法和做法,有所为,也有所不为,有主张,也有脾气。在小问题上有时候他显得相当孤耿,可是在大问题上他却恩怨分明,无所顾虑……

解放以来,砚秋同志讲话不多,在公共场合从不突出自己,可是他却身体力行,切切实实地用他不倦的工作,来表示了对新社会和共产党的热爱……

砚秋同志去世了,一个最有才能的党员艺术家去世了,死一个就少了一个,我为中国戏剧界痛悼这个不可补偿的损失……

砚秋同志应该是没有遗憾了,因为他已经看到了光明的今日,也已经看到了更光明的明天。

他写完稿子,拿着笔,思考良久,在稿纸的首页上写下了这个标题:《一个最有才能的党员艺术家去世了》。

3月13日上午,程砚秋的公祭仪式,如期在嘉兴寺殡仪馆举行。灵堂上方悬挂着巨幅黑色幛帐，上书“程砚秋同志永垂不朽”九个大字。灵堂周围摆放着周恩来总理、彭德怀、贺龙、陈毅副总理和各机关、团体赠送的几百个花圈。

贺龙、陈毅副总理、全国人大常委会副委员长沈钧儒、文化部部长沈雁冰、对外文化委员会主任张奚若、许广平、邵力子、王维舟、高崇民、萧长华，正在北京的日中文化交流协会代表西园寺公一和日本松山芭蕾舞团团长清水正夫、总顾问土方与志、秘书长间岛三村夫，北京各文艺团体的代表、程砚秋的学生和家属，共八百多人出席了公祭仪式。

仪式开始，先由中国戏曲研究院副院长张庚介绍了程砚秋的生平，之后，他宣布：“1957 年 10 月程砚秋同志被批准为中国共产党预备党员。根据程砚秋同志入党以来的表现，已具备了一个正式党员的条件，现经中国共产党文化部委员会批准，追认程砚秋同志为中国共产党正式党员。”

接着，由郭沫若致悼词。他说，程砚秋同志一生不仅在艺术上努力精进，在人格上也不断努力精进。他在戏剧艺术上独立成家，发挥了创造性的才能；在人格方面，敌伪时期下乡务农，并且同老百姓结成好朋友，正是艺术家的不屈不挠的性格的具体表现，说明他和人民有着共同的感情和语言。

全国人大常委会副委员长陈叔通代表程砚秋的生前好友，介绍了程砚秋的道德品质和对艺术的严肃认真的态度。

公祭结束后，由贺龙、陈毅两位副总理执绋起灵，在郭沫若、陈叔通、田汉、张庚以及程砚秋的家属、亲友的陪送下，去八宝山人民公墓安葬。

两位国务院副总理、元帅为一名京剧艺术家执绋，在中国历史上还是第一次。

在公祭前后，《人民日报》等报刊相继发表了陈叔通、梅兰芳、夏衍、田汉、荀慧生、俞振飞、马少波、徐凌霄等撰写的悼念文章和诗词。田汉的悼诗云：

惊才绝艺几人如？才得青春五十余！
为祷和平亲粉黛，耻歌寇盗学犁锄。
眉飞燕市初飞帜，肠断欧洲劫后墟。
一代伶工成战士，海边精读马列书。
人寿何如花寿多，精神事业总难磨。
栽成桃李妍春日，创出声腔咽夜波。

志决何妨《三击掌》，爱深凭汝再张罗。
善良沉毅工描写，卓见犹传论窦娥。
风雪征车万里同，高歌莫市气如虹。
精忠真出语言外，工作何辞疾病中。
热泪纵横怜叔老，苦心惨淡忆瘿公。
哭兄只为梨园界，难得能专又最红。

◆ 贺龙提议成立程派剧团 ◆

1958 年 9 月 22 日下午，一个由一百多人组成的京剧团，来到了仅有几座小帐篷的银川火车站。他们就是前来支援祖国西北建设，从北京到银川安家落户的中国京剧院四团。这个四团的前身，就是中国人民解放军总政治部京剧团。团里的多数成员，来自重庆的西南京剧院。该团到达银川后，改称宁夏京剧院，石天担任院长。主要演员有殷元和、张元奎、王宪周、王和霖、王吟秋、李蓉芳和琴师钟世章等。

1959 年春节过后，王吟秋、钟世章接到文化部的通知，来北京参加纪念程砚秋逝世一周年的活动。

这次纪念活动，是根据周恩来总理的建议，由文化部、中国戏剧家协会、中国戏曲研究院等单位联合举办的，包括演出、展览、学术讨论会等几项内容。

此前，为了纪念程砚秋，中国戏剧出版社于 1959 年 1 月出版了由中国戏曲研究院编辑的《程砚秋文集》《程砚秋舞台艺术》《程砚秋演出剧本选集》等书。其中，文集由郭沫若题签书名，梅兰芳作序。序言虽然简短，却再一次表达了梅兰芳对程砚秋的深情。他写道：

这本书里搜集了砚秋同志的二十几篇文章，大部分是他从事戏曲艺术劳动的可贵经验，所以昭示后学，继往开来，影响至巨。

砚秋同志自从学习了马列主义的思想方法，对艺术的看法、理解、分析都提高到一个新的阶段……砚秋不死，假以十年，我想他对中国的戏曲艺术是会有更大的贡献的，砚秋之死，无疑是戏曲界不可补偿的损失。

他病，我不能探问；他死，我不得视殓，今抚遗编，潸然泪下，草草书此，不尽欲言。

梅兰芳

1958年5月1日郑州旅次

笔者在这里多次引用梅兰芳先生的文字，是因为其中有一段插曲。那还是由于梅、程二位“老板”早年在沪唱过“对台戏”，虽然一时轰动了上海滩，但二人毕竟由此产生了误会。周恩来对此事早有耳闻，他除了亲自给梅、程二位做思想工作之外，还让贺龙专门为此约梅、程二位在北京饭店长谈过一次。贺龙希望二位艺术家互相理解、互相支持，团结起来，携手发展京剧事业，在京剧界带个好头。二位大师为总理和元帅的真诚所打动，顿释前嫌，和好如初。梅兰芳的悼念文字，可谓一个佐证吧。

在这次纪念活动之前，周恩来总理在中南海紫光阁亲自主持召开了一次有纪念活动的组织领导者及有关人士参加的座谈会。出席的有贺龙、陈毅，文化部的负责人夏衍、田汉、马少波等，梅兰芳，程夫人果素瑛，程派传人赵荣琛、王吟秋、李世济、李蔷华、侯玉兰、江新蓉，琴师钟世章等。

周总理同先到的文化部负责同志谈话，听取他们关于筹备工作的汇报。不一会儿，钟世章和演员们乘轿车来到紫光阁。他们一进客厅，看见前排沙发上坐着正在谈话的周总理和文化部的领导同志，便纷纷朝后排沙发走去。这时，马少波招呼道：“世章同志坐到那里。”他指着总理身旁的空位置，“挨着总理坐。”

钟世章又是高兴，又是胆怯，停住了脚步，但又有些犹豫。总理见他站着不动，便亲切地招呼他：“来，坐，坐。”

钟世章坐在总理身边，马少波向总理介绍说：“这位是多年来一直为程砚秋同志伴奏的琴师钟世章同志。”

总理对钟世章说：“程派艺术的创立者不幸早逝了，但他的艺术还要发展。你们与砚秋同志一起工作过，应该担负起培养接班人的责任，使程派艺术后继有人。”

这时，贺龙和陈毅两位元帅也走进客厅。

周总理非常高兴地对大家说：“今天贺老总、陈老总来参加我们的会，是对我们的支持,使我们的纪念会增辉许多。两位老总都是喜爱程派艺术的。”接着,他谈起了程砚秋对京剧事业的贡献,分析了《荒山泪》《青霜剑》的进步性,又说:“如今,砚秋同志不在了,但是,他创立的程派艺术不能随之泯灭。今天请大家来,一是研究纪念活动怎么搞得更好,一是研究如何继承和发展程派艺术的问题。”

总理的话引起大家的热烈反响。不少同志建议组织力量整理程砚秋的艺术遗产。大家还谈及,程派戏在舞台上不多见的原因,主要是程派传人太少。总理问道:“目前,有一定影响和艺术成就的程派演员有多少?”

大家屈指数来,除去在座的六位,再加上拜过师、听过课的,也不过十几名。

贺龙一直在用目光搜寻着什么。一会儿,他问道:“解放初跟砚秋同志到西安、重庆的演员没到齐吧?”他点了几个人的名字。大家告诉他有些演员已经调到外地工作。贺龙听罢,陷入了沉思。

总理看看在座的六位程派弟子,感慨地说:“全国六亿人口,这次纪念演出,就只有你们六个人会演程派戏,比例太少了!”

陈毅说:“你们都听到了吧,总理的心情,是希望在座的各位今后多带几个学生。总理说我和贺老总喜欢程派,总理也是喜欢程派的。今后,演程派戏的、喜欢程派戏的越多越好嘛!我看,程派的最大的优点,就是创新,在京剧界独树一帜,很多剧目,思想性都是很强的,希望戏曲研究院的专家们好好整理一下。”

接着,大家议论了许久。总理看看手表,见时间已到,便请大家到餐厅就座。

便宴摆了三桌,周总理请果素瑛坐在自己的左首,夏衍、田汉、梅兰芳和钟世章、王吟秋也在这一桌就座。

席间,周总理又追忆了程先生的往事,询问了果素瑛家中的情况。谈话间,贺龙端起酒杯,走过来给总理、果素瑛等敬酒。

不知是谁,关切地问起贺老总创办的西南京剧院的近况。贺龙有感而发,吐出了憋在心中已久的话:“多少年前的事了,我一直弄不明白,为什么把西南军区的京剧院给拆散了?这不,吟秋也去了宁夏。中国的京剧要发展哟,需要大批人才呢!”他端着酒杯,对总理说,“现在程砚秋的学生都分散了,这怎么行?我提议成立一个程派剧团,把他们都集中起来嘛!”

陈毅高声说道:“我也赞成!”

周总理指着夏衍、田汉说:“我同意贺老总的提议。文化部的同志正在这里,这件事交给他们办就是了。”他侧身对王吟秋说，“你还不快给两位老总敬酒！”

王吟秋赶忙站起，举起酒杯，走到二位老总跟前，说：“谢谢贺老总、陈老总对我们的关怀！”

贺龙同他碰杯，说：“不要感谢我哟！要感谢总理，感谢文化部，你还不去给他们敬酒！”

王吟秋会意，又斟满酒杯，向总理、夏衍、田汉敬酒……

在纪念演出中，由赵荣琛、王吟秋、李世济、李蔷华、侯玉兰、江新蓉分别演出了程派名剧《荒山泪》《碧玉簪》《六月雪》《春闺梦》《孔雀东南飞》和《三击掌》。

在演出的同时，还展出了程砚秋的剧照、生活剪影、手稿、书画；各报刊发表了一批论析程派艺术的文章。

周恩来、贺龙和陈毅参观了展览，几乎每晚都到剧场看演出。他们即使晚上有重要的国事活动，也要先来剧场坐上十几分钟。党和国家领导人这样重视发展程派艺术，使演员们受到了极大的鼓舞。

程砚秋的英年早逝，在感情上给周恩来和贺龙的打击是很大的。他们更为关心果素瑛，叮嘱邓大姐和薛明经常看望或派人去问候她，并提议她担任政协全国委员会委员。

周恩来对程派传人不多的情况，很是焦急，一直挂在心上。1959 年 4 月 29 日，中国人民政治协商会议全国委员会举行了一次由年满六十岁的政协委员参加的茶话会。他在会上发表讲话，说：“我也只有到今年才敢召开这个会，因为今年刚过六十岁……在分组会上听了几位老先生的发言，很有感触，觉得有必要和大家谈谈工作安排问题，希望过了六十岁的委员都能把自己的知识和经验留下来，作为对社会的贡献。这是从已故的程砚秋同志那里得到的启示。程砚秋同志的艺术修养很高，解放后在政治上和作风上也有很大进步，但总还有点孤僻。在旧社会，他是孤身奋斗出来的，养成了洁身自好的习气，不大收徒弟，因此他的唱腔也就流传不广。解放以后，我曾劝他收徒弟。今年纪念他逝世一周年时，算了一下，他的徒弟不过十几个。程派唱腔又难学，徒弟们还没有学得好，他就去世了，录下来的唱片也不多。从这个问题联想到，凡有一技之长的老年人，总是多给社会留下一些东西好。”

在周总理和贺龙元帅的关怀下，在文化部的大力支持和具体帮助下，组建程派剧团的工作进行得很顺利。经周总理亲自过问，王吟秋于1959年10月17日从宁夏调回北京。赵荣琛、贾松龄、李盛芳、于世文和鼓师白登云、琴师钟世章等也先后调来，并以李元春的班底为基础，于1960年1月正式成立了程派剧团，命名为北京青年京剧团。

◆ 永恒的纪念 ◆

1960年8月17日，周恩来和邓颖超邀请果素瑛和程派传人到中南海紫光阁聚会。应邀的有程派传人赵荣琛、王吟秋、侯玉兰、李玉茹、童芷苓、江新蓉、杨秋玲、杨淑琴，琴师钟世章等，梅兰芳、齐燕铭、马少波也到场。

一见面，邓颖超就说："现在正是国家闹灾荒的时期，恩来同志工作很忙，抽出一点时间跟大家聚会，看得出来，他对程派艺术是很重视的。今天，把你们请来，希望大家谈谈学习程派艺术和演出程派剧目的情况。"

大家虽然多次见总理和邓大姐，但要在这两位长者面前讲话，则都有些拘谨，面面相觑，半晌无言。

总理见大家都很拘谨，便笑着说："今天只说说戏曲界的事，随便谈，三言两语都可以。"

总理轻松地开了话头，大家紧张的情绪也就都没了，你一言我一语地谈了起来，从去年的纪念活动，谈到组建北京青年京剧团，还谈到谁什么时候收了徒弟，剧团的演出剧目、地点、场次、观众……

话题拉开，越谈越是热烈。

有人说："在程派戏迷中，又多了一位大诗人呢！"

大家齐声问："是哪位大诗人？"

"赵朴初啊！他今年1月看了赵荣琛演的《荒山泪》之后，诗兴大发，写了一首《玉楼春》。"说完，就吟诵起来：

古来多少荒山泪，一纸公文教虎畏。
红旗飘处换人间，听诉当年犹血沸。
程门心法堪深味，婀娜贞刚难与譬。
倾怀一吐却无声，千丈游丝天外坠。

又有人问总理,贺龙元帅今天怎么没来呢。

总理说,在国家困难时期,中央和军委交给他一件非常重要的任务——当国防工业委员会的主任,领导国防工业。

有一名年轻演员问道:"是不是管造飞机大炮的工厂?"

总理笑了,说:"对。但是还有导弹、坦克、军舰……抗美援朝的时候,不是砚秋同志也捐献工资和义演,支援国家买飞机大炮吗?那时候,我们自己还不能造,现在我们可以造了。原来,苏联派了一批专家帮助我们,上个月,赫鲁晓夫突然单方面宣布撤走全部在华专家,撕毁了专家合同书。贺老总正在组织国防工业战线的同志研究对付的办法。我们要自力更生、奋发图强嘛!我们就不打扰他了。等你们编排了新戏,再慰问贺老总呀!"

总理说完,看看离开饭的时间还早,就说:"我提议大家每人清唱一段,怎么样?"

大家齐声说:"好!"

总理说:"那我就点将了,先请梅兰芳同志唱一段吧。"

钟世章为梅兰芳操琴。他摇着手中的芭蕉扇,唱了《玉堂春》中的一段"西皮"。

总理和邓大姐带头鼓掌。总理又说:"燕铭同志今天也得来一段。"

齐燕铭连忙推辞,说:"我这个水平,怎么能在这里献丑呢!"

邓大姐笑着说:"不行,今天在座的都要唱!"

齐燕铭说:"好吧,我就学几句昆曲《山门》和《长坂坡》里的杨派韵白吧。"

齐燕铭唱过之后,大家齐声喝彩。

总理对果素瑛说:"好久没听到你唱了。"

果素瑛谦虚地说:"我多少年不登台了,平时忙家务,很少练,唱,也是献丑。"

邓大姐说:"我早就想听你唱了。"说罢,带头鼓掌。大家也都跟着热烈地鼓起掌来。

果素瑛说:"总理、大姐让我唱,我就唱一段《文姬归汉》吧。"

果素瑛是梨园之后,父亲果湘林是京剧名旦。她自幼学戏,后来也学习程派,唱功极好。

还是钟世章为她伴奏。她娓娓唱来，嗓音如初，很是动听。

总理边听边用手轻轻地打着拍子，不住地点头。待果素瑛刚刚唱完，总理连连称赞，并说："要给果素瑛同志录音，要留下资料，保存起来。"他望望邓颖超，对大家说，"你们欢迎大姐唱一段吧！"

在大家的掌声中，邓大姐走到童芷苓身边，邀她一同唱一段《武家坡》。她请童芷苓演王宝钏，自己反串薛平贵。大家虽然早就听说邓大姐年轻时曾登台演剧，宣传革命，但今天还是头一次听她反串杨派老生，她嗓音苍劲洪亮，颇具杨派风范，功底不浅，赢得一片掌声和喝彩声。

总理正在那里哈哈大笑，邓大姐又开了口："今天在座的都要唱，也应该请恩来同志给我们唱一段！"

她一语惊四座，大家都怔住了，向总理投去了敬佩的目光。

邓大姐又说："总理会唱。"

大家异口同声："请总理唱一段吧！"

总理边笑边摆手，连说："我不行，我不行。"

邓大姐说："恩来同志青年时代登台表演过，他是会唱的。"

总理婉言推辞道："今天不行，我再练练，下次一定唱。"他指着秘书许明说，"他比我唱得好，大家欢迎他唱一段。"

许明被总理点将，马上走过来为总理"解围"，唱了一段程派的《贺后骂殿》，居然韵味十足。连总理的秘书都成了地道的程派戏迷，使大家惊叹不已。

接着，李玉茹唱了《汾河湾》，江新蓉唱了《六月雪》和《二度梅》，王吟秋唱了《碧玉簪》，赵荣琛唱了《锁麟囊》，侯玉兰唱了《孔雀东南飞》，童芷苓也来了一段《锁麟囊》，马少波唱了《打渔杀家》，杨秋玲唱了《凤还巢》……

这一次，大家非常尽兴，气氛十分欢快，清唱了将近两个小时。这时，总理请大家到餐厅吃便饭。邓大姐说："国家现在正是困难时期，今天请大家吃顿便饭，做了几道菜。平时，我和恩来同志吃汤面。"

周总理笑道："我们请大家吃饭，饭钱不收，但粮票是要收的，每人半斤。"

大家按照餐桌上的名签对号入座。周总理、邓大姐、果素瑛、梅兰芳和钟世章、王吟秋等同坐一桌。席间，总理和大姐不时给大家夹菜。总理对梅兰芳说："砚秋同志对你是很尊重的。他入党时写的自传，给我看过，那上面说到他'拜到你门下执弟子礼'呢。"

梅兰芳听了，含笑点了点头。

总理又说："砚秋同志在自传里还提到我第一次到他家拜访的事，他正巧不在家，家里人误以我是'号房子的'……"

果素瑛笑着用筷子指着王吟秋，说："就是他呀！"

总理看看王吟秋，说："噢，就是你呀。来，请你吃点菜。"说着，就给他夹了一点菜。

王吟秋很不好意思地说："那次，我不认识，很不礼貌。"

总理又笑了，说："哪里，不认识嘛！"他又问果素瑛，"我那天写的便条还在吗？"

果素瑛说："留着呢。"

宴会结束后，周总理、邓大姐同大家合影，留下了一张极为珍贵的照片。这张照片上虽然没有贺龙，但它却蕴涵着周恩来、贺龙等中共领导人对程派艺术的重视，也记录了他们同程派传人的友谊。

1961年6月10日，周恩来在接见溥仪、溥杰、嵯峨浩时，又一次提到了程砚秋。接见时，老舍、果素瑛也在座。周恩来先介绍了老舍，说他是"满族的杰出人物"，接着说："再介绍一下，这是程砚秋夫人。程砚秋是中国著名的京剧演员，也是满族人。解放后他非常努力，要求加入中国共产党，1957年我和贺龙元帅介绍他入了党，可惜第二年他就去世了。浩夫人你有听唱片的爱好吗？"

嵯峨浩说："很喜欢。"

周恩来说："我可以送几张程砚秋的唱片给你。我很喜欢听他的唱片，睡不好觉时，就听一听。旧社会他们被叫作戏子，受人歧视，我们称他们是艺术家，都是平等的。"

周恩来的一席话，再一次道出了自己对程派艺术的挚爱。

贺龙和薛明同程砚秋夫妇的友谊，也影响到子女。文史资料出版社于1982年出版的《御霜实录——回忆程砚秋先生》一书，责任编辑之一就是贺龙元帅的长女贺捷生，题签书名的是她的丈夫李振军。

尾　声

贺龙元帅兼任国防工业委员会主任之后，领导国防工业战线的广大科技工作者和干部、职工，排除“大跃进”中一些不正之风的干扰，自力更生、奋发图强，坚持“质量第一”，在短短几年的时间里，就使国防工业上了一个新的台阶，许多新型的导弹、飞机，直至原子弹，纷纷飞入蓝天，一艘艘战舰驶向大海。

他指挥体育健儿，创造了从北坡登上世界最高峰——珠穆朗玛峰的世界纪录，在第二十六届世界乒乓球锦标赛上取得了男子团体冠军、女子团体亚军、男女单打冠军的辉煌胜利。

1964 年，他和叶剑英元帅领导了全军的群众性大练兵运动（又称“大比武”），把解放军的军事训练工作，搞得有声有色……

这一切，都引起了林彪之流的妒忌。特别是在林彪装“病”期间，毛主席提议由贺龙主持中央军委的日常工作，这更使林彪把贺龙看成是自己篡夺党和国家、军队最高权力的绊脚石，不断施放冷枪、暗箭，中伤贺龙元帅。在“文化大革命”中，林彪反革命集团终于得手，将德高望重的贺龙元帅迫害致死。

林彪的反革命阴谋彻底败露后，于 1971 年 9 月 13 日驾机出逃，摔死在温都尔汗。毛主席在 1973 年 12 月 21 日的中央军委常委扩大会议上说：“我看贺龙搞错了，我要负责呢。当时我对他讲，你是一个方面军的旗帜，要保护你。总理也保护他。要翻案呢，不然少了贺龙不好呢。”又说，“都是林彪搞的，我听了林彪一面之词，所以我犯了错误。”

1974 年 9 月 29 日，中共中央发出了《关于为贺龙同志恢复名誉的通知》。1975 年 6 月 9 日，在贺龙遇害六周年之际，在八宝山革命公墓举行了贺龙骨灰安放仪式。周恩来抱病出席，在贺龙遗像前一连鞠躬七次，并发表了讲话，说：“贺龙同志是一个好同志……”

但是,这个由中共中央批准的骨灰安放仪式,却被江青诬蔑为"右倾翻案风"的典型,"四人帮"又开始搜集黑材料,妄图推翻中共中央为贺龙平反的决定。王、张、江、姚"四人帮"被粉碎后,中共中央于1982年10月16日发出了《关于为贺龙同志彻底平反的决定》。

还是在1978年,笔者曾先后受贺龙元帅的老部下、老战友王尚荣将军和李达将军之托,协助二老为人民出版社编辑出版的《忠诚的战士光辉的一生——回忆贺龙同志》一书,撰写了《缅怀功勋卓著的贺龙同志》和《贺龙同志在西南》两篇回忆录(该书于1979年1月出版。1979年6月7日和9日,《人民日报》转载了这两篇文章,以及其他老同志的文章,以纪念贺龙元帅逝世十周年)。

在此前后,笔者怀着对贺龙元帅的崇敬之情,写了一首七言绝句,面赠薛明老人。诗云:

虎胆龙威盖世雄,
一生奋战秉贞忠。
元勋不意遭冤狱,
更使留人忆伟功。

1980年夏,遵照中共中央书记处的决定,中国人民解放军总参谋部成立了《贺龙传》编写组。经薛明老人推荐,我有幸成为这个编写组的成员。

为了详尽地了解贺龙元帅和程砚秋从相识到介绍他入党的经过,笔者用了几年的时间,访问了许多了解情况的老同志。为进一步核实和了解具体情况,1986年6月26日上午,在程砚秋的弟子李丹林先生的引荐下,来到西四北三条三十九号程宅,拜访了敬慕已久的果素瑛老人。

久病卧床的老人看了我递给她的介绍信后,因为素不相识,出于几十年生活经验,她指着堂屋的电话机,让我给薛明打个电话,由她亲自介绍我。事有凑巧,当天上午薛明老人正在家中,我在电话中向老人家说明缘由:"我正在程先生家中,拜访程夫人,她要跟您通话。"说完,我把话机交给了程夫人。

果素瑛接过电话,同薛明亲热地交谈起来。看见老人打电话时的亲切表情,和她那双炯炯有神的眼睛,听着她们在电话中亲如姐妹的语气,我不禁感受到贺龙夫妇和程砚秋夫妇之间的友谊是那么深厚,也马上意识到承担描写这段历史的任务,对我来说是多么困难!

果素瑛打完电话后,由于“确认”了我的“来历”,非常高兴地向我介绍了程砚秋认识贺龙元帅的详细经过。她虽然患病,常年卧床,但思路敏捷,记忆力相当好。

我向老人核实了一些史实和有关的细节之后,便叩问程先生同周总理、贺龙元帅有否合影。

老人非常遗憾地说:“真是太可惜了!我存了不少照片,就是没有砚秋跟总理、贺老总一块儿照的。”

我又问道:“听说程先生到重庆给贺老总祝寿时,曾经穿着贺老总的军装拍过照片。”

老人连连点头:“照过。砚秋回到北京,就把这两张照片放在影册里了,还编了号呢。”说着,她艰难地挪动着被病痛折磨的身子,从床边的柜子中取出影册,很熟悉地翻到贴着那两张照片的一页。

我仔细一看,在那半身像的下面写着“编号1223,1224”,“说明:四十六岁摄于贺龙(副)总理家”。我问:“这照片下面的说明,是程先生的亲笔吗?”

“就是砚秋自个儿写的。”

根据说明文字分析,相片为1951年春所摄,程先生身后的建筑,很像贺龙在重庆曾家岩的新宅。因为贺龙于1954年被任命为副总理,故说明文字显系程先生在1954年后重新整理照片时所写。

我又问:“贺老总在西安送给程先生的那把日军将官指挥刀还在吗?”

“在呀!这么多年了,一直放在我身边。”说着,她便让李丹林帮她把军刀取来。我捧起一看,那红缎包袱犹如新的一般。我拔出战刀,一道寒光袭来,刀锋还是那么锐利,刀身还是那么光亮。

正当我欣赏战刀之际,老人说:“按理说这把刀应该交给博物馆,但我舍不得交。将来吧,如果成立程砚秋的博物馆,我就献出来。我这儿还有好些个呢:字画、珍贵的剧本……我都拿出来,放在博物馆,让大家参观。可是,参观完了,还得拿回来,归我个人所有,这是我的想法,不知道对不对?”

我理解老人的感情,说:“这事,得由您来决定。”我把战刀插回刀鞘,问老人家,“这把刀,还有程先生穿着贺老总军装拍的照片,我可以拍几张照片吗? 将来出贺老总的传记用。”

老人欣然应允:“给贺老总写传记用,当然可以。我这儿还有砚秋的几张剧照,外边没发表过的,你们如果要用,也送给你们。”

我忙说:“我们只翻拍一下就可以,原件还是您保存吧。”

在李丹林的帮助下,我们找了一条毛毯,铺在院中,把战刀摆在地毯上。巧的是这天上午阳光明媚,在“老天爷”的慷慨关照之下,如愿地拍得了几张十分清晰的照片。然后,我们把战刀包好,连同影册,一起还给了老人。

临别,我请助手为我、李丹林和在座的程永光先生拍了一张同果素瑛老人的合影。

当我们收拾相机和录音机时,老人万分感慨地说:“中央对我特别优待。我感谢周总理、贺老总、邓大姐照顾我,我到死也忘不了。哪找那么好的人去!”

出人意料的是,就在我辞别之后一个多月的 8 月 3 日,老人家竟与世长辞了!我瞻仰着老人家慈祥的遗照,聆听当时的录音,不仅为之怆然,更深深地责备自己为什么这么晚才来拜访老人家,以至于还有许多事情尚未来得及请教。

转眼之间,十一年的岁月过去了。如今,终于有了能够较为详尽地记述这段史实的机会,可以告慰老人家的在天之灵。同时,也将这一引玉之砖敬献于广大读者案前,为有志于研究中共党史和程派艺术的专家们增添一块小小的铺路石。

情之所至,不尽欲言。搜索枯肠,诌一小诗,权作结尾:

建军开国是元戎,
欣作菊苑一园丁。
西北壮邀慕武将,
南天慰问诉衷情。
战刀两把联厚谊,
总理卅年荐双英。
举杯共饮紫光阁,
御霜新蕾又春风。

再版后记

《统战人物传记系列》是本社列入国家“九五”规划的重点图书。初版时，时任全国政协副主席、中央统战部部长王兆国同志亲自作序，并指出：“编撰和出版这套丛书，既具有重要文化价值，更可以发挥以史为鉴、以史育人的作用。”丛书自出版以来，不仅成为统一战线工作者的案头书，更受到众多史学工作者和读者的欢迎。从统一战线的视角、采用纪实的手法，聚焦钩沉老一辈革命家与爱国民主人士的历史交集、人生交往，以丰沛的细节再现中国近现代史的演进历程，本套书属于首创，是中共党史研究、中国现代史研究的一项富有开拓性意义的重要成果。

为满足广大读者的需要，特别是为满足今日青少年学习历史、汲取智慧、健康成长的需要，本社决定修订再版此书。在此，我们向给予此书诸多支持的作者们、读者们表示深深的谢意！

华文出版社

2012 年 5 月